《英国皇家特许市场营销师资格认证教材》丛书编委会

主　编　沈志渔　中国社会科学院
副主编　杨世伟　中国社会科学院

编　委　郑海航　首都经济贸易大学
廖元和　重庆工商大学
冯　虹　北京联合大学
赵景华　中央财经大学
冯根福　西安交通大学
杨冠琼　北京师范大学
王凤彬　中国人民大学
杜莹芬　中国社会科学院
吕福新　浙江工商大学
宋　华　中国人民大学
吴永林　北方工业大学
吴少平　首都经济贸易大学
王树文　中国海洋大学
冯丽云　北京联合大学
戚聿东　首都经济贸易大学
吴冬梅　首都经济贸易大学
黄如金　中国社会科学院
何　瑛　北京邮电大学
时旭辉　暨南大学
陈文辉　中国国际咨询公司
罗仲伟　中国社会科学院
洪　涛　北京工商大学
马　璐　广西工学院
琐　箭　云南大学

前　言

欢迎大家使用CIM教科书

有效营销管理简介

从这本书中，你不仅可以学会如何成为一名有效的管理者，还可以学会如何通过CIM高级证书考试的科目——有效的营销管理。同时达到这两个目标是很重要的：学科知识是成为合格从业者的基础；考试技巧增加了通过考试、取得好成绩的机会。

成功的经理懂得要做什么，并知道如何去做。而成功的应试者展示出自己掌握了理论，并能够应用理论。

因此在这本书里，我们不仅鼓励你学习如何成为有效管理者的学科知识，还帮助你通过考试。毫无疑问，学科知识和考试技巧你都必须学习。你必须成为一名有效的沟通者。就像我们将要看到的，沟通意味着调整你的材料以便你的目标听众能够接受。考试官是你的关键目标听众之一。

营销经理既是营销人员，也是管理者。随着级别的升高，对营销策略的需要越来越少，而对管理的需要越来越大。组织中的资深人员是战略性管理者，他们关注组织整体。他们可以来自于组织中的任何一个职能部门，但他们的主要角色转换成了管理者——战略性管理者。

EMFM纲要是为了帮助你理解管理而设计的，这对职业的发展是非常必要的。它同时也为获取证书的四门考试打下了基础，在这些考试中，你需要从战略性管理的角度来答题。

CIM/Butterworth－Heinemann教材包含有关考试技巧的标准资料。这就使得每个作者能够专注于自己的学科领域，同时又能够提供关于考试技巧的重要建议。这些资料中安排了许多易于学习的指导、活动、复习题和答案。如果需要不断地对学习情况进行评估，请先上网参考有关评估的资料，网址是www. marketingonline. com或www. bh. com/marketing。

每个单元都集中阐述了一个关键的方面，帮助你以一种结构化和渐进的方式学习纲要中的内容。活动是用来提高学习效果的。为了使你联系实际的考试问题

以提高考试速度，你还可以通过网上获取CIM试卷、参考答案和资深考试专家的建议，网址是 www. marketingonline. com 或 www. bh. com/marketing。

网站还提供了包括3000多个营销词汇的词汇表。

写这本书是件有趣的事，在写作过程中，我得到了资深考官 Angela Hatton（本书上一版的合著者）、Debbie Clewes 和 Juanita Cockton 的大力帮助，在此对他们表示我的谢意。

祝各位事业有成，考试顺利！

Mike Worsam

2002年5月

有关本书中使用的资料，我们已经尽了最大的努力和作者取得联系，同时欢迎没有联系上的作者主动与我们联系。

为了沟通方便，在没有明显的原因的情况下，我们在书中统统用了"他"作为代词，而没有用"她"。这纯粹是出于清楚表达和避免烦琐、拗口的语言的需要，既不故意表示歧视和偏见，也不隐含这种意思。

学科发展顾问的介绍

今年，我们继续履行了我们的承诺，保证CIM的教材不断得到更新并反映以后的变化。在全球市场不断发生变化的今天，这是至关重要的。市场的变化经常以一种无法预料，并无法事先应付的方式出现，毫无疑问，大家所经历的"9·11"事件就是一个例子。

在过去几年，为了保证CIM认证在营销理论界和实践界的影响，Chartered Institute of Marketing 对CIM纲要进行了一系列的修改。结果，Butterworth－Heinemann 和我继续严格地修订和更新这套教材，以便书中的内容对学员的学习产生最大的帮助，并准确反映最新的CIM纲要。

正在进行的修订和更新包括对教材结构的重新组织，以及加入许多新的有助于学习和学习评估的小案例。参与修订的作者成绩斐然，他们都具有CIM教学和考试经验，并对最新的营销理论有广泛的了解。

我们确信这套教材对你的学习有着巨大的作用，它提供了知识结构、学习指导、相关案例和学习评估机会，让你能够集中精力学习考试需要的广泛的知识和概念，并不断评估学习的效果。

作者以及编辑们衷心祝愿你取得成功！

Karen Beamish

学科发展顾问

如何使用本教材

本书的编写是严格按照考试要求进行的。因此，每个单元都涵盖了考试纲要的一个关键部分。你必须系统地学习本书的全部内容，以确保你学习了你需要的一切内容。

本书有许多单元组成，每个单元都包括以下一些内容：

- **学习目标** 说明本章包括考试纲要中的哪些内容，以及通过本章的学习，你应该掌握哪些知识
- **学习指南** 说明这个单元有多长，相关活动需要多少时间
- **问题** 可以用来练习，这些问题和你在考试中要回答的问题是类似的
- **答案** 提供一种回答试题的参考模式。记住：所谓的标准答案是不存在的，参考答案只提供你一个指导原则
- **活动** 让你把所学的知识用于实践
- **总结** （在活动和问题的最后）说明活动涉及的方法
- **考试建议** 是一些资深考官提供的考试技巧，可以帮助你避免过去考生常犯的错误
- **学习技巧** 指导你加强自己的知识基础
- **见识** 鼓励你把所学的知识和日常生活中的经历结合起来
- **定义** 提供一些通过考试必须掌握的词汇
- **概要** 总结了本单元的要点

尽管本书囊括了考试纲要所有部分，但是你将发现其中某些部分的次序已经改变了。这是因为尽管有些内容位于考试纲要的不同部分，但把它们放在一块儿，更加有利于学习。如果你阅读了本教材和其中的活动，你就不会漏掉什么内容。

教材概览表

单　元	学习目标	大　纲	概　要
第一单元 管理	在这个单元，你将学习： ● 考察管理者扮演的角色 ● 回顾管理工作本质的演变情况 ● 对知识管理有所了解 ● 思考作为一个管理者，需要具备的特质 学完本单元，你将能够： ● 评价组织的本质和目的 ● 理解管理哲学的动态发展 ● 理解管理者的角色 ● 清楚管理职能的最新变化 ● 能够列出管理工作的标准	4.1.3	在本单元中，我们将学到： ● 管理协调和整合一个组织的各个方面 ● 组织的存在有赖于互利交换 ● 为了成功地生存，组织中的所有职能都是需要的 ● 至少在过去，传统的层级结构是需要的 ● 低级经理应该视管理工作为自己的职业发展道路，而不是职能 ● 管理通过人产生效果 ● 经理的一个关键角色是做出决策并执行决策 ● 决策包含风险的因素 ● 问题中隐藏着机会 ● 目标应该符合 SMART 原则 ● 效果和效率都是需要的 ● 要在新世纪中取得成功，知识管理是非常关键的 ● 人力资源管理关注于组织的首要的需要——人 ● 人力资源战略与在需要的时候、需要的地方获得合适的人员有关 ● 管理哲学一直在不断发生变化 ● TQM 和 IT 使组织结构扁平化，从而把更多的责任交给了低级员工 ● 管理和领导紧密相关 ● 经理人员需要具有性格和个人能力方面的特点，使他们能够在一个要求日益严格和压力巨大的职位上很好地工作并取得成功

续表

单　元	学习目标	大　纲	概　要
第二单元 沟通	在这个单元，你将学习： ● 分析沟通过程中的要素 ● 评价经理作为一个沟通者的角色 ● 回顾不同沟通方法和机会的机制和风格 学完本单元，你将能够： ● 了解经理的关键沟通作用 ● 找出你自己以及其他人在沟通技能方面的不足 ● 对提高沟通技能提出建议 ● 有效地制定在一些典型的商业环境中沟通的计划 ● 组织、参与和主持会议 ● 保证会议时间得到有效利用	4.2， 4.2.3， 4.2.4	在本单元中，我们将学到： ● 识别经理人员在组织内部有效沟通过程中所扮演的关键角色 ● 回顾了既能识别文字沟通信号也能识别非文字沟通信号对于一个优秀沟通者的重要性 ● 识别出非文字沟通信号在各种沟通形式中的重要性 ● 检查经理们的沟通需要以及进行成功沟通所需的技能 ● 建立了一个在一些商业沟通情况下——有效制定沟通活动计划的框架 ● 识别可能破坏沟通效果的各种可能的问题，对解决这些问题提出建议 ● 认识到改进沟通活动需要对目前沟通状况进行分析，同时还需要良好的计划和协调 ● 认识到实际的沟通能力对你通过考试非常重要
第三单元 文化与 管理	在这个单元，你将学习： ● 回顾理解人类行为的重要性 ● 分析文化的因素 ● 评价组织内部文化的影响 ● 考虑跨国公司内部文化的重要性 ● 理解管理哲学 ● 评价在国际化背景下，管理的作用 学完本单元，你将能够： ● 解释对一个经理来说理解文化的重要性 ● 建立跨文化的沟通和联系 ● 分析对行动的行为反应 ● 明确在国际营销中文化差异的重要性 ● 能够在不同的文化中工作	4.1.2， 4.1.3， 4.3.5， 4.4， 4.4.1， 4.1.1， 4.4.2， 4.4.3	在本单元中，我们将学到： ● 管理不同于控制——管理者/领导的概念在今天具有更丰富的含义 ● 一系列管理哲学支持着今天管理学的思想 ● 了解人类行为对管理来说非常重要，尤其是对营销管理来讲 ● 决定的过程对所有决策都是一致的 ● 态度和信仰在文化行为中是深层次的关键点 ● 动机是行为的内在原因，激励是外在的原因 ● 文化是“思想被表达出来的方式” ● 陈规虽普遍，但却是粗泛的，通常是没有什么用的 ● 我们都属于某些文化和亚文化 ● 文化网络方便了组织文化的分析 ● 国际市场通常就是国际文化的市场

续表

单 元	学习目标	大 纲	概 要
			● 英语，尤其是离岸英语快速变成交流的通用语言 ● 日本人、美国人、欧洲人的管理模式、概念有着巨大的不同 ● 管理方式应把文化差别考虑进去 ● 跨文化管理依靠自我分析和理解其他人观点的能力 ● 变化经常发生在“灾难点”，这一点是不能预测，只能顺应
第四单元 提高管理绩效	在这个单元，你将学习： ● 考察开发管理资源的需要 ● 思考影响管理绩效的因素 ● 确定管理开发的方法 ● 进行个人技能检查 ● 考虑确定管理开发优先次序的方法 学完本单元，你将能够： ● 评价管理绩效和对问题进行诊断 ● 理解有计划地对管理开发进行投资的需要 ● 理解各种管理开发方法的成本和优点 ● 清楚自己的优点和弱点 ● 根据具体的改进目标制定自己个人发展计划 ● 能够根据工作说明书和技能检查信息对管理开发的目标提出建议	4.2.5， 4.2， 4.3.5， 4.2.2	在本单元中，我们将学到： ● 投资于管理开发是值得的原因并找出与之相关的可能问题和限制 ● 认识到职务说明书在培训需求评价和管理开发中的作用 ● 认识到有效的管理开发必须同时满足组织和个人的需要。你已经通过对自己的技能进行检查着手开始这项工作 ● 通过建立具体的个人发展目标，认识到管理技能必须通过学习得到，能力必须通过实践获得 ● 识别各种学习风格，了解那些促进学习和阻碍学习的学习风格 ● 找出了各种提供管理发展和学习机会的途径，并指出了各自的优点和缺点 ● 认识到个人开发计划不仅对自己的长期职业发展非常关键，同时对于自己的短期目标（考试成功和持续的评价）也很重要
第五单元 组建团队的工具	在这个单元，你将学习： ● 检查建立团队的需要并发现建设团队的潜在问题 ● 注意不同的团队角色，能确定如何帮助团队工作得更有效 ● 研究如何识别团队成员技能上存在的差距，借此能建立雇用的标准	4.3.5， 4.2.5， 4.4.3	在本单元中，我们将学到： ● 为了达到特定目标，运用管理工具时必须小心 ● 有效的团队是团结的 ● 团体内会存在小团体，它们有着自己的目标 ● 长期的小组是非常重要的 ● 个人的作用也至关重要

续表

单　元	学习目标	大　纲	概　要
	● 检查招聘和选择的程序 ● 了解培训程序和培训方法的重要性 学完本单元，你将能够： ● 识别可能影响团队行为的问题 ● 设计一个团队技能的稽核计划 ● 提出提升团队绩效的办法 ● 将已知的团队弱点转变为工作描述、1工作和人员规范 ● 管理一个新的营销团队成员的招聘活动 ● 计划和管理选择成员的程序 ● 把在招聘过程中获知的信息作为培训程序的基础		● 团队由被激励为团队做出贡献的个人组成 ● 团队的形成经过形成、规范、震荡和运行四个阶段 ● 当今世界需要领导者 ● 经理需要持续不断地关注团体的发展动态 ● 经理要关心人 ● 招聘和甄选有一个清晰的程序 ● 招聘广告应该足够具体以便可以过滤掉一些应聘者 ● 制定人员资格条件是有效甄选的关键 ● 面试的准备很重要 ● 面试之后要马上对应聘者做出评价 ● 培训项目可以使员工培训有计划、结构化 ● 管理开发计划是培训计划的延伸 ● 管理开发帮助和鼓励个人进行自我开发以便更好地完成目前的和将来的工作（托灵顿和霍尔：《人事管理新方法》，第二版，Prentice — Hall，Hemel Hempstead，UK）
第六单元团队构建的技术和工具	在这个单元，你将学习： ● 检查管理者——领导者的角色 ● 观察到动机对个人和团队的重要性 ● 观察到动机对个人和团队的重要性 ● 了解激励和动机之间的区别 ● 检查监控和管理团队绩效的方法 ● 理解赞扬的重要性 ● 理解工作扩大和工作丰富的概念	4.2， 4.2.1， 4.3.3， 4.3.2， 4.3， 4.3.4， 4.3.5	在本单元中，我们将学到： ● 领导是一种指导和发展的动力，而管理是一种行政和控制活动 ● 今天的管理者—领导者关注激励——通过人来达到目标。他们意识到了需要识别那些为达到目的所需要依靠的人，并且和他们交往。任务的完成依赖于群体和个人的动机 ● 管理风格可以自己分类，从而可以预测和准备结果。只有通过自我意识和分类才能采取行动来促使变化或者强化一种令人满意的风格

续表

单 元	学习目标	大 纲	概 要
	学完本单元，你将能够： ● 像一个管理者、领导者和团队成员的身份工作 ● 决定激励和提供动机的方法 ● 找到监控团队绩效的方法 ● 为经理给你的正式表扬做好准备 ● 向团队中的成员提供一个正式的表扬 ● 为团队成员规划和管理提高工作满意度		● 一个好的团队需要好的领导者和好的成员。角色很重要，因为一个群体或者时间内的领导又是另外一个群体或者时间内的成员。全面的领导总是由短期以领导为中心的任务来补充的 ● 动机是一个内部驱动因素。诱因可以与之相联系但是不能代替它。表扬是最有效的激励——但是人们总是使用批评。正向的对成功的激励比负向的对失败的反馈更加有效 ● 今天的扁平化组织中，人们更多地需要使用挑战和新机会来激励，而不是采用晋升。一个横向的转移必须被视做报酬 ● 管理者需要明白他们扮演的角色：决策者、发起者、评估者、评定者和执行纪律者 ● 评估是一个直线经理和职员都共同参与的过程，它能够发展个人的行动方案。管理者的上司需要检查评估的文件，以确保评估得到严肃地对待，并且在需要的时候为职员开辟一条越过直线经理的通道 ● 将工作看成是要销售的产品，让营销人员回到基本的出发点——目标客户（工作中的人或者期望承担这个工作的人）的需要、需求和欲望？怎么样的设计和包装工作使得它对目标职员真正具有吸引力
第七单元 保持和发展团队的工具	在这个单元，你将学习： ● 检查处理人际关系和进行团队合作中会出现问题的过程 ● 理解在团队中管理人际关系的必要性 ● 理解管理不同文化背景和职能的团队时所遇到的问题 ● 理解建设、管理职员和团队建设目项目的重要性	4.4， 4.3.2， 4.3.5	在本单元中，我们将学到： ● 对偏见和歧视领域的自我审查，并采取行动来纠正或者否定它们 ● 围绕任务构建团队 ● 选择团队成员以形成完成任务的优良组合 ● 团队评估很重要，但是需要很好地控制

续表

单　元	学习目标	大 纲	概　要
	● 明白商谈和训诫的过程 ● 检查提高营销团队绩效的战略 学完本单元，你将能够： ● 识别在团队合作、人际交往中的问题 ● 管理一个由不同背景的个人组成的团队 ● 发起和管理职员以及团队开发项目 ● 计划和开展商谈及训诫 ● 提高营销团队的绩效		● 识别和抵制一成不变 ● 把自己放到别人的角度来思考，以更好地理解别人的世界观 ● 冒犯是从被冒犯人的角度来判断的 ● 功能"烟囱"会带来文化差异 ● 管理例行工作 ● 充分思考之后，谨慎仔细地开展训导程序 ● 在团队形成那天起，就开始经历发展的阶段 ● 激励人们加入团队，激励人们在团队中努力工作 ● 招聘是必须的；选择是关键的；动机需要被识别并被满足；承诺和投入需要保持 ● 明星不一定能够成为好的团队成员。明星团队的成员自己独立行事并不一定会很有效 ● 顾问应该鼓励咨询的人思考问题——而不是提供建议 ● 培训是帮助别人获得技能或知识的系统性方法 ● 当营销被整个组织所理解，营销团队的绩效可以得到提升 ● 主考者会评价你判断团队成员的思维和行动模式的依据。同时，评价你所能够清楚表述出来的主动的行动
第八单元 客户关系	在这个单元，你将学习： ● 检查关系营销的地位和重要性 ● 识别营销经理在保持和构建客户忠诚度方面的角色 ● 回顾提升客户关系的工具和技巧 ● 熟悉有效谈判的技巧。 ● 当试图在变化的环境中保持客户关系的时候，思考面临的挑战	4.2.4， 4.3.6	在本单元中，我们将学到： ● 你需要复习你的学习笔记 ● 通过揭示成功营销关系的交互式的和持续性的本质，扩展了营销的概念 ● 对于一个组织和相关个人而言，拥有关于和谁构建关系的详细的信息是很重要的 ● 质量为消费者的感知所评判 ● 保持客户比吸引客户成本更低

续表

单　元	学习目标	大　纲	概　要
	学完本单元，你将能够： ● 了解供应商的需求以及关系营销的益处 ● 掌握管理客户忠诚度和客户满意度的技巧 ● 规划有效的营销访问 ● 能计划和参与与客户的谈判 ● 识别可能存在的客户问题并且就可以提升客户和厂家关系的行动提出建议		● 识别每个客户的价值是一项很重要的工作，但是小客户不应该被轻视 ● 客户的服务水平需要被所有职员理解、认同 ● 客户信息是一项值得令人关心的投资 ● 客户信息如果没有保存在中心数据库中，就很难管理 ● 有效的沟通对于发展关系是至关重要的。 ● 只有从调研阶段就加从理解和贯彻，谈判才能够被规划 ● 谈判者应该追求“双赢” ● 对那些对别人有价值但是对你相对偏低的变量让步 ● 为了获得互利的交易，营销人员在将组织和客户联系到一起的过程中发挥着关键的作用
第九单元 管理变革	在这个单元，你将学习： ● 检查变革对于当今管理者的重要性 ● 回顾处理变革的过程 ● 识别内部营销计划的基本要素 学完本单元，你将能够： ● 认识到对待变革采取积极态度的重要性 ● 懂得管理变革过程的复杂性和挑战 ● 掌握保持激励和在人们之间推动变革的技巧 ● 能够产生并执行一个内部营销计划	4.1.1, 4.2.4, 4.3.4, 4.2.7	在本单元中，我们将学到： ● 变革是环境的一个自然组成部分，但是很少受欢迎，总是被抵制 ● 环境变革不可避免地会带来组织变革——要么是反应性的，要么是预见性的 ● 组织需要建立变革的文化——为处理变革做准备 ● 一个学习型组织希望每一个人为明天的工作做好准备 ● 回报、灵活性和参与是变革的关键性激励要素 ● 变革作为一个过程可以并且应该被管理。像其他的过程一样，这也是管理计划和控制的一个课题 ● 所有的变革都需要严格对待并且仔细计划和执行 ● 经理们应培养外向性的、挑战性的观点，并且鼓励职员这么做

续表

单　元	学习目标	大　纲	概　要
			● 商业组织通常面临的主要变革是由产品或者服务导向转变为营销和客户导向，从国内市场导向转变为国际市场导向 ● 为了有效地达到变革的最佳结果，内部营销非常关键 ● 内部营销最好从公司的层面开展，通过营销人员支持这个目标 ● 像营销中经常做的，关键是从区分出的目标受众角度来评价变革，并且努力工作来满足他们的需求 ● 变革通常需要支付一个价格。小部分是资源，大部分是人力的形式 ● 往高层销售计划是必要的，同时要求识别和考虑到高层管理人员和股东的不同需求
第十单元 充分利用时间	在这个单元，你将学习： ● 检查时间管理对于经理个人有效性的重要性 ● 考虑优先次序和授权的需求 ● 调查在计划或者项目的背景下进行时间管理的技巧 学完本单元，你将能够： ● 分析你是怎么使用你的时间的，并且识别提高你时间管理有效性的机会 ● 认识别人管理时间面临困难的症状 ● 向那些希望和需要提高时间管理效率的人推荐战略 ● 理解优先次序和工作安排的技巧 ● 有效地将工作授权给他人 ● 规划一个工作活动或项目，并且就这个信息和他人沟通 ● 理解并且能够解释时间管理和营销任务之间的关系	4.2， 4.2.2， 4.2.3	在本单元中，我们将学到： ● 对于个人和组织而言，时间都是一项宝贵、关键和有限的资源 ● 组织结构的发展意味着将来的经理将比过去的经理承担更多的职责。因此时间管理是一项关键的成功要素 ● 就单个经理而言，分配优先次序的能力和通过一种计划和协调的方法进行授权，对于有效的时间管理是基础性的 ● 经理们需要保证他/她的团队有效利用时间资源。经理们需要能够识别个人和团队中不良时间管理的迹象，并且能够提供建议和采取行动来改善提高 ● 项目和计划需要在一个特定的时间期限内完成。为了保证在期限前完成任务，需要仔细规划进度。这是经理们时间管理的另一个重要维度 ● 考试中： ● 将时间管理理论和实际的营销背景相结合 ● 管理你的个人时间

营销在线

读者可以免费使用CIM营销教程的在线支持网站，www.marketingonline.co.uk。从网上你可以有以下收获：

- 整个学期内，每两个星期就可以获得关键内容的指导和全面复习的材料，可以看到来自深受欢迎的CIM课程独立培训师的战术指导
- 完全量身定做的电子版教材——可以根据需要进行注解、剪贴各个部分以创建自己的学习笔记
- 可以利用电子图书馆扩展你的知识——里面包括许多经典的营销著作
- 可以随时看到样题和答案范本以及其他与教程有关的材料和链接
- 能够在网上搜索关键概念的定义

登 录

在登录营销在线前，你必须获得一个密码。请打开www.marketingonline.co.uk，你会看到读者的注册指令。获得密码后，你需要按照指令登录。这样你就可以利用下面所说的各种功能了。

使用营销在线

营销在线分为六个部分，你登录系统后，可以从主页直接进入这些部分：

1. 教材 在首页上有和CIM营销资格考试的三个等级对应的按钮。选择正确的按钮，你就可以看到相应等级考试的四本教材的书名。点击想要的教材名称，可以查看全文。在每个页面上，你都可以按照屏幕上的指令加书签或者进行注释。你也可以自由地剪切内容粘贴到空白的Word文档中去，创建自己的学习笔记。

2. 电子图书馆 点击首页“BH图书馆”按钮，进入电子图书馆的八个标题。你可以根据需要加注释、加书签和复制文件。

3. 复习材料 点击“复习材料”链接，选择适当的CIM水平和教材，查看复习材料。

4. 有用的链接 点击“有用的链接”，就会看到许多对进一步学习和研究有用的网站链接。

5. 词汇表 点击“词汇表”按钮，可以查阅在线的营销术语词典。

6. 讨论 点击“讨论”按钮，可以看各种在线布告栏。所有用户都可以根据指令进入各种公共布告栏。如果你们学校是营销在线的注册用户，你还可以进入你们自己的“学习讨论区”，在那里你可以和同学、老师交流。

如果你对营销在线的使用还有什么不明白的地方，可以看我们的FAQ部分，你可以从首页上直接进入。注意，你还可以从首页上下载完全的用户手册。

目录

第七单元 保持和发展团队的工具 189

第八单元 客户关系 219

第一单元　管理

学习目标

在这个单元，你将学习：

- 考察管理者扮演的角色
- 回顾管理工作本质的演变情况
- 对知识管理有所了解
- 思考作为一个管理者，需要具备的特质

学完本单元，你将能够：

- 评价组织的本质和目的
- 理解管理哲学的动态发展
- 理解管理者的角色
- 清楚管理职能的最新变化
- 能够列出管理工作的标准

学习指南

这本书的目的是帮助你一次性通过有效营销管理的考试。本书的十个单元涵盖了考试纲要中要求的全部内容。考试准备指南集中讲述能让你增加考试通过机会的考试技巧。

本单元介绍了管理这样一个很宽泛的主题，阐述了它的重要性，并把营销和营销管理置于一个特定的环境来考查。你将会发现这些材料尽管非常平实，但却非常重要，因为它指出了本学科的关键原理。

学习本单元需要 3 个小时，另外还需两个小时做活动。除了笔记和写作，你还需要阅读以下资料：

- 近期有关营销职位的招聘广告
- 两三个单位的年度报告，其中包括一个非盈利组织的年度报告

注意：许多你需要额外阅读的资料都可以在图书馆或网上找到。大多数大公司和新闻杂志都有自己的网站，因此，无论你在什么地方，毫无疑问，你都可以

获得所需的有关本学科的最新资料。

祝你在本学科的学习中度过美好的时光。

管理的本质

管理是一种对组织的各个方面进行协调的力量。是管理使组织结合成一个统一的整体。管理为组织提供了驱动力、目的感和方向，以便组织能够发展、成长和变革。所有组织，无论是公共的、盈利的还是非营利的组织，都是为一定目的而存在的。此目的是它们的目标或使命，即它们存在的原因。就每个组织成员为完成组织使命而做的贡献而言，所有成员都是重要的。

尽管使命解释了一个组织想达到什么目的，进而提供了组织运行的动机，但只有不断满足顾客和消费者的需要，组织才能存在下去。企业只有为自己的产品找到买主才能获取利润，事务所必须找到愿意为它们的工作付费的客户，政府部门必须提供其应该提供的服务。

补充资料：顾客和消费者

区分顾客和消费者是非常重要的：

- 顾客是那些为了转卖或替其他人和组织购买商品的人。当然，顾客也可以是消费者。
- 消费者是使用购买或其他途径获得商品的人。

这样，分销渠道就是由一系列的顾客组成，它们的存在有赖于它们为特定消费者提供价值的能力。

互利交换

商业依赖于交换，不仅仅是生产者和消费者之间的交换。工人用他们的劳动交换工资，地主用土地交换地租，投资者用资金交换利息，最后，生产商用商品交换钞票。从交换这个简单的经济原理可以清楚地看出市场营销的本质。为了取得成功，比如，实现自己的使命，组织必须满足市场的需要——以顾客和消费者为导向。交换是基础的，但只有在互利的情况下才能发生，换句话说，交换必须对交换双方都有好处。经理们关注于维持这种内部的和外部的交换关系，组织要平稳运行，银行家、股东和土地所有者的信任都是必不可少的。

交换过程不仅仅局限于盈利部门。选民以投票的形式，用他们的支持交换改革和政策上的承诺；纳税人用税收交换一系列的公共服务；慈善家用他们的捐助换取与此相关的良好形象和地位。个人和组织间的大部分活动都可以看成是互利的交换。

活动 1.1

想像一家你所知道的公司，无论什么公司都行，比如一家全国性的航空公司、一个连锁商、一个制造商或一家洗衣店。用以下问题促使自己思考商业的本质：

- 你能说这家公司存在吗？
- 如果存在，是从何种意义上说的？
- 这家公司有什么明显的特征？
- 公司有哪些业务？

很清楚，组织具有自己的特性。它们甚至有生命模式，从建立到成熟，最后衰败，但它们同人的生命是有区别的。组织是一系列为经济学家称为生产要素的资源的组合：

- 土地
- 资本
- 劳动力
- 企业家

这些稀缺资源结合起来生产出能够满足人们需要的产品和服务，这些产品和服务被提供给拥有生产要素的个人和家庭。企业获取生产要素，对它们进行转换并增加价值，最终转变成能够满足消费者需要的商品，消费者用他们的一部分收入来交换这些商品（见图 1.1）。

只有当土地、劳动力和资本等要素结合在一起，才能生产出能够满足人们需要的商品和服务。在这个过程中，企业这种生产要素起到了关键的催化作用，也只有在企业内部，我们才可以看到管理所起的关键作用——在组织追求使命的过程中作为稀缺资源的监护人和组织者。

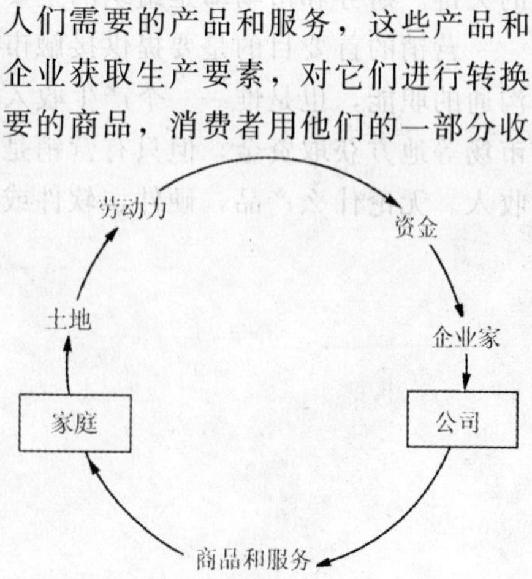

图 1.1 交换循环

☞活动 1.2

使命声明

不要把一般的企业使命和目的与更加具体的组织使命声明混淆起来。尽管使命声明可能也包括了组织的原则，它还可以包括组织的战略定位、文化等其他方面内容。如果你对使命声明不熟悉，可以看看你们自己公司或竞争对手的使命声明。重视区分大学或慈善机构的使命声明，看看它们和营利组织的使命声明有什么不同？你将会发现使命声明通常包括在年度报告中，这些年度报告可以在图书馆里找到，或者你还可以从朋友那儿借一份他们公司的年度报告或使命声明。

◆营销的角色

让我们花点时间来回忆一下营销在组织中的角色和地位。图 1.2 说明，在传统的组织里，每一个主要职能都有一个总监负责，而每个职能部门由一位高级经理负责。

尽管，如我们将在稍后看到的，这种组织结构已经过时了，但它仍旧是进行管理控制最需要的组织形式。没有这样一个组织结构，各人的责任就无法确定，各人的汇报、责任关系就会混乱，人们之间的关系协调工作就会变得非常困难。

虽然一个组织的主要职能是由其业务的实质决定的。生产性的企业显然对分销的要求有限，所以需要很小的分销职能。另外，主要的零售商会视分销为成功的关键。财务和市场却是组织的主要职能。

营销的首要目的是要提供接触市场的渠道。它是惟一一个对外沟通多于对内沟通的职能，也是惟一一个产生收入的职能。财务活动的确从股东、银行、货币市场等地方获取资金，但只有营销是从组织为市场提供商品和服务的过程中取得收入。无论什么产品，硬件、软件或生活用品，都是通过营销活动提供的。

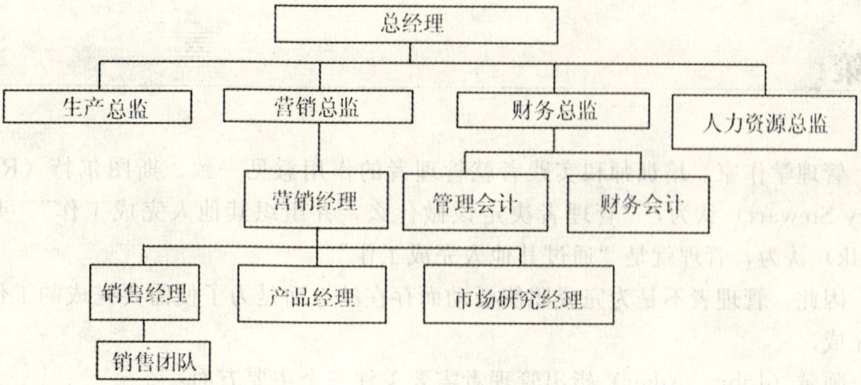

图 1.2　典型的管理等级

作为管理者的营销人员

所有员工首先要忠于他们工作的组织，其次才是他们工作的部门。内部轮换经常是管理开发过程的一部分，当一个管理者级别越来越高时，他必须把注意的焦点从职能转移到组织，即从战术问题转移到战略问题。所有总监都必须关心组织的所有职能。每个总监可能要负责某个职能，但高层次的决策必须要考虑整个组织的长期利益。

因此，各个职能部门中的中级管理者必须在管理上而不是在职能上寻求职业发展。

记住 CIM 关于营销的定义："营销是确定、预见和满足顾客需求并创造利润的管理过程。"

在这门课和这本书中，市场营销的角色是和营销人员的角色完全一致的。

知识扩展

英国皇家空军军官选拔委员会报告说，相当一部分报名参加皇家空军的人没有意识到，皇家空军首先是在寻找军官，其次才是飞行员。除非候选人表现出了军官的品质，否则将落选。

决策

管理学作家、培训师和实践者就管理者的作用意见一致。斯图尔特（Rser-mary Stewart）认为，“管理者决定该做什么，并组织其他人完成工作”。弗克（Falk）认为，管理就是“通过其他人完成工作”。

因此，管理者不是为完成职能活动而存在的，而是为了使需要完成的工作得以完成。

阿戴（John　Adair）指出管理者需要关注三个主要方面：

- 完成任务
- 保持团队团结
- 让团队成员产生归属感

这项工作非常重要，因为它是雇用员工的目的，也是大家奋斗的目标。但任务始终没有人重要，因为完成任务的是人。没有人，就没有结果！无法调动人的积极性，就无法达到目标！

但是个体组成团队，团队却比一群零散的人强大得多。团队协同说明了力量是如何从团体努力中产生的。在阿戴的“团队建设的技术和工具”单元中，我们将对此有更深的了解。

从根本上说，管理者的关键作用就是决策和采取行动。为了完成这个任务，他必须经过组成决策过程的一系列步骤。

◆决策过程（DMP）

决策的各个阶段如图 1.3 所示，在这个过程中，管理者必须在已有目标的约束下，辨别实际情况，然后努力找出问题的解决方案。通过一个控制机制提供反馈，无论对短期还是长期成功都很重要。

定义问题

决策需要的是信息，而不是数据。一般来说，数据是没有结构化的。通过知识管理，可以把数据分类、结构化，使数据成为可用的信息。当我们需要一个电话号码，我们会自动地找到电话本，或者上网查阅电子信息资源。由于数据库是结构化的，因此我们很容易找到我们需要的信息。

不幸的是，许多组织和个人不断产生数据，但从来就没有对数据进行结构化的加工。管理者为了从这些数据中得到他们需要的信息，只得在浩瀚无边的数据海洋中寻觅。

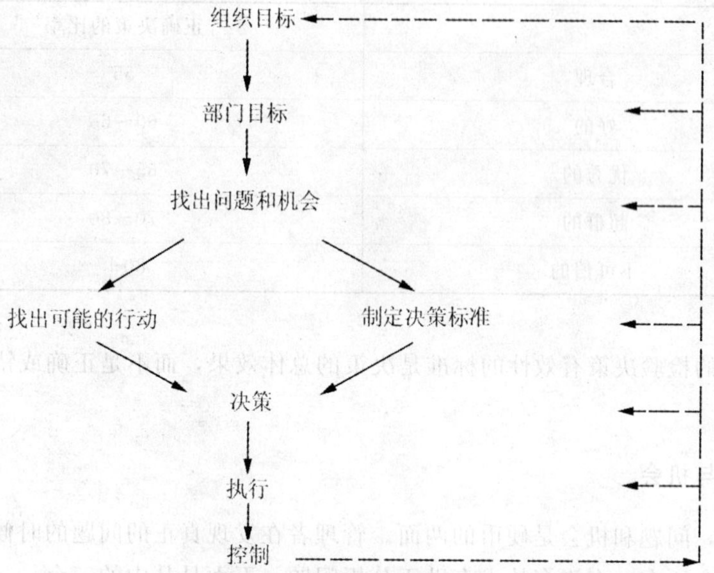

图 1.3 决策过程

要使数据成为有用的信息，首先要确定“信息差距”，即已知的信息和决策所需信息之间的差距，然后着手弥补这个差距。决策需要的信息必须充足，但也不是越多越好，只要足够做出决策就行了。必须抵挡寻找更多、更详细的信息的诱惑，因为永远也不会有充分的信息。

收集的任何信息都必须能够适用于将来，因为决策是与将来的行动相关的(分析是面向过去的，而决策是面向未来的)。因为从本质上说，将来是不确定的，管理者的任务就是要把现在的信息用于不确定的将来。他只能以“可能性”的眼光来处理事情，从而不可避免地承担风险。

风险

风险就是利用明知有可能发生损失的机会。赌博是利用事先不知道损失的可能性的机会。下游泳池前看看水的深浅可以降低风险，而先用脚试探一下水深情况可以大大降低风险。如果不做任何试探，直接一头扎进水里，就承担了太大的风险，而成为一个巨大的赌博。

管理者不可避免地是风险承担者，也同样不可避免地做出一定比例的错误决策。资深经理对此道理非常明白，所以中层经理会偶尔犯错误完全在他们的预料之中。惟一的问题是决策错误的比例。关于正确决策的比率有一个公认的标准，如表 1.1 所示

表 1.1 单位：%

	正确决策的比率
合理	55
好的	60～65
优秀的	65～70
超群的	70～80
不可信的	80＋

真正的检验决策有效性的标准是决策的总体效果，而不是正确或错误决策的比例。

问题与机会

通常，问题和机会是硬币的两面。管理者在发现真正的问题的时候，通常也能发现机会所在。有许多技术有助于分析问题，下面是其中的三个：

- 养成主动、质疑的思维习惯。接受“如果我们像过去一样做这件事，可能是不对的”这种观点
- 逆向思考。把“如何招聘员工”的问题转化为“为什么没有人申请这个职位”?
- 质疑假设。质疑隐含的假设。用这个方法分析活动 1.3 中的问题

活动 1.3

作为一个管理咨询顾问，你要向一个负责一支主要销售队伍的销售总监提出建议，他想提高一线销售人员每天电话销售的次数。

花 10 分钟考虑这个问题，然后比较你找出的假设和你的建议。

可能的行动

要找出尽可能多的可能的解决方案，想像力和创造力是非常重要的。托尼·布兹安（Tony Buzan）的思维地图是一种有力的分析和创造技术（思维地图见附录）。

其目的是要找出尽可能多的可能方案，而不考虑方案的可信性、价值和实用性。在没有束缚的情况下，思维的火花将不断被激发出来。

决策标准

决策必须符合已有的政策（或者，必要时要挑战政策）。因此必须排除所有不可接受的备选方案，如不可行、代价太昂贵的方案等。例如，在寻找新产品创意的时候，下面四个方面可以作为决策标准：

- 必须与现有产品兼容
- 现有的生产能力必须得到应用
- 新产品必须能够通过目前的分销渠道销售
- 利润水平必须达到一定的要求

做出决策

在做出决策的时候，对于给定的已知事实来说，决策必须是正确的。雀巢英国公司的营销总监弗兰克·罗伯兹（Frank Roberts）经常对下属说，他从来没有做过错误的决策，他解释到“因为他时刻准备着在情况发生变化时，做出新的决策”。很明显，他赞成进行灵活的思考并愿意采取行动。

有些决策，事后想起来会非常可怕。你会和“甲壳虫”乐队（Beatles）或芭芭拉·史翠珊（Babra Sbreisand）签订合同吗？在他们的第一张唱片问世前，他们都被拒绝过。但经理们要根据事实做出判断，然后决策。

执行

采取行动必须是为了执行决策，而决策不应该为了满足严格的官僚程序而进行大量的修改，或者经过长时间的评估，最后终于被批准，但却贻误了市场机会。

对决策有意的或无意的误解也能导致一个好的决策最终失败。下面的原因可以导致对决策故意的误解：

- 当人们觉得自己的看法更加高明而拒绝改变看法时产生的傲慢
- 对自己不喜欢的经理的不信任
- 当决策可能损害个人利益和把个人利益置于组织利益之上时的自私

对决策无意的误解一般产生于沟通不畅，或者个人固有的态度和行为

为了获得真正的支持，必须做到以下几点：

- 有效的沟通——确定已经得到正确的理解并监督后续行动
- 向大家说明为什么这个决策是正确的
- 说明行动对于组织、部门和个人的好处
- 说明如果不采取行动可能导致的后果

控制

反馈总是需要的，经理需要通过一个控制系统及时监控事情的进展和结果，

以便在需要的时候采取补救措施。

◆目标

澄清目的是非常重要的。要有效率地完成任务，并使效果最佳，大家对于任务的共同理解是至关重要的。因此，必须对任务进行清晰的描述，并使之便于控制。

因此无论何时，设定明确无误的目标，并设定完成的时间是非常关键的。可以通过 SMART 原则来测试目标的设定是否符合要求，如表 1.2 所示。

表 1.2

S	具体（Specific）	目标必须一次处理一件事情，并且不模棱两可
M	可衡量（Measurable）	必须能够从数量或质量方面对目标的实现程度进行衡量
A	可达到（Achievable）	设定一个不能达到的目标将会打击士气
R	相关（Relevant）	目标必须和手头的任务相关
T	有时限（Timed）	必须设定具体的达成目标的时间，否则无法控制

效果和效率

管理（和营销）既应该包括效果方面的目标也应该包括效率的目标。

用正确的方法做错误的事情	是	有效率但没有效果
花了太多的代价达到目标	是	有效果但没有效率
用正确的方法做正确的事情	是	既有效果又有效率

下面是一个很好的目标的例子：

- 在第六个销售期，XYZ 产品的销售要达到以下目标：

1. 达到 75％的市场渗透率；
2. 销售量达到 100000 箱。

上面的目标如果这样表述效果就很差，如“在第六个销售期，要推出 XYZ 产品，并达到良好的销售业绩”。或者要推出 XYZ 产品，但没有设定具体的目标（这些错误都是经常发生的，尤其是在 CIM 考试中）。

管理要素

有六个方面的管理要素，它们包括了管理涉及的所有方面。每个经理人员都会与所有这六个方面发生一定程度的关系。没有人会对某个方面负全责，因为每个方面都是跨职能的。这六个方面可以用 5 个 M 和 1 个 K 来表示，如图 1.4 所示。

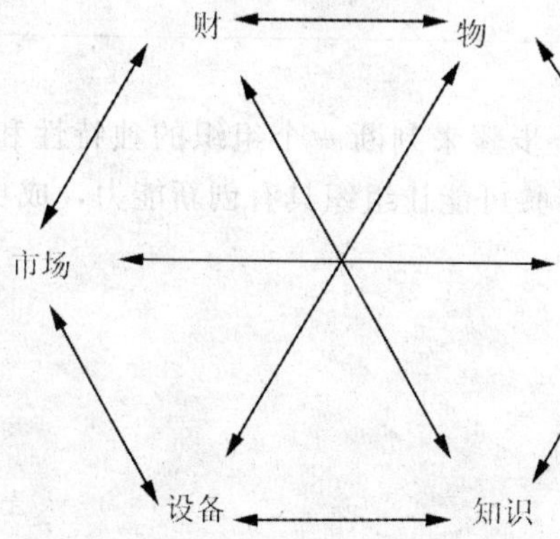

图 1.4　5Ms 和 αK

补充资料：经理的职能

所有经理人员的职能都可以概括为：计划、组织、协调、激励和控制，例如，有效率地使用资源，并使成果最大化。

知识就是力量

在过去几年，“知识管理”迅速流行起来，并经常为商业人士所讨论和关注。彼得·德鲁克认为：“知识已经变成一种力量，在全球范围内，每年有超过 1 万亿美元的资金投资于新的信息和通讯技术以及软硬件的开发，以便挖掘知识作为竞争优势驱动因素的潜力。”知识有了新的用途，成为了获取社会和经济成果的新方法。基本上，知识成为惟一有意义的资源。德鲁克还说过：“知识已经成为竞争优势的主要来源——甚至是惟一的来源！”

我们生活在一个“知识经济”时代，不仅需要管理巨大的智力资本，还要管理知识、传递知识，从而建立各种业务的核心竞争力。到了 20 世纪 90 年代中

期，经理们开始重新认识知识，并把它当做组织间的关键差异因素。我们经历了TQM、流程再造、战略创造等运动，现在开始意识到知识才是真正的驱动力，它能够提高竞争力，促进变革和创新。

知识管理更多地是依赖于人与信息之间联系的多寡，而不是信息本身的多寡。知识与人的联系是区别知识管理和信息管理的标准。本质上，在价值链活动中，人与信息的相互联系构成了知识链。

知识链

可以通过知识链的四个步骤来判断一个组织的独特性和寿命。当面临着竞争、破产的压力时，这些步骤可能让组织具有创新能力，成功地实施变革，获取竞争优势。

这四个步骤是：

- 内部意识
- 内部反应
- 外部反应
- 外部意识

简单地说，内部意识就是一个企业快速评估自己的技能、能力和核心竞争力的能力。换句话说，你应该能够辨别“我们做什么”而不是“我们生产什么”。作为一个营销经理，管理人员、团队和资源是关键技能。

内部反应——与组织做出反应的能力有关，而不是自满，或抱着具有一系列能力组织就可以高枕无忧的陈旧观念。例如，一个组织可能具有一系列的优势和能力，但仍可能无法快速变化以满足市场需求。许多组织受到巨大的外部意识的折磨，例如，它们知道外面在发生什么，但却完全没有能力影响变化。

内部反应考虑的是，组织能够以多快的速度把能力转化成行动，把产品或服务推向市场，或提高顾客服务水平，对新的机会做出反应。有时会发生组织一方面管理着知识，但另一方面却不做出反应的情况。作为未来的营销经理，对市场和顾客需求做出反应是你的职责。

外部反应——作为一名营销经理，认识到在任何一个行业和组织，最终成功是以满足市场和顾客需求的能力来衡量的。成功经常以通过决策对动荡的外界环境做出反应的能力来衡量，而这种决策无须协调和考虑复杂的商业和市场环境。因此，好的经理会制定战略，确定一系列的目标和原则，然后依靠组织的能力进行自我调整，对环境进行反应，希望以此比竞争对手更快地做出反应。

外部意识——表示组织理解外部市场是如何认识其产品和服务的价值的能力。它还吸收市场趋势、竞争行动、政府管制和其他外部市场力量，这些内容你将在后面的营销运作中学到。

内部意识和外部意识相结合使开拓新市场、利用新机会成为可能。为了对一系列的内部和外部环境因素做出反应，必须要清楚你是谁以及你能干什么。因此，成功的关键在于意识和反应。只有清楚自己的优势和劣势，才能够做出迅速的反应，运用企业技能，了解内部资源状况和外部市场需求，以及由此产生的市场机会。

由于知识的影响，21 世纪的商业形态正在逐步发生变化，人们突然认识到知识是他们最大的资产，没有了知识，实物资产无法产生任何价值。

知识管理

你会问自己，什么是知识管理，下面就是一个知识管理的定义："知识管理是运用集体的智慧提高反应速度和促进创新。"

知识管理和信息管理是完全不同的两种活动，对两者进行区分很重要。知识管理是在没有事先计划的情况下，对突然的事件进行创新性的反应。而信息管理在于对事先预料的事情进行有计划的反应。知识管理不仅仅是收集和传播信息，更在于创造对信息做出反应的机制。

知识系统

决策者在决策过程中，需要及时可靠的、恰当的信息的支持。决策支持系统帮助经理人员计算某个决策的可能结果——但这取决于决策所用信息的质量。

知识系统是为决策者提供支持的信息系统，它为了在适当的时间和地点向决策者提供所需信息而设计。"知识工程师"要和决策者一起确定决策过程，以及决策过程中所需要的信息。然后可以据此建立知识库。

- 航空公司运用知识系统为遍及全球的机票代理商提供实时的机票销售信息，通过信息的及时更新防止机票的重复销售
- 保险公司运用知识系统评估保险合同的风险程度

20 世纪 90 年代中期，专家系统已经得到了广泛的运用。没有人曾经想到，专家系统有一天会在许多领域代替专家。我们知道，尽管专家系统可以提供许多有用的信息，但它还不能在决策中取代人。光有知识是不够的。好的决策还需要在决策过程中加入人的经验和本领，许多情况下，这些本领都是人所独有的。

因此，尽管系统建设的过程很大程度上是一样的，但今天我们把这个系统叫做知识系统，而不是专家系统。

知识系统的特征

阿姆斯壮（Armstrong）认为，一个良好的知识系统具有七个特征。系统的建设应该具有：

- 有用性
- 可用性
- 适合并有教育意义

它同时还能够：

- 解释它的建议
- 回答简单的问题
- 学习新的知识
- 易于调整

归纳系统能：

- 分析和解释数据
- 基于对输入数据的分析预测将来的结果
- 通过输入数据的分析做出诊断
- 对复杂的系统进行调试
- 对过程和系统进行监督和控制

推理系统能：

- 帮助设计产品和服务
- 准备复杂的计划
- 通过对学员的知识和理解进行诊断，调整学习进度，以帮助进行培训

建立知识系统的好处包括：

- 提高决策速度
- 帮助解决复杂的问题
- 保护有价值的知识和经验
- 保证工作中取得的实际经验得到最好的运用
- 通过解决问题和提高决策速度节省时间和金钱

（资料来源：Armstrong，Michael，《管理技术》第二版，Kogan Page，2000。）

补充资料：知识就是力量

1998年12月，英国贸易和工业部出版了一份32页的报告，该报告指出加速知识传播的必要性。

报告的核心内容认为，由于以下四个相互加强的发展趋势，知识作为一个推动经济发展的因素已经越来越重要了：飞速发展的信息和通讯技术；科学技术的加速发展；更加激烈的全球竞争；以及繁荣带来的更加复杂的需求模式。

分析说明，知识正在改变着商业竞争的方式，创新的重要性增加了，知识含量高的产品的回报也在增加。

这种发展趋势带给企业家一个新的重要任务——识别和开发快速变化带来的经济机会，同时也对投资者产生巨大的影响，他们可以发现公司的财富创造潜力越来越多地与企业员工具有的知识——这样一种无形资产相联系。

资料来源：《金融时报》，1998年12月17日。

知识管理中人的因素

尽管知识系统中的硬性知识对知识管理过程非常有用，但我们永远也不能忽视信息处理过程中人的重要性。许多年以来，促使大家实现知识的共享可能一直是许多组织最难实现的目标。组织中有大量的丰富的知识存在于员工头脑中，然而，这些知识经常无法找到，没有实现共享，从而得不到应用。

一个大型企业，如果能够实现知识的共享，使全体员工都能得到相同的知识，做出质量相同的决策，以相同的经验对事务做出反应，它将对竞争对手造成巨大的威胁。

建立一种“知识分享”的企业文化是组织必须关注的关键问题之一。如果参与者愿意为组织做出贡献，“知识分享”文化将成为一种动态的非常有力的文化。实际上，创造一种“知识分享”文化比建立一个系统更加必要。

随着学习的深入，你将思考自己如何为组织做出贡献，使组织成为具有创新性、竞争力和创造性的组织。为了达到这个目的，你必须着手建立一种知识驱动的文化，不断发展和管理这种文化，直到知识分享成为组织的本性。

你可能会问，如何才能建立这样一种文化？实现这种文化的机制是什么？首先，你必须建立三个核心原则：

- 分享
- 合作
- 关注共同目标

具有讽刺意味的是，你可能会发现分享是最难实现的，因为它简直是有违人的本性，即人们首先在学校里养成的行为习惯，自己拥有知识，而不要与人分享。作为个人，我们经常觉得拥有一点自己的知识给我们带来一定的优势，然而，如果不把这点知识和大家分享，组织的优势可能受到损害。

作为一个致力于创造一种知识分享氛围的营销经理，你要告诉你的团队知识的价值，这是一件具有挑战性的任务。团队成员的贡献将表明共享的知识对于提升个人的业绩、鼓励进行知识分享并使知识分享产生回报，是多么的重要。因此，你必须在以下方面意识到知识管理的重要性：

- 沟通——确保沟通是真诚的、开放的，把知识告诉员工——内部营销对于完成这个任务有广泛的作用
- 激励员工——鼓励进行信息分享，对分享、创新和创造活动提供激励和奖励
- 评估过程——分享有关未来的知识和过去的业绩信息——记录和保存信息，把它们用于提供整体业绩
- 外部关系——保证了解顾客需求，为了达到长期的顾客满意度和减少顾客流失，确保有关顾客的充分知识在整个组织范围内得到分享
- 技术——考虑开发重要的管理信息系统，收集和传播那些帮助内部意识、外部意识以及内部反应和外部反应的知识，例如，有助于对环境、顾客和竞争威胁做出反应的知识
- 培训——确保员工得到实现组织目标所必须的培训。使他们知道自己可以做出的贡献，并明白如何做出贡献。培训必须有计划地开展，并包括系统的建立和获取能提高组织和个人的整体绩效的知识

知识的更新

知识会很快变得过时、陈旧，从而不再是有用的知识，这是知识的属性。在知识更新方面，德鲁克认为，“经理人员必须为有组织地抛弃过时的知识和管理变化制定计划。除去过时的知识，迎接新知识。新的知识总是需要能干的人，他们认为变化是理所当然的，并视变化为机会”。霍夫曼（Gerald Hoffman）（Technology Payout 的作者）曾经说过：“变化的本质和速度意味着每个人都必须进行终身学习。”因此，这也意味着每个人都必须致力于终身分享知识。

人力资源管理

正如市场营销倾向于被简单地看成是广告和销售，人力资源管理（HRM）也倾向于被理解成“人事管理”，进行琐碎的招聘和甄选——以支持生产直线经

理——并管理雇员合同和工资。营销人员明白营销是一项重要的战略性职能，同样人力资源管理专家也明白，人力资源管理是重要战略性的职能。很幸运，组织中的高层也意识到这两项职能对于组织的成功是多么的重要。

多灵顿（Torrington）和霍尔（Hall）证明了人力资源战略规划的必要性。他们认为，人力资源管理战略规划有四个作用：

- 战略安排——战略不是规划出来的，但规划能够理清战略使其具有可操作性；找出战略执行的后果；确定为了完成战略必须做的事情
- 沟通与控制——规划能够保证协调、鼓励每个人朝着同一个方向努力；规划人员能够帮助找出成功的、在组织中部分实行的实验性战略
- 分析——规划人员需要分析内部和外部数据，管理人员也可以在战略制定过程中运用这些数据
- 规划人员可能起到催化作用——提出困难的问题和挑战传统智慧，可以刺激管理人员以更加富于创造性的方式思考问题

你可能认为，最近几年，人力资源管理和市场营销的发展有着许多相似之处。图 1.6 说明了人员规划的传统观念，图 1.7 是现在的人力资源规划模型。这两个模型和变化的市场营销模型非常相似

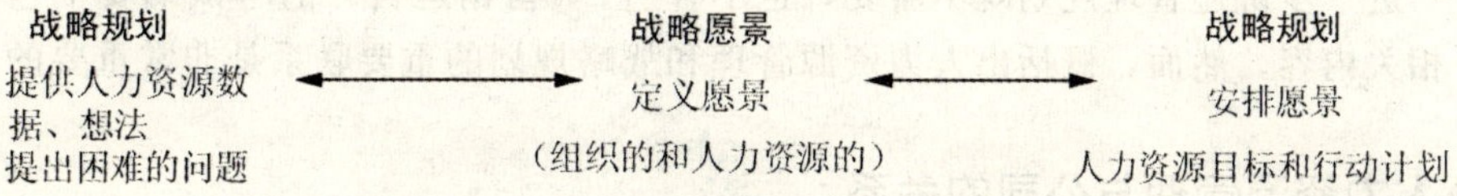

图 1.5　人力资源战略愿景和规划

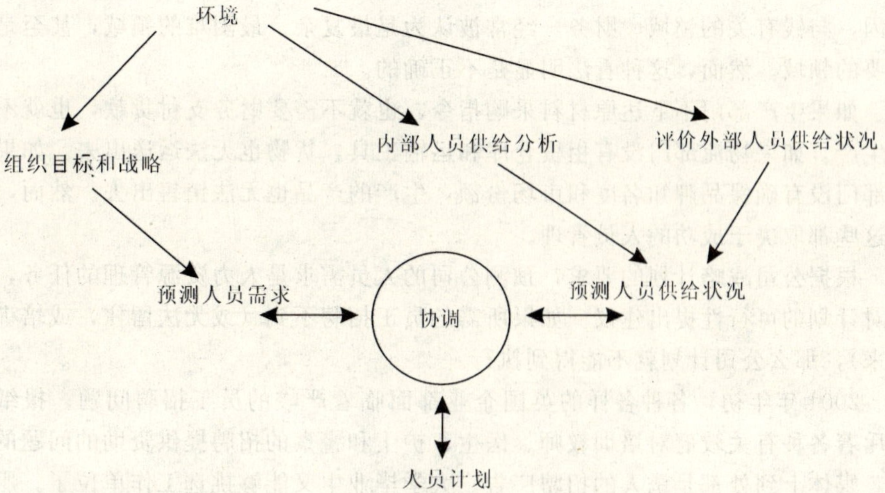

图 1.6　传统的人员规划模型

（资料来源：*Human Resource Management*，*4th ed*，*Torrington& Hall*，1998（*Pages* 63/4 *and*66）

ISBN：0 13 626532－4 *Prentice－Hall Europe*）.

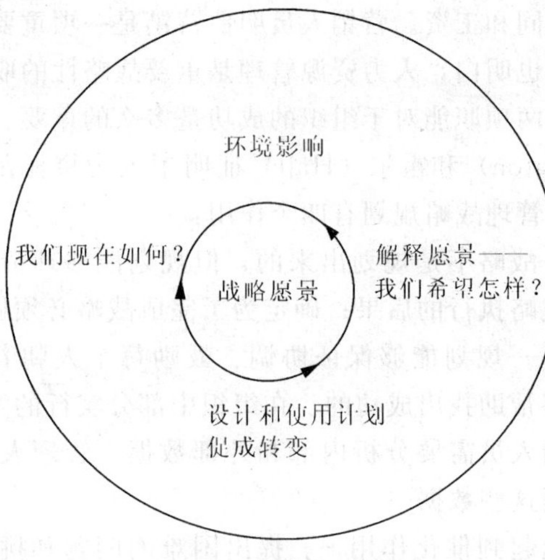

图 1.7 整合的人力资源规划模型

资料来源：*Torrington & Hall.*

然而，我们不应该对它们的相似性感到惊讶，因为两者（以及组织的其他领域）都体现了先进的管理思想。

进一步讲述管理规划既不需要，也不合适。《营销运营》的考试纲要中包含了相关内容。然而，概括出人力资源管理和战略规划的重要联系是非常重要的。

◆人力资源管理与公司的关系

在进行短期和长期的规划时，考虑组织的所有方面是非常重要的。因为某些原因，与钱有关的领域—财务—经常被认为是最复杂、最困难的领域，甚至是最重要的领域。然而，这种看法明显是不正确的。

如果生产部门不下达原材料采购指令，也就不需要财务支付货款，也就不需要生产。如果物流部门没有租赁仓库和运输工具，货物也无法运送出去。如果销售部门没有确保品牌知名度和市场份额，生产的产品也无法销售出去。然而，所有这些都取决于成功的人员管理。

根据公司战略计划的要求，预测公司的人员需求是人力资源管理的任务，然后对计划的可行性提出建议。如果所需的员工招聘不到（或无法留住，或培训不出来），那么公司计划就不能得到执行。

2001 年年初，各种各样的英国企业都面临着严峻的员工招聘问题。报纸上充斥着各种有关政府对培训教师、医生、护士和警察的招聘提供资助的问题的评论。媒体上到处都是诱人的招聘广告。大学毕业生又能够挑选工作单位了。服务业吸引不到足够的身体健康、富有知识的年轻人。许多行业都很难找到合适的员工。

英国工业联合会（CBI）总理事在年终讲话中强烈号召公司为所有员工提供

培训和再教育机会。他说，英国工业界正在遭受合格员工不足之苦，并忽视提高员工质量的机会。

有趣的是，英国工业联合会（CBI）曾在1970年年初发出过完全一样的信息，并导致了政府对培训结构的大量资助。然而30年之后，也就是过了两代管理者之后，同样的问题依然存在。由于某些原因，人力资源管理没有得到应有的重视。

明智的经理对企业的需要保持敏感，确保无论在战略层还是在战术层，管理的各个方面（5Ms和αK）都被同样重视。

◆从人力资源的角度展望未来

人力资源管理规划和营销计划之间也存在着相似之处。公司目标可以经过分解，形成人力资源方面的目标和意义。需要雇用多少员工？他们应该具有什么样的资格和能力？什么时候雇用？公司内部有合适的人选吗？当需要的时候，可以从外部招到吗？他们愿意为公司工作吗？公司的人员需求和期望供应之间有什么差距？如何弥补差距？以多大代价？有解决的办法吗？高层管理人员能够接受这种办法吗？

人力资源的战术问题是相对直率和容易理解的。但公司不能像获取资金来源那么容易地获取合适的人员。

◆变化着的管理哲学

供需状况的变化渐渐把20世纪60年代的卖方市场转变成现在竞争日益激烈的买方市场。无论是工业界、商业界还是非营利部门，都把关注的重点转向了顾客。现在越来越需要预测顾客需求，然后提供顾客需要的产品和服务，满足顾客需求。

当今世界，新的挑战不断出现。以三年前的同样的方式应付这些挑战，很可能遭到失败。因此，越来越需要不断发掘知识、应用知识，从公司接管和兼并的整合中获得在全球范围内的竞争力。

质量管理先驱们向人们介绍了全面质量管理（TQM）的有关概念，TQM意味着必须关注管理过程和公司活动的每个方面。TQM在引入新思想、新问题的同时，还利用了许多长期以来为营销人员所熟悉的概念。这里有一个例子，关系营销——只是（但很重要）把优秀销售人员很久以前就知道的东西概念化了——说明，如果想获得长期的利润，就要长期善待顾客。

就像营销导向一样，吸收了关系营销思想的全面质量管理（TQM）应该被看成是一种管理方法，一经采用，就可以帮助企业实现其使命和目标。

◆变化了的经理角色

随着工作越来越艰巨，管理工具也在迅速改进，特别是知识管理能够为企业管理的各个方面提供最有力的帮助。任何企业，想要获得理想的利润而没有数据库是不可想像的，实时的报告系统也迅速成为必须的了。

现在的组织已经不需要大量的中低级管理者了，而过去，他们控制着企业的信息和管理着组织的资源。组织在减少管理层级——在这个过程中减少了成千上万的雇员。组织的扁平化有下面一些含义：

- 高层经理与一线员工和顾客有了更加密切的接触。
- 以前的沿职能路线进行沟通的方式消失了，代之以 IT，特别是电子邮件开启了水平和即时沟通之门。
- 在工作中学习的机会减少，管理技能必须通过更加正式的培训获得。
- 每个经理必须承担更大的责任。
- 一线职员必须为自己的行动和决策承担更多的责任。

今后的管理人员必须适应在结构调整之后的组织中工作，不断地对外部环境的持续变化做出反应。

图 1.8 概括了当今的组织结构。不同于过去有着许多管理层次的层级结构，现在的组织把顾客置于最高的位置。管理人员的角色是改进和支持组织与顾客之间的交流。

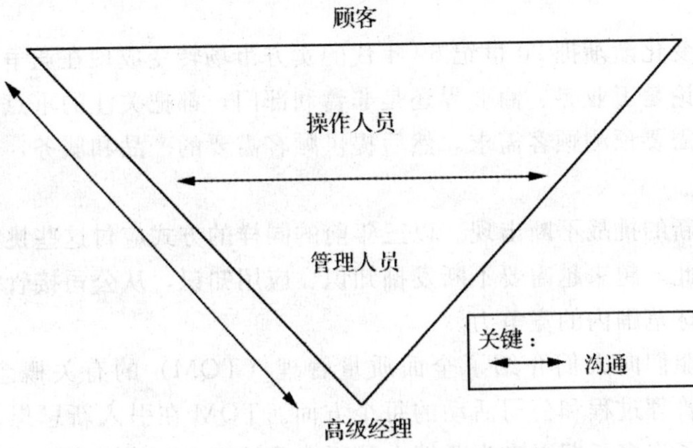

图 1.8 倒置的为服务顾客而开发的组织结构

管理还是领导

结构和文化的改变使人们对管理人员的角色，特别是高层管理人员的角色，进行了更深入的思考和分析。要从语义上对“管理”的含义做出区别是容易的。“管理”一词意味着控制，可以看成是关注内部和提供秩序。道格拉斯（Douglas McGregor）把这种传统的管理方式取名为“X 理论”。

补充资料：市场营销工作

从品牌经理、客户经理到市场研究经理的许多工作都可以叫做市场营销工作。

找出尽可能多的营销工作职位，并确定每个职位具体的工作是什么。招聘广告是一个重要的信息来源，当然，你也可以从你日常接触的工作岗位中去找。

一定要区分一些名称上非常相似的工作，如产品经理和品牌经理。

X 理论是独裁的和以工作为中心的。它基于下面的假设：人基本上是懒惰的，不愿意工作的，需要持续不断地监督和控制。管理人员有权发号施令并强制别人遵守。

道格拉斯还提出了 Y 理论。Y 理论假设：

- 人们就像玩耍和休息一样喜欢工作
- 人们愿意为了实现组织的目标而自我指导和自我控制
- 根据人们的贡献提供奖赏可以促使他们忠于组织目标
- 在合适的情况下，通常人们不仅愿意接受责任，而且主动寻求责任
- 大部分人都富有想像力、灵活性和创造性
- 大部分人的智力潜能只得到部分地运用

Y 理论假设人们愿意工作，愿意为他们的贡献承担责任，需要管理人员为他们的工作提供便利而不是控制。一致、讨论和共同承担决策的责任是 Y 型组织的标志。激励和清晰的共同目标是一个有效的 Y 型组织的关键所在。后面将说明组织需要的是领导而不是管理。

20 世纪 70 年代，威廉·欧兹（William Ouchi）总结了美国和日本的最佳管理实践，提出了 Z 理论。它的主要特征是：

- 应该提供长期的职业保障

- 应该在取得一致的基础上进行决策
- 应该给予个人责任
- 应该进行较慢速的评价和晋升
- 应该通过明显的、格式化的手段进行含蓄的控制
- 应该提供适度专业化的职业发展路径
- 管理者应该全面关心员工，甚至包括员工的家庭

人力资源管理和人力资源规划对任何组织的长期战略规划，都是一个管理要素。我们将在“提高组织绩效”单元中继续讨论人力资源管理。

许多成功的商业人士，如 Body Shop 的罗迪克（Anita Roddick），Virgin 的布兰森（Richard Branson），被人们认为是鼓舞人心的领导者——他们富有活力、引人注目并具有极强的沟通能力。有趣的是，他们是企业家，而不仅仅是一般意义上的管理者。他们部分或者全部拥有企业，同时拥有企业的所有权和控制权。真正的考验在于，这些企业在其创立者离去之后，还能不能取得成功。

管理者需要具备什么条件

不论你把管理者看成是领导者还是管理人员，要得到一个有能力的管理者所需的关键知识和技能，可以分析和评价现在的成功管理者：

- 他们代表了你对自己的管理业绩进行评价的基础，以及设定个人发展目标的标准
- CIM 高级认证和学位考试也重点考察考生的各种管理技能，这些技能包括从沟通能力到时间管理，从分析能力到决策能力的各种能力
- 你很可能会进行招聘工作，对应聘者进行面试和挑选，因此需要建立自己的评价标准

活动 1.4

经理的工作

阅读你所收集的营销管理工作岗位的招聘广告，以及下面这个管理岗位的招聘广告。运用相关岗位的知识、你自己的经历以及你所学到的管理人员的角色，写一份挑选这些岗位人员时应该考察的技能和特征的清单。

罗姆莎旅游公司营销总监（LOAMSHIRE TOURIST BOARD HEAD OF MARKETING）

薪水 45775～49450 英镑

罗姆莎坐落于英格兰中部，位于大不列颠最好的旅游区的中心。它以一流的运动、娱乐以及其他休闲设施出名，并具有深厚的历史底蕴。同时它还临近大城市，可以方便地通过铁路和公路去往伯明翰和伦敦。伯明翰国际机场和国际会议展览中心在这附近，并吸引大批的商务旅行者。

随着旅游业新的发展，最近罗姆莎旅游公司进行了业务扩张，我们正在招聘一名营销总监。营销总监的职责包括与旅游业总监协商一道制定、执行和完善公司营销计划；负责本地区的日常营销工作；在公司原则指导下评估营销工作的效果（可以从下边的地址取得有关职位的详细资料）。

这是一个高级的、要求严格的职位。所招聘的人员将负责对现有营销和销售团队的管理，我们还希望在短期内对整个营销队伍进行扩充。

理想的应聘者应具有职业资格，并具有三年以上的旅游行业营销工作经历。不过，我们会将考虑所有的应聘人员。拥有驾照也很重要。

我们将考虑申请人的能力，而不考虑性别和婚姻状况。申请者请在20××年12月7日前递交申请材料，申请材料请至少包括：年龄、教育状况、资格证书、现在和过去的职务、其他相关经历和推荐人姓名等内容。我们不会在得到允许前和推荐人联系。

通信地址：
Joan Mathiesion，MCIS，
Loamshire Tourist Board，
County Hall，
Ladcaster LA65 F42.

总结

在这个单元中，我们学习了：

- 管理协调和整合一个组织的各个方面
- 组织的存在有赖于互利交换
- 为了成功地生存，组织中的所有职能都是需要的
- 至少在过去，传统的层级结构是需要的
- 低级经理应该视管理工作为自己的职业发展道路，而不是职能
- 管理通过人产生效果
- 经理的一个关键角色是做出决策并执行决策

- 决策包含风险的因素
- 问题中隐藏着机会
- 目标应该符合 SMART 原则
- 效果和效率都是需要的
- 要在新世纪中取得成功，知识管理是非常关键的
- 人力资源管理关注于组织的首要的需要——人
- 人力资源战略与在需要的时候、需要的地方获得合适的人员有关
- 管理哲学一直在不断发生变化
- TQM 和 IT 使组织结构扁平化，从而把更多的责任交给了低级员工
- 管理和领导紧密相关
- 经理人员需要具有性格和个人能力方面的特点，使他们能够在一个要求日益严格和压力巨大的职位上很好地工作并取得成功

应试技巧

掌握知识当然很重要，但掌握应试技巧同样重要。

随着学习的进展，我们将介绍关键的考试技巧，很好地掌握这些技巧，有助于你一次通过考试。

考试试卷（这门课以及其他课程的）将分为 Part A 和 Part B 两个部分。完成每个部分需要不同的技巧。因此可以说，考每门课都是在进行两次考试。Part A 有一个小案例，要求回答问题，而 Part B 你可以选择其中的三道题。

我们以后将考虑每个部分所需要的考试技巧。现在考虑时间因素。Part A 和 Part B 的分数比例是 40∶60，因此，我们建议你把考试时间也做 40∶60 的分配，即 Part A72 分钟，Part B108 分钟。

先做哪个部分都没有关系。但是，应该给 Part B 中的每道题分配 36 分钟。至于 Part A 应该根据每道题的分数来分配时间。

资深的考官发现考生经常犯的错误是：在 Part A 中的小案例上花了太多的时间，而没有时间完成 Part B。因此，许多考生有了不必要的失败。练习时间管理的技能可以最大程度地提高通过的可能性。

考试练习

你需要对考试问题进行练习，以便你能够建立自信，培养出在规定时间里完成问题的能力。读者可以登录我们的网站（www.marketingonline.co.uk 或 www.bh.com/marketing），去看参考答案以及资深考官所给的应付这些问题的建议。其中的一些题目来自于 2001 年 6 月的考试，其他的来自于 2000 年 6 月和 12 月的考试。当然，每个问题都和该单元中所学的知识直接有关。

保留 2001 年 12 月的试题，当你在最后总复习的时候，用来做完整的模拟考试。

现在回答 2000 年 12 月份试题中的第 4 题。

第二单元 沟通

学习目标

在这个单元，你将学习：

- 分析沟通过程中的要素
- 评价经理作为一个沟通者的角色
- 回顾不同沟通方法和机会的机制与风格

学完本单元，你将能够：

- 了解经理的关键沟通作用
- 找出你自己以及其他人在沟通技能方面的不足
- 对提高沟通技能提出建议
- 有效地制定在一些典型的商业环境中沟通的计划
- 组织、参与和主持会议
- 保证会议时间得到有效利用

学习指南

沟通这个主题出现在这本书的开头，是因为它涉及的技能可能是最重要的管理技能。我们已经学习了什么是管理。现在，需要考察管理如何通过人完成任务，以保证获得需要的结果。

沟通是有效进行人员和资源管理的关键。所有经理，不论是什么领域的，都必须能够通过一系列的媒体进行有效的沟通。

特别要注意的是，作为一个 CIM 学生，你需要和考官进行有效沟通。这意味着阅读和理解题目，然后回答所问的问题。通常 CIM 考官不要求你进行长篇大论。针对问题做答非常重要。特别是 EMFM 中，考察你运用各种管理沟通工具的能力是考试的一部分。

本单元需要花 3 个小时学习，然后再花两个小时完成活动。

有效沟通——一个重要的技能

沟通是经理们的一项核心技能，每一个营销实践者的必要条件。计划和实施专业的沟通的能力是很重要的：

- 无论是书面表达还是口头演讲能力的不足，都会降低个人工作和组织整体工作的质量
- 在进行正式演讲时缺乏自信是经理们产生压力的一个重要原因
- 团队或组织中缺乏沟通或沟通无效会造成激励不足、缺乏协调和失去方向感
- 在许多组织中，各种形式的对命令的误解、会议组织不利和沟通无效，会造成大量的浪费

很明显，对提供沟通活动的质量进行时间和其他资源的投入，能对以下各方面产生重要影响：

- 组织的对外形象
- 组织内部人员的士气和激励程度
- 有效运用组织内部员工的宝贵时间
- 当经理们对内、对外代表组织行动时，减少压力、增加自信

经理——沟通的中心？

所有经理人员在组织的沟通活动中扮演着重要角色。他们是信息交流的中心（见图 2.1 和图 2.2）。组织中的沟通质量取决于沟通链条中的最弱的一环。在这个关键的中心活动中，很容易明白为什么经理们要成为这个过程中特别强大的一环的重要性。

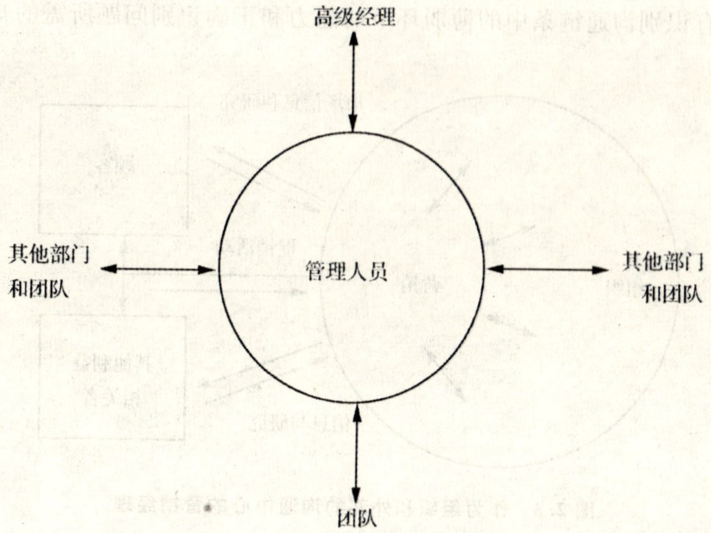

图 2.1　管理人员是沟通的中枢

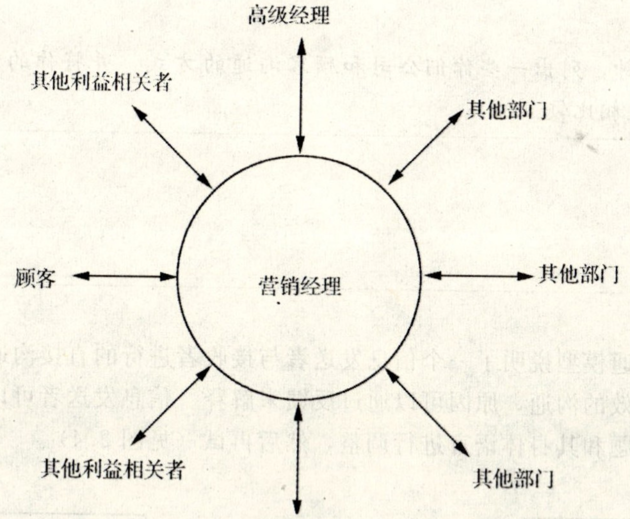

图 2.2　营销经理是沟通活动的中枢

营销经理在沟通这个过程中还有另一个重要作用，他们是组织和顾客进行沟通的交流中心。营销工作经常负责企业的对外沟通活动，为此进行公关活动，对包括金融机构、股东、各种压力集团和一般公众在内的各种利益相关者的宣传活动（见图 2.3）。为了有效担当这个沟通的角色，营销经理必须：

- 评价沟通的重要性
- 能够有效地发出和接收信息

- 具有识别沟通链条中的薄弱环节的能力和正确识别问题所需的知识

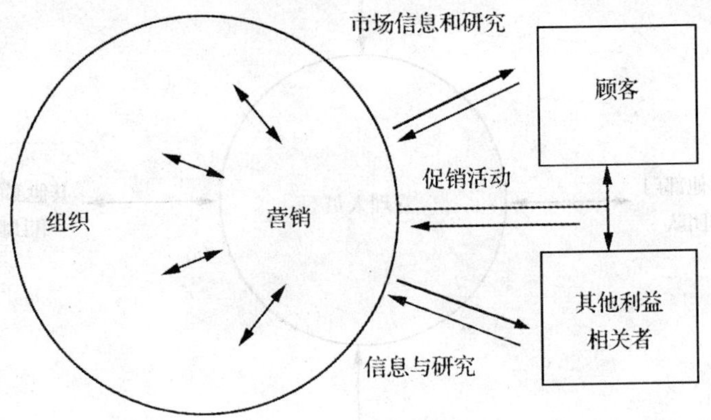

图 2.3 作为组织和外部的沟通中心的营销经理

活动 2.1

和顾客交谈

花 15 分钟，列出一些你们公司和顾客沟通的方式。并将你的结果和活动汇报中的结果相比较。

沟通过程

简化的沟通模型说明了一个信息发送者与接收者进行的直接沟通。但这种方式不能进行有效的沟通，原因可以通过反馈来解释。信息发送者可以根据接收者直接提出的问题和其身体语言进行调整，然后再试（见图 2.4）。

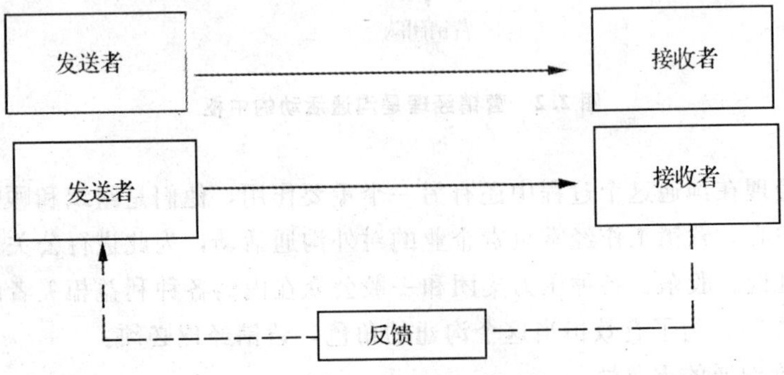

图 2.4 沟通的简单模型

一个复杂一点的沟通过程模型表明，除了简单地发送和接收，还有许多其他事情发生（见图 2.5）。

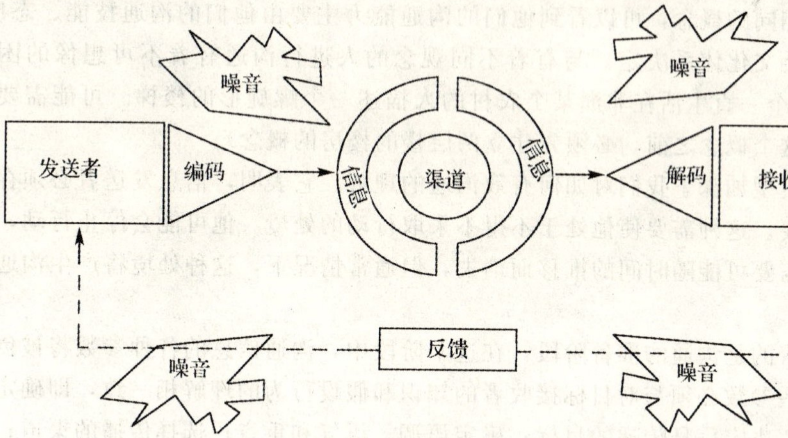

图 2.5 扩展的沟通模型

你可能已经注意到了，在前面的三个模型中，信息发送者和接收者位于一个连续的过程的两端，好像空间上的分离是惟一考虑的因素。实际上当然不是这样的，稍加考虑就可以知道，心理和情感因素也很重要。

进行沟通的时候，我们自动地把这些因素当做其他人的智力和知识加以考虑。更简单地说，就是聪明的人能够更加迅速地理解更加复杂的信息。很少需要对有关背景进行沟通，不怎么需要进行解释。

一个相同的信息对于一个拥有共同的态度和观念的人，和对于一个持有相反的态度和观念的人，意思是完全不同的。

因此，信息发送者和接收者之间的相似程度在很大程度上决定了应该发送什么信息，以何种形式发送信息（见图 2.6）。

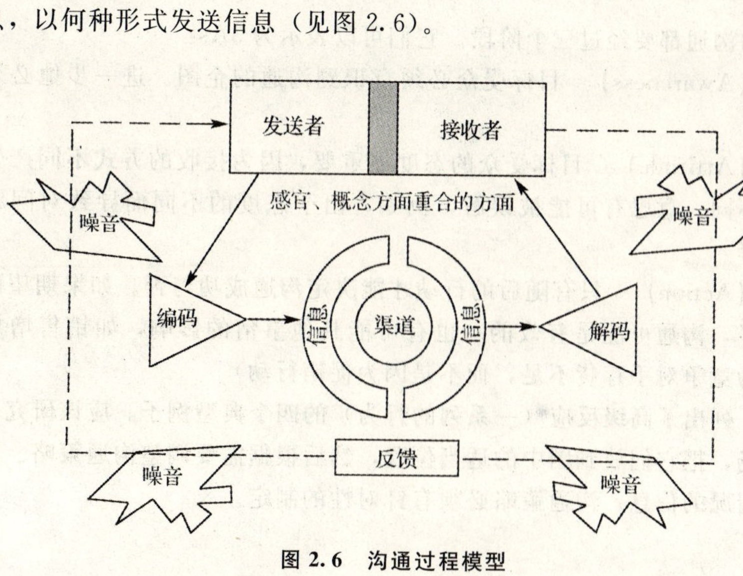

图 2.6 沟通过程模型

沟通过程与我们有关人类行为的知识有关系（就像我们将要在后面的单元“文化与管理”中看到的，这对于营销人员是非常重要的）。假设信息发送者和接收者有着相同的概念，可以看到他们的沟通能力主要由他们的沟通技能、态度、知识和社会文化体系决定。与有着不同观念的人进行沟通有着不可想像的困难（试着向一个一直生活在非洲某个农村的人描述一个螺旋形的楼梯。可能需要在介绍楼梯这个概念之前，必须先建立两层楼的楼房的概念）。

这个模型加深了我们对如何有效沟通的理解。它表明，信息发送者必须存在沟通的需要。这种需要使他处于不得不采取行动的处境。他可能会停止行动，然后沟通的需要可能随时间的推移而消失，但通常情况下，这种处境将产生沟通的意图。

紧接着的是沟通的准备阶段，在这个阶段中，沟通信息的各种参数将被创造出来。这些参数必须与对目标接收者的知识和假设行为的理解相一致，即确定信息的内容；决定信息传递的目标；确定语调、语气和重音；选择传播的渠道；并选择沟通的时机。必须对信息进行编码，以便接收者能够对接收到的信息进行解码，并做出期望的反应。当然，反馈对于判断沟通的效果是非常重要的。

营销沟通

沟通是营销人员的关键技能。要充分有效地工作，营销人员必须根据目标受众的情况调整沟通策略。除非目标受众接收到信息、进行理解并做出反应，否则沟通是没有效果的。基本的沟通原理对于各种形式的沟通都是适用的，这些沟通形式从大范围的广告宣传到单独的销售交谈，从内部营销文件到与高级管理人员的会议。

有效的沟通都要经过三个阶段。它们可以表示为3As：

- **注意**（Awareness） 目标受众必须意识到沟通的企图。进一步他必须主动接收信息
- **态度**（Attitude） 目标受众的态度很重要，因为接收的方式不同产生的结果也不同。意思有可能被误解，例如，由于态度的不同而导致对问题的错误解释
- **行动**（Action） 只有随后的行动才能决定沟通成功与否。如果期望的行动发生了，沟通可能是有效的（也有可能其他事情的影响，如销售增加可能是因为竞争对手存货不足，而不是因为促销行动）

图 2.7 列出了高级反应（一系列的行为）的四个典型例子。应该研究每个人或细分市场，把它们放到图中的适当位置，然后根据需要调整沟通策略。没有会适合所有情况的信息。沟通策略必须有针对性的制定。

	LAVIDGE/STEINER	FREEMAN	JENKINS	WORSAM
				引发
注意				认为需要
		建立联系	无意识	无意识
		引起兴趣		
	注意		注意	注意
	知识			
			理解	理解
态度	联系	建立偏好	确信	确信
	偏好		偏好	偏好
行动	确信	确定具体目的	有意购买	有意购买
	购买	完成变易		购买
			购买评价	评价喜欢/不喜欢
		保持销售	再次购买	再次购买/不再购买

图 2.7　高级反应模式

所有顾客或潜在顾客都处在图中的某个位置。

从顾客所在的地方开始进行营销沟通活动，并把细心监控目标受众的变化作为促销研究的常规工作是很重要的。

在所有沟通中，存在一个与行为连续区间类似的层次结构。大多数情况下，

可以用下面五种状况表示：

- 注意（Attention） 必须刺激接收者对传来的信息产生注意
- 理解（Comprehension） 接收者必须对信息进行解码，理解其中的内容和重点的概念
- 接受（Acceptance） 信息传达的目的必须被接收
- 记忆（Memory） 内容以及计划行动必须为接收者所记住
- 行动（Action） 信息传递的目的必须得到实现

当然，每一种情况都可以通过反馈机制进行评价

沟通技能提高指南

◆信息发送者

信息发送者是在自己的参照框架内工作，受到他自己的意识和理解的指导。他必须完整地把自己的意思传送出去，而这种意思是主观的意识活动。我们无法在没有心灵感应的情况下直接沟通，因此，强行进入沟通的下一阶段也是不行的。

想想你是谁，你作为信息发送者的角色，以及人们如何看待这个角色。你可能正在代表组织？因此，你的角色可能是礼仪上或权威上的代表？其他人认为你是难以合作共事的吗？他们对你的看法将影响他们对信息进行解码和解释的方式。

你还需要明白沟通的确切目的。你想获得什么样的反应？你想达到什么效果？你的目标将影响你所选择的沟通方法。如果你想通知大家什么事情或对大家进行说服，你所采用的沟通方法和风格应该有所不同。

谁是你的目标受众？你是在向恰当的人传递信息吗？你了解你的目标受众吗？他们有什么需要、兴趣和要求？如果要进行有效的沟通，通常需要仔细研究受众的情况。

◆编码

从技术上说，编码就是把信息从一种形式转化成另一种形式。我们只讨论商务沟通，因此，我们选择的代码限定于语言和视觉。

1. 语言代码包括我们选择的语言，不单单是英语和法语，还包括其他特定形式的语言。所有语言都有行话，它们必须得到正确地使用。

2. 视觉代码包括图形和颜色之类的东西。大家都知道，白色在美国和英国代表结婚的喜庆，而在亚洲却代表对死人的哀悼。大家将发现，许多时候选择一种受众能够理解的视觉代码比选择正确的语言代码更加重要。

在沟通上语言选择有着举足轻重的作用。我们要记住，语言只不过是形象和

声音的编码组合。因此，莫斯（Morse）编码在合适的语境中就和语言与文字同样有效。

也要注意：行话实际上就是被特定行业从业者理解的特殊语言。仅仅当信息传送者确信接收者能够理解，用行话沟通才是有效的。因此，像 7Ps 之类的行话只有在营销人员中才起到沟通的作用。

同样我们必须记住，在做陈述或是面对面的交流中，肢体语言中隐含的信息元素同样重要。图像、色彩和风格在从备忘录到海报的各种宣传形式中都能帮助理解。

◆信息

必须用代码组成实际的沟通信息。我们想传播的内容必须转化成一种能够通过我们选择的渠道进行传播的形式。信息和渠道紧密相连，因为如果没有渠道，信息就无法传递，无论信息本身多么引人注目。

要想被有效接收，信息必须尽可能的清晰、简单和准确。

◆渠道

渠道是传播信息的媒介。如果是文字信息，那么媒介可能是信件、报告、备忘录或便条；它可以通过电子或电子媒介传播，那么渠道就是电缆、电报或传真；它也可以直接从一台计算机传到另一台计算机；它还可以通过像电视这样的公共媒体传给受众。

渠道的选择也会对信息产生影响，每种渠道、媒介都有自己的形象和定位。还在不久以前，收到电报都是可怕的。在英国人的记忆中，只有坏消息才通过电报传递！如果是口头信息，就有许多传播的渠道可以选择，从面对面的双向传播到通过电台、电视等媒体的单向传播，但它们之间有巨大的区别。

传播的渠道必须和选定的目标受众、信息类型和目标相适应。受众必须能够接触到渠道，同时还要把成本控制在合适的范围之内。详细或复杂的信息更加适合于通过传真而不是电话传递。详细的财务信息和各种数据可能更适合通过报告传递，而不是通过口头演讲传达。进行口头演讲时，提供重要资料的复印件是非常重要的。如果听众必须听的时候做笔记，他们的注意力就会分散，你的信息也会受到损害。

◆解码

解码是与编码相反的一个过程，通过解码使传递的代码信息还原到原来的模样。不幸的是，事情并不总是如此简单，就像那些尽力根据 16 种语言写成的产

品说明书安装一件复杂的日本设备的人所体会到的。

基本概念的缺乏也能产生严重的错误。法语中没有"领导"这个词，而俄语中没有"自由"这个词。在这种情况下，问题不仅仅是少了一个词这么简单——而是完全缺少这样一个基本的概念。错误的翻译也能造成信息传递的错误。比如，"out of sight，out of mind"被翻译成"看不见的白痴"。这种例子很多，可以再看一个例子，这个例子中，对一段文字按字面翻译导致了严重的错误。"Nova"被选做一种汽车的全球性品牌，这个本来不错的营销创意却被"nova"的西班牙意思"no go"破坏了。

解码通常是在有噪音的环境下进行的，噪音可以像窗外的汽车声音或电话中的杂音一样简单，也可以像不愿意改变自己的观念一样微妙。有时候，我们会接收到矛盾的信息，特别是当组织内部正式渠道传递的信息和非正式渠道传递的信息不一样的时候。

"隐藏议程"一词最近才被人们广泛使用。它是指人们对特定的信息进行理解，却得出不同于预期的或想要表达的意思。如果要把信息传播给诸如全体顾客这样的大量受众，事先找一些样本受众，测试他们对信息的理解效果是非常明智的。在其他情况下，信息发送者要依赖于反馈的质量去了解信息为受众接受和理解的效果。

◆接收者

接收者很可能通过适当的渠道接收到了信息，并对信息进行了准确的解码，但由于各种原因，接收者可能没有对信息引起注意或采取行动。

◆反馈

很明显，反馈是非常重要的。发送者必须知道接收者已经接收、正确解码、理解了信息并采取了行动。如果其中的任何一个活动没有完成，那么沟通就失败了。因此，必须在事前细心考虑反馈的程序，以便可以发现和诊断沟通的不足与失败。

反馈提供了一种控制，在必要的时候调整信息的内容和形式，并进行重新发送，以保证有效的传播。它同时还为你提供了信息，使你能够不断发展和提高沟通技能，帮助你发现沟通过程中的失误，并分析失败的原因。反馈提供了个人不断改进沟通技能和组织不断改善沟通方式的基础信息。

反馈并不总是自动的。通常，必须通过正式的评估和询问获得反馈。反馈可以通过检查人们的反应、人们所提的问题以及问题的数量，或者人们在会议和演讲过程中的身体语言和态度等非正式手段来衡量。但是，从反馈的角度来说，最终的检验标准是：你达到目标了吗？

在对沟通效果进行评价的时候，真正的是要看人们的行动，而不是人们说了什么。

◆噪音

“噪音”这个词指任何对沟通产生影响和破坏的因素。从代码的不当选择、有缺陷的设备到注意力分散的受众等各种因素都是噪音。

活动 2.2

问题分析

检查下面的情景，发现问题。把你的发现和活动总结中的发现进行比较。

情景 1

电话中的顾客非常难过。他错过了一个让他的职员参加一个产品方面的培训的机会，这个活动是上星期由你们公司赞助的。你的助手不明白问题出在哪儿。像对待一些关键客户一样，他给顾客发去了活动的详细资料。

情景 2

你从信用部经理那里得知你的助手今天早上没有去参加一个重要的会议，你对这个消息感到吃惊。助手向你解释说，他必须在 10 点之前给营销经理送去预算计划。他昨晚离开办公室的时候在信用部经理桌上留下了一张便条。

情景 3

上星期你没有见到你的销售代表，因为他们正在参加一个会议，你给他们留了一个备忘录，强调获得准确、完整的费用回报率的重要性。这是全公司范围内加强费用控制的一部分。反馈的信息表明这导致了许多不满。至少有两个销售代表已经向人力资源部经理询问这个备忘录是否是公司的正式政策。

情景 4

在一个培训项目结束后，培训生们交上来的评估表清楚地表明，你的助手所做的培训是这个项目中最差的。反馈说明，助手提供的材料没有得到理解，其重要性没有得到认可。许多培训生认为这些资料与培训毫不相关。

知识扩展

在广告方面有许多优秀作品。对于一个28秒的广告，必须精心设计，使其能够在恰当的时间，以一种恰当的方式影响目标观众。这个广告还可以被缩短，设计成一个10秒甚至是5秒的广告，并能传播主要的意思。它还可以从广告中取出镜头，在出版物、海报和销售点广告中使用。它的声音可以用于广播和店内背景音乐。一些经典的广告在广告活动结束很久之后，还为人们所记得——可能会为几代人所记得。

◆人际沟通

我们通常不注意日常交谈，大部分时间我们都通过说话来设法传递我们的信息——因此可能没有注意到我们经常在措词方面不准确、不恰当。然而，CIM考试的考官却非常注重考生的正确用词的能力。

经常发生的错误是混淆“口头沟通”和“文字沟通”，以及用“非声音沟通”代替“非文字沟通”。花点时间学习一些关键的词汇，并在工作中加以运用。

图2.8说明了人际沟通可以分为两个分支，每个分支还可以再分。营销传播人员需要掌握这种复杂性，以便取得最好的沟通效果。

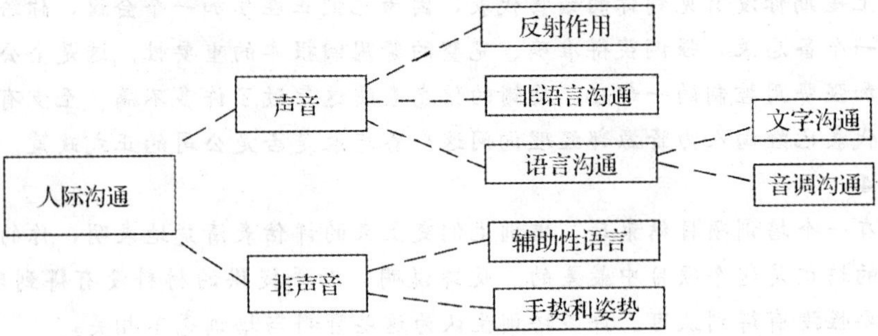

图2.8 人际沟通

声音沟通

声音沟通是以发出声音的方式进行沟通。说话并非像想像的那么简单！

- **反射作用** 包括这些自动的反应——“它们独立发挥作用；在自动神经系统的部分或功能中最常见，这些神经控制着肌肉和各种腺体的功能”。在心理学字典中，反射作用是指打呼噜、脸红、冒汗……各种很少受意识控制的

事情。

- **非语言沟通** 那些不被认为是语言的一部分的声音。诸如，口哨声、咳嗽、清喉咙的声音（有意或无意的）
- **语言沟通** 我们经常所指的“说话”……但必须分为语句（实际使用的词语）和 prosodic（所用的重音和语调）。通过改变“说话的方式”，就可以改变一句话的意思，而不需要任何语法结构方面的改变

非声音沟通

指我们在沟通中所有的动作，通常不严格地称为“身体语言”。

- **辅助性语言** 帮助信息传递的各种适当的语气、重音和语调等，同时还包括姿势、手势和面部表情
- **手势/姿势** 通常不需要有声语言沟通。一个抚爱的动作表达了清楚的意思——就像鼓掌表达清晰的意思一样。我们从观察别人的行动中能够得到许多信息许多这方面的沟通行为都是自动的，我们更多依赖于我们看到的而不是听到的反应，做出我们的反馈

身体语言和辅助语言之间有许多相似之处，但我们对它们做了区分，是因为辅助语言是对口头传达信息的一种辅助，而身体语言的动作本身包含着某种信息，了解这点区别是很重要的。沟通中的辅助性语言经常为信息发送者所忽略。但接收者从来不会忽视这种语言。

活动 2.3

花 20 分钟考虑一下自己的沟通技巧。设想自己处在练习中的角色——想像自己需要向以下列出的人讲话。分析自己在每种情况下的整个沟通过程，回答下面的问题：

- 你是如何调整生理上和心理上固有的各种沟通工具的？
- 仅用一个适当的词语表达自己想要表达的意思有多难？

把你自己的想法和活动总结相比较。

下面是你要做的事情：

只用一个词语和下面的人打招呼：

- 一个婴儿
- 你的男朋友或女朋友
- 一个你喜欢的同事
- 一个你不喜欢的同事
- 你需要告诉坏消息给某个人

自我评价

一个经理要有效沟通，就必须经常不断地对自己的沟通过程进行回顾和评价。但哪怕是对于经验丰富的沟通者，自我评价也并不是一件容易的事情。只要你认真地对自己的沟通进行评价，你就会发现自己在沟通方面有许多不足。你在哪方面都不会表现圆满的！避免被批评是人的本性，因此，许多人不进行自我评价，以免损害自我形象。在这个方面，你在对别人进行评价之前，需要坚定地进行自我评价。经理大多都喜欢评价别人，而不是被别人评价。

考试提示

口头语言、文字语言和非文字语言

细心使用正确的措词，特别是在 EMFM 的考试中！

- “口头沟通”指通过说话进行沟通
- “书面沟通”指通过书写进行沟通
- “文字沟通”指通过文字进行的沟通（既包括口头的也包括书面的）
- “非文字沟通”指不使用文字的沟通
- “身体语言”一词通常用来代替非文字沟通，但实际上仅仅指通过身体及其他部位进行沟通（例如，姿势、姿态，但不用声音）
- “声音沟通”通过嘴发出的声音进行沟通（不一定是声带发出的）

非文字沟通

我们用发音器官说话，但我们使用整个身体传递信息。

阿博克罗贝（Abercrombie）

非文字沟通（NVC）在技术上称作“人体动作学”，它远比大多数人所认为的重要。它由于莫里斯（Desmond Morris）的著作 Man Watching 和 Body Watching 而流行起来，这两本书讲述了我们持续不断发出的信号，以及不同的文化背景的人们对这些信号的理解。

在某种程度上，我们已经是非文字沟通（NVC）的专家了，尽管大多数人仅仅在潜意识的层次上做出反应。大多数人都没有意识到他们一直在持续不断地发出信号，接收信号，对重要的信号做出反应。那些具有良好的人际交往技能的人员，以及有效的沟通人员和谈判人员学会了如何有意识地运用这些信号，他们

注意接收非文字信息，并有意地运用非文字信号加强自己口头表达的信息。

- **身体接触** 接触的形式从各种形式的握手到最亲密的接触。有些文化传统中形成了复杂的仪式，这些仪式包含着问候和道别等各种意思（举个例子说，在法国，脸颊接触的次数是由相互之间关系的长短和深浅决定的）
- **身体之间的距离** 身体之间的距离主要和相互之间的亲密程度和相对地位有关。它可以作为相互之间亲密程度的一个线索，无论是同性之间还是异性之间。但在不同的情况下，它的意义也会有不同，在一个拥挤的火车上，人们可以允许比较紧密的接触。人们总是倾向于离自己喜欢的人近点，但在不同的文化传统中，多少距离被认为是礼貌的，多少距离被认为是一种冒犯却是不同的
- **方向位置** 位置可以用来表达期望和意图。谈判者通常是面对面坐着，而讨论的人经常肩并肩坐着。老板可能把谈话地点从办公室换到咖啡桌上，表示谈话是非正式的

处在比较高的位置表示某种优势。居高临下表示威胁，英国警察戴着高高的头盔，银行经理坐的椅子经常比客户坐的椅子高。

- **姿势** 姿势可以表达普通的情感状态：紧张的或放松的，紧张的或自信的，有趣的或无聊的。不同的坐姿也可以表示一个人的态度
- **手势** 指手、脚或身体其他部位的动作。有些动作是想表达一个特定的意思，如在课堂上举手的学生，而有些动作则是无意的
- **情绪** 一个情感被激发的人经常会做出一些漫无目的的动作，如握拳、擦脸、抓痒、擦拭前额等动作

◆完成

手势是谈话中自然而然的一部分。在有些文化传统中，手势比较明显，但无论何时何地都存在手势。我们甚至在打电话的时候，还使用手势——真是有趣，看别人打电话时的手势经常是一个有趣的事情。专业演讲人员甚至在电台做节目时，也能把手势作为一部分来进行表达。

- **代替说话** 人们在某些不便说话的场合发展出了手势语言。聋哑人就被迫只能用他们的身体进行沟通
- **点头** 点头有两个作用：

1. 向对方表示鼓励和奖励。例如，鼓励对方继续说。

2. 帮助大家在说话的时候保持一致。点头可以表示兴趣、不耐烦、关切等意思。

- **面部表情** 面部表情是非文字沟通（NVC）的重要方面。通过对脸部肌

肉进行复杂的控制，可以表达许多意思

面部表情理解起来的困难在于，相似的表情可以表达不同的意思（如愤怒和决心；害怕和痛苦），以及它需要考虑语言和其他动作一起理解

- **目光的移动** 这是进行持续不断地交流和控制交流强度的一个重要部分。相互之间的目光接触通常表示相互信任和理解
- **外貌** 外貌的许多方面是可以进行控制的，人们也很注意自己的外貌。衣服、头发都是人们可以直接控制的。人们还可以利用牙医、服装店和裁缝，对外貌的其他方面进行一定程度的调整。人们经常把自己打扮的与自己准备扮演的角色相一致

◆组合

要在一个特定的时间，就某个主题准确地表达我们的意思，就必须选择沟通工具，并对它们进行组合。我们在婴儿时期就开始学习这种技能，并且终身不停地学习。通过不断地学习，我们能够越来越熟练地准确表达自己的意思。同时，我们还培养自己理解他人的能力。

沟通中的感觉

沟通中最重要的感觉是视觉，而不是声音。在通常情况下，沟通中有高达70%的信息是通过视觉传递的，而只有20%左右是通过声音传递的。

注意，声音和说话是有区别的。这是因为人们之间视觉沟通的很大一部分是观察讲话者的嘴唇动作。因此，人们可以通过眼睛更好地听！有一个久经考验的谚语可以说明这一点：

人们忘记他所听到的东西

人们记住他所看到的东西

人们懂得他所做的东西

“做一件事”当然会涉及许多方面的感觉——在大多数情况下是全部感觉。因此，如果你能够激发你正在沟通的对象与你一起行动，那么他们记住你的话的可能性会大大增加。现在你知道这本书中为什么有这么多的活动了吧？

顺便提及，当你在读教科书的时候，实际上你不是在“看”书中的材料，而是在“听”课文。这就是为什么大多数人都更喜欢图表比较多的书的原因。同样的，你也可以通过图表帮助考官阅读你的答卷。

熟练的管理者懂得沟通主要依赖视觉信息。因此，无论多么有说服力的信息，都需要通过非文字信息（NVC）来对它进行支持和否定。是的，我懂得他所说的一切——但我从来没有相信过他。

◆倾听

有效的沟通者知道倾听是很重要的。听清并理解对方在说什么，把他们正在说的和他们实际上所表达的意思相比较。看看你自己是一个什么样的倾听者。你可能会发现自己并没有专心地听，你的注意力很容易被分散，特别是当你在听一长串的文字而没有图表的时候。

顺便提一下，不存在不运用视觉信息的借口。许多很好的演员和演说者更加喜欢运用广播，而不是电视。他们说图像在广播中的效果更好。稍加思索，你就会相信他们是正确的。在我们头脑中所创造的图像远比电视中的来得清晰和完整。当然电视和其他视频媒体是非常重要的，他们把图像直接带给观众。但是成功沟通的关键在于视觉形象的运用。

补充资料

开创了幽默广告流派的美国讽刺作家和广告业先驱，弗雷伯（Stan Freberb）证明了电台广告的威力。请想像下面描绘的情景：

密歇根湖被排干并灌满了热巧克力，一座由奶油组成的山滑入湖中，就像一架战斗机掠过并在奶油的上面滴下一颗黑樱桃。20000名观众为此大声欢呼。

弗雷伯说，电视能产生这种效果吗？

当你在倾听的时候，你想要听对方所讲的话，但更重要的是，你想理解对方的意思。当然，这样就可以认为第一个A——注意（Awareness）——已经达到了。如果讲话没有引起注意，那么倾听的人根本就没有在听。

有效的倾听需要注意对方所说的整个意思以及非文字语言所透露的信息。采用的是什么语调？身体语言表达了什么意思？整个沟通中各种信息相互一致吗？表达了什么样的感觉和情感？……对方实际上表达了什么意思？

在一对一的交谈中可以检查一个人倾听的效果如何。反应是一种复述对方所说的内容以示理解的艺术。

顾客：你是在说，我们可以在7天之内收到货吗？

销售员：不一定在7天之内，但一般不超过10天。

或者：

考官：你的声音听起来好像有点心烦。

考生：是啊，你不知道我受了什么样的对待。

当与许多人进行交谈的时候，检查每个人听的效果如何相对比较困难，但目光接触是一个很好的办法。成功的演讲者明白，只有当人们和他之间进行目光交流时，人们才真正成为他的听众。有时候必须努力才能达到这样的效果，但是如果要进行有效的沟通，就必须达到这样的效果。例如，在一个课堂上，有时可能需要花一个小时去建立这种倾听的气氛。但是，如果没有达到目光接触，演讲者就是不成功的，听众群体也就没有形成。

◆无效的倾听

有一些原因可以导致无效的倾听：

- 没有获取身体语言提供的线索
- 没有调整好与实际情况相协调的情绪
- 把注意力集中于外部事物
- 注意自己的某些分散注意力的东西
- 不能集中精力
- 太注意自己将要说的内容
- 太以自我为中心
- 坚持认为自己的观点比别人的强

说话的人需要提醒大家注意听，并随着沟通过程的发展调整自己的内容、语气、语调等。我们将在本单元的稍后部分再来讨论这个问题

◆积极倾听

一个积极的倾听者不仅仅注意对方。积极倾听是一种可以影响甚至控制对方的技术。当一个人意识到自己的行为以及这些行为对其他人的潜在影响，他就可以引导对方无意识地加速或减速，复述重点内容，进行更深入的解释，甚至停下来。

可以用下面的例子说明这个问题：

想像在一个教室里有20个学生和一个喜欢说话的时候到处走动的老师。事先约定，当老师从讲台上走开的时候，学生们向前倾并集中注意力，当老师往回走的时候，大家的注意力下降。当老师回到讲台时，已经没有学生注意他了。希望别人注意自己的这种人类本性最终诱导这个老师远离讲台，而走到了教室的一个角落。然而，如果做得好的话，这个老师意识不到自己已经被操纵。

表示注意的行为

向别人表明自己正在注意他，你对所听的内容感兴趣。可以使用“哦”和“哈”，点头和微笑，或喉咙发出的其他鼓励别人的声音。对方会看到这些积极的

信号并受鼓励而继续说。

表示注意的行为对紧张或害羞的人有很大帮助。去见一个人可能是一个可怕的经历，特别是所见的人被认为具有很高的能力和地位时。运用个人的技能帮助克服害羞感，不仅可以更容易地引出所需的信息，而且更重要的是可以建立一种和谐的关系和树立对方的信心。

很明显，缺少表示注意的行为非常不利于建立和谐的关系。不需要像打哈欠这样明显的动作，看看表就可以对气氛产生巨大的破坏。

☞活动 2.4

下面是一个人的购物单。从这张购物单中推理出尽可能多的信息，不仅包括性别、年龄、婚姻状况等，还包括性格、背景等信息。你可以花 10 分钟。

购物单：

医生	重新要求处方
图书馆	Jeffrey Archer
电视商店	录像机
邮局	一类邮票（10 张）
银行	更改抵押委托书
干洗店	取男式便装
肉店	半只羊
	鸡肉（8 盒）
	排骨（4 磅）
报摊	生日卡片
旅行社	意大利？希腊？

◆商务沟通

营销经理处于沟通的中心，他必须能够与个人、小的群体和大的人群进行沟通。他不仅必须进行内部沟通，还必须与公司外部的人员进行沟通。因此，他的目标受众数量很多，而且种类也很多。

但无论如何，基本的原理都是适用的。

- 找出特定的目标听众
- 确定他们的沟通需要
- 决定要沟通的内容
- 确立符合 SMART 标准的沟通目标（你希望通过沟通达到什么结果，促成什么行动?）。

- 制定达到目标的计划（什么样的沟通要素组合可以最有效的引起注意，创造关注，促成行动?）
- 执行计划
- 对结果进行评估，并从中获得经验

这些原则对各种形式的沟通都适用：一次销售会谈和营销总监的会议（这是另一种形式的销售），一份内部计划文件，一次促销行动。

例如，在召开新闻发布会时，把文件打印出来发给每个人是非常致命的做法。这种做法是不对的，但是这种情况却经常发生。虽然内容都是一样的，但是必须针对每个听众或听众的类型进行不同的表述，以便他们能够迅速、轻松和准确地理解。小报记者就和大报记者有着不同的需要。星期天的报纸和平时的报纸有不同的期限，需要不同的版面分配。花点时间根据对象调整沟通的各个方面，可以达到最好的效果。

实际点说，记者凭什么要自己写稿子，而不用你提供给他的稿子？一个量身定制的报道与一个千篇一律的报道，哪个更好？你希望用哪个？

补充资料

内部沟通通常是非正式的，尽管沟通的结果要正式记录。大多数信息交换也是非正式的。思想不断地交流，想法不断地传递，谣言不断产生并传播，就这样大家建立友好的接触。这种不经意的消息传播能够成为最有力的影响因素。

许多组织都积极鼓励人们之间的社会交往和网络建设，通过网络人们可以直接而方便地交流，这种方便程度是前所未有的。许多公司都在尽力运用网络技术促进相互之间的沟通，然而大部分公司只取得了部分的成功。

经理人员必须深入信息渠道内部，部分是为了监控和学习，部分是为了提供想法并澄清误解。错误的信息和谣言能够很快导致士气低落并在组织内部产生一种怀疑和不合作的气氛。管理层至少要知道目前大家的士气怎么样，当前大家最关心的问题是什么。

注意：非正式不应该理解为偶然。非正式的接触和正式的接触一样重要，甚至更加重要，因为正式接触通常是在一个能够在一定程度上指导沟通的组织结构的支持下进行的。

☞活动 2.5

回答以下问题，以测评你对本单元中所学内容的理解。

1. 为什么今天写一封难写的信，等到明天再寄出去，是一种好的做法？

2. 在下列情况中，可能发生什么错误？

ⅰ. 你给老板留了个条子：“我将按原定计划行动，除非在今天下午5点以前接到其他指示。”

ⅱ. 你向客户发一份紧急的但需要保密的传真。

ⅲ. 你完成了一个密封的标书，并把信封放入了贴邮票的机器。

3. 为什么通过书面形式确认达成的协议是一种好的做法？为什么这种做法有时会导致对抗？

4. 在制定沟通计划时，必须集中处理的关键问题是什么？

商务沟通——一个回顾

认为人们知道有效地使用各种联系工具是不完全对的。毕竟它们只是日常的工具。但它们是日常工具吗？在你开始工作的时候，它们对你来说是日常工具吗？今天新来的职员在遇到它们时，会熟悉它们吗？他们能够有信心地使用这些工具——并达到最好的效果吗？

◆电话

电话是和公司联系的最直接的方式。然而，哪些员工是公司中工资最低、最得不到重视的呢？哪些员工在拥挤的地方进行无聊的工作呢？就是那些和公司外面有着主要接触的人，那些给予人们对公司产生第一印象的人，他们就是那些总机接线员。

可能当你自己的级别还不够高的时候，你没有能力改善他们的工作条件。但是，你可以和他们建立更好的关系，从而当外面的人给你或你的同事打电话时，能够受到更好的接待。

许多人在打电话时，就想可能会遇到许多障碍：在电话上按下自动转接键——从几个选项中选择。他们只是需要和某个人通电话，但由于想要提高效率却导致电话转接效率非常低。因此，当他们好不容易和你联系上的时候，他们的情绪已经变坏了。如果打电话的是你，你会吗？

当然，这样意味着你开始就给了别人一个不好的印象。不管对方是否进行口头抱怨，你都必须忍受和处理他们的抱怨。如果对方电话费很高，那么情况就更

糟糕了。他们会觉得，他们为什么要为进行一系列的电话菜单选择付钱呢？

如果你有一个先进的电话系统，你就会知道当有电话打进来，屏幕上会显示来电者的详细信息，特别是当使用特定号码的常联系的客户来电的时候。在这种情况下，你不用查电话本就可以推测来电者是谁，从而知道他的名字。没有什么比别人尊敬地喊出自己的名字更美好的事情了。

准备打电话

电话交谈是很日常的交流，以至于许多人随意地使用电话。但在电话中的日常交谈不会转入商业交谈。因此，计划每一个电话，明白打电话的目的，开出电话中要谈到的关键点，安排好交谈顺序，做好记录，并标明时间和日期。

如果你需要留言，就尽量使留言简短、清楚，复杂的留言经常会出问题。记住接电话的人的名字。

良好的电话交流技巧是一种常识。基本要点包括：

- 微笑。对方可以在电话中感觉到微笑
- 简短、清晰
- 对任何人都要礼貌，并一直这样
- 如果你是打电话的人，看看对方是否方便接电话
- 清楚地、慢慢地说话。使你能够最大程度地被对方所理解
- 重复关键要点
- 主动——特别是为不在的同事带口信时
- 尽力帮助打电话的人解决问题
- 对自己的承诺关心到底。哪怕不是特别必要，也应该打电话确认

答话机

答话机在美国和英国非常普遍，以至于我们甚至不能相信，在一些不太发达的国家，答话机还没有被大家所接受。如果知道在一些国家中，人工的礼貌的接听电话才是合适的，你就更加容易理解答话机在一些地方受到抵制的事情了。

你的答话机

设定你向外传递的信息，使它礼貌、清晰。在家里，这个信息可能很简单，如“嗨，我不在——你知道该怎么做的了”。但在正式一点的工作场合，这样随便的方式是不行的。

你的信息必须包括：

- **身份**　公司名字、部门和人名
- **致谢**　一般礼貌的处理方式需要向来电者表示致谢，给他一点时间，提示答话机正在处理他的电话
- **建立联系**　在白天，你的信息可能是对没能接电话表示歉意。在下班时间，

不需要致歉，因为答话机为对方提供了额外的服务。因此，你至少需要两种信息。录两盘磁带，并在早上和晚上进行切换

- **指示** 被告知可以开始录音了，然后听到电话里发出几声短的嘟嘟声和一个长的嘟嘟声，这是令人愤怒的事情！如果磁带只能录 30 秒或 60 秒，那就告诉来电者，否则来电者可能说了一半，电话就被切断了。弄清楚，你到底需要哪些信息

当然你不需要一回到办公室就把磁带抹了，也没必要满足所有来电者的要求。

别人的答话机

当别人的答话机接你的电话时，你不要吃惊，应该有心理准备。懂得说最少的话，达到你的目的。特别是对方电话只能录 30 秒的时候，简短特别重要。

遇到对方答话机处理你的电话时，不要紧张：

- 尽早说明自己的身份、姓名和电话
- 慢慢地、清楚地说话
- 为了清晰起见，运用常用的缩写
- 用最少的话，简洁地表达自己的意思
- 说明你希望对方做什么
- 用你的名字和电话号码结束谈话

做到这些似乎是很显然的。但实际上并非如此，看看电话录音，有多少人没有说清楚自己的名字和电话号码，电话中的 P 和 B 多么难以区分，等等。

活动 2.6

用电话还是用其他方式沟通？

和公司中其他部门职员沟通的主要方式有：

- 电话
- 电子邮件
- 内部备忘录

列出每种沟通方式的优点和缺点。然后，参照本单元的有关内容做出补充。最后，把你的结果和活动总结的结果相比较。

知识扩展

有时，我们会被电话所支配。由于内心深处的某些原因，我们不能让电话铃响着，而不去接电话。答话机解决了部分问题，但是在办公室里，如果电话响了，我们就接听。有时候我们不方便说话，但习惯还是使我们接听了电话。

在打电话之前，考虑一下别人是否方便接电话，是一个好的习惯，也是一个常识。这不仅仅是礼貌的问题，而且也可以让接电话的人从正在做的事情中解脱出来，从而可以集中精力听你的电话。如果对方不便接听电话，就确定个时间让他打回来，这比强迫一个人在不方便的时候继续电话交谈好得多。如果被迫交谈，他会对你产生反感，即使他还是很礼貌地和你说话。

建议

- 给自己的公司打电话。看看你的电话得到很好地接听了吗？他们是怎么处理你的咨询的（如果大家都能认出你的声音，就让一个朋友打电话，你在另一个分机上听）？
- 同样给你的竞争对手打个电话。比较起来如何？

◆书面沟通

书面沟通有一个好处，那就是发出信息和做出反应之间可以有一定的延迟。这就让双方都有时间仔细考虑和修改信息，以保证发出清晰的信息。沟通的信息有一个记录，意味着你必须细心、准确地写出你想要表达的意思——你没有机会马上澄清或修改信息。

选择那些表示说话语气的词很重要。马虎的选择可能产生不必要的冒犯和误解。语言和风格是书面沟通中的“身体语言”。

信件

信件用于和外界沟通。它是与顾客、供应商和其他各种机构联系的主要工具。信件上的姓名地址必须正确，信件的风格必须易读、整洁以及显示出对对方的尊重。

你无法控制对方接到信件时的情况和心情。当你的信件送到对方那儿的时候，收信人可能会因为家庭问题而心情很糟糕。你在必要的时候可以推迟一个会议——但你无法把送出去的信件收回。因此，尽自己最大努力不要使用可能被误解的语句。友好的风格是可以接受的——我们建议不要使用诙谐的风格！

作为一个经理，需要知道发给顾客的书面文件的风格和格式。检查一下你的团队一周内的所有信件是一件有用和有启发性的事情。和关系好的客户交谈，请他看看你们公司给他发的信件……这些各种各样的文件给了你一个什么样的印象？是否有清楚的风格？

知识扩展

地址的书写

要正确地写出地址又不冒犯别人，是一件极端困难的事情。地址的写作习惯已经发生了显著的变化，过去传统的风格被现代的方法所取代。你的信件是寄给谁的？男的还是女的？结婚了还是单身？他喜欢什么样的地址形式？

J. Smith，Esq.	Dear Mr Smith
Mr J. Smith	Dear Mr Smith
John Smith	Dear John（附加签名“John”）
J. Smith，Esq.	Dear Smith（这是一种现在已经不用的用法，但它表示一种权力关系。例如，总监向自己看重的低级人员发出温和的谴责。）
Mrs/Miss/Ms	这些用法都有问题，因为每个人对每种表示方法都有自己的看法，个人喜欢不同。

（注：Esq. 是写信时对男方的尊称。）

这种情况可以通过使用对方所采用的方式书写地址：

Dear Mrs Smith	Dear Mrs Jane Smith	Dear Jane Smith
Dear J. Smith	Dear Ms Smith	Dear Miss Smith

花点时间看看对方喜欢被称呼的风格是值得的，因为没有比别人亲切的称呼自己是更美好的事情了。

☞活动 2.7

看一封别人给你写的信。批判性地评价下面每一项：

- 信件表达的意思清楚吗？
- 你知道看信的人会有什么反应吗？
- 这封信让人对发信人产生什么印象？对他们公司产生什么印象？
- 这封信可以如何改进？
- 这封信中，哪一点做得：

1. 最好？
2. 最差？

为什么？

只有花时间对自己和别人的沟通进行思考和回顾，才能找到有效提高沟通技能的方法。

书面报告

报告的书写对于经理来说特别重要。如果你想在 CIM 考试中取得好成绩，这项技能也是必须的。

报告必须用“商务英语”书写，要易读、清楚，并对要做的事情有明确的结论。作为高级管理者，还需要在报告中详细说明行动或（更经常的情况）建议采取行动。

学会这种风格，需要练习，但是一旦学会，用这种风格写作就是自然而然的事情了。主要原则有以下几点：

- 在报告前注明你公司的名字
- 说明报告是给谁的，发送报告的人以及日期
- 给报告加标题，如“2001～2002 年度公关计划”
- 报告的页数以及包括的部分
- 适当地给每个部分加标题
- 尽早说明每段话的主题。不要让读者在报告中寻找主题
- 在附录中用大写字母
- 内容要有逻辑
- 只有在图表有所帮助的时候，才把它们加进去。不要不加思索地加入图表
- 包括行动建议
- 在正文中需要参考附录的地方注明——“见附录 A”
- 在报告的结尾注明报告结束，如……/End

便笺

便笺是一种内部沟通工具，使用它的目的是为了有效沟通。便笺的风格和管

理报告相似——尽管在便笺中不便要求对方采取行动。考试中经常出现的问题是："以一个广告公司客户经理的身份起草一个便笺。"

注意：用"起草"一词，是因为低级经理经常需要为上级起草便笺。起草丝毫不意味可以降低质量，它不表示漫不经心地写作是可以接受的。

主要原则有：

- 写作的时候使用公司的风格——通常便笺有事先打印好的格式。在考试中，在你的答案前加上"便笺"两字。通常不需要写公司或部门名称。
- 风格和管理报告中使用的风格差不多。
- 结尾用"……/End"注明，或签上自己的名字以示结束。
- 图 2.9 是一张便笺的典型格式。

便笺

TO：管理总监　　　　日期：××/××/××

FROM：营销总监　　　　传真：YYY/ZZ

主题：××项目的启动

1. 启动日期。

大家同意项目于 2001 年 4 月 16 日启动……

2. ……

3. ……

图 2.9　典型的便笺格式

知识扩展

许多大公司都通过销售人员获取竞争情报。品牌经理会亲自给销售人员回信，感谢他们提供的信息——经常的——也提供一些见解以扩展销售人员的知识。

为了提高效率，公司开始使用一种表格来给销售人员回信。其中表格的一部分是事先打印好的，即"感谢您为公司提供了有价值的信息"！这些表格发出去了，但后来又被退回了，除此之外，销售人员也停止提供竞争情报了。

一直在考虑人格化的沟通的效果，特别是书面沟通时。必须考虑收信人在收到信件时会有什么感觉等问题。在一个潮湿的令人讨厌的早晨，一个措词草率的便笺不会使销售人员的心情变好。

E - mails

日常的电子邮件没有特定的格式，而且也没有办法保证对方能够看到你所用的格式。特殊的符号，甚至像鼓掌一样的普通符号，也不能得到很好的沟通。因此，电子邮件最好只用于交流一些简单的信息。由于你无法选择打印的纸张以及字体，电子邮件不能用来向别人传递公司的形象。

目前，有许多形式的称呼可以使用。有人喜欢传统的称呼，如亲爱的史密斯或亲爱的史密斯先生；但是大多数人倾向于非正式的称呼。在符合公司风格的情况下，可以自由地形成自己的沟通风格。

另外很重要的一点是，当协议、合同是通过各种电子手段传递的时候，一定要打印出来。

附件

在电子邮件中加入文件或图片是非常简单的。PDF 文档格式正在迅速成为全球标准，Acrobat Reader 软件也可以免费下载。

Acrobat 使通过网络传递各种彩色的小册子成为可能。接收者既可以在电脑屏幕上看，也可以打印出来看。

假设在各种电脑、操作系统和软件之间相互兼容，Acrobat 可以高速、低成本地达到很高的质量要求。现在起草一份文件，传到其他地方进行修改，然后传回来，已经是很平常的事情了。但是一定要在传之前，看看各方面是否能够兼容。

◆有效的口头演讲

在所有的沟通形式中，毫无疑问，演讲或讲话这种形式对个人产生的压力最大。要面对 5 个听众或 500 个听众都使人感到害怕，都需要大量的准备。为了塑造自己想要的形象，达到自己的目标，进行小心翼翼的计划是必须的。

对演讲进行准备和为其他沟通活动进行准备本质上是一样的。你需要对听众进行了解：

- 谁以及多少人？你的听众是谁，他们的水平、级别如何，有多少听众
- 听众的知识和期望有关演讲的主题，他们已经有了哪些知识？他们对你有什么期望和要求
- 他们对活动目的的理解。你的职责是通知他们某些事情还是指导他们？你是要说服他们还是鼓动他们？你们要进行娱乐吗？你要做到所有这一切吗

在计划演讲之前，你要看看有哪些设施和资源是可以利用的。有没有投影仪之类的视频设备，是否可以用录像。有白板吗，听众是否可以很有效地观看录

像、图片或白板。

演讲者总应该尽量在演讲前，亲自去检查一下音响设施、设备和房间布置。在商务演讲中，并不是总能做到这一点的，特别是当演讲地点在客户那儿的时候。但是，要获得某些有关可以使用的设备、房间的类型和大小等基本信息总是可能的。甚至打个电话就可以获得基本的信息。

事先询问这些基本情况是一种职业化的做法。甚至是应邀拜访客户的高级管理人员，你也应该毫不犹豫礼貌而正式地询问设施的情况。记住，客户那边参加演讲的主管们自己也是演讲者——他们会问有关设施的情况，也不介意你问同样的问题。

你要弄清楚你的演讲需要多久。基本的规则是，演讲的时间越短，你越需要精心计划和准备。做一个只有 10 分钟的有效演讲比做两小时的演讲要难得多。

演讲准备——基本规则

- **时间** 你必须控制好时间。演讲时一定要确保自己能够很方便地看到时间，最好有一个你能看到而听众看不到的表。把你的手表放在讲台上或桌子上，可以方便你看时间，而听众不会注意到
- **结构** 演讲的结构必须清晰。你演讲的逻辑结构必须是你的听众所能理解的
- **问题** 决定你是否要在演讲的过程中回答听众的提问，还是等到演讲结束后再回答。通常情况下，你最好是推迟回答问题。如果这样，你得给听众一个理由——请在演讲结束后提出你的问题，因为你会发现许多问题会在我后面的演讲中找到答案
- **介绍** 介绍可能是演讲中最重要的一部分，因为介绍必须引人注意，使听众投入到听演讲中来。最好能一句一句地准备介绍，并进行练习，保证语速完全自然。这可以保证一个良好的开始，并帮助你控制自己的紧张情绪，紧张经常发生在最开始几句话的时候
- **幽默** 笑话最好是避免。它们只适合在饭后说说。安排几个轻松愉快的时刻，如果你能够自然地引发听众的笑声，效果才会好。对幽默的刻意追求肯定会影响演讲的总体效果——失败的幽默还会打击你的自信心
- **演讲之中** 把你的主要信息放到大段大段的听众可以理解的演讲中，并使用图形来帮助他们理解。用口头的例子或幻灯片之类的图形来做说明。

1. 不要给太多的技术细节和事实资料

2. 用宽泛的数字来说明大的指标，使用单独分发的资料、附录或报告来提供详细的信息。

3. 保持信息简单、易懂，并切题。使用图形帮助加强印象，建立兴趣，以及清楚地对趋势等一般信息进行有效沟通。

- **问题** 告诉听众你准备在什么时候回答他们的问题

- **结尾** 当听众达到一种你期望的状态时，演讲就应该结束了。结尾必须是有计划、细心排练过的。如果在演讲中出现错误，你还有机会改正，但如果结尾出现错误，你就没有改正的机会了。结尾最好简短，并用明确的身体语言示意演讲结束（走回讲台、放下演讲稿、摘下眼镜或坐下）

演讲准备——技巧

像其他管理活动一样，你必须写出演讲要达到的目标。只有写出了目标，你才可以开始对演讲进行详细的准备。本单元最后给出的“演讲准备框架”（见图2.10）提供了标题和栏目，这些标题和栏目是你在设计演讲的时候所需要的。过程如下：

- 逐字准备演讲稿。你可能需要把演讲稿写下来、口述或抄下来。随着经验的增加，就可以跳过这一步，但你会发现，在你开始计划演讲之前还是需要在头脑中有一个总体的结构
- 把你的材料组织成你的主要观点和小标题。把每个观点从几句话压缩成几个词或短语，以方便记忆
- 决定什么样的图形可以最好地支持你的观点
- 创造图表或例子来支持你的观点，并使其生动起来
- 计算你的演讲所需要的时间
- 增加一些额外的材料，以备不时之需
- 拟出听众可能会提的问题，以及问题的答案
- 把你的要点写到卡片上或 A5 的纸上
- 给每张卡片编号
- 安排要使用的图形
- 进行练习——特别是开头和结尾——这两部分必须流利和自信
- 回顾你的计划

目标	
机会	
关键点	支持材料
结论	
概要	
陈述者注解	
印刷材料	播放资料

图 2.10

演讲结束之后，评价演讲的成功程度。记下新的经验。保存好你的演讲资料以备以后使用。

活动 2.8

图形辅助

看下面三种图形效果。看看它们各有哪些优点和缺点。制作一份检查外形是否有效的清单，并和活动总结的结果比较。

A. 准备你的演讲：

1. 确定演讲的主题
   ——确定你想要包括的主要观点
2. 考虑使用一种好的形式
   ——以一种有趣的方法或角度
3. 确定说明你的主题的资料

B. 演讲提示：

事前

- 练习
- 抓住关键

过程中

- 使用提示性的卡片——而不是演讲稿
- 观察听众的反应

C. 有效的表达：

你应该知道

- 目的
- 听众
- 要点

知识扩展

图形与描述

1. 图形就是一个图、模型、表格或图表。描述就是口头说明，使图形生动起来——以便于记忆。

- 一个电话的图形就可以这样描述：“想像一根像头发一样细的电缆，它能够从 Land’ s End 连接到 John O’ Groats，并传输星期一早上电话高峰时，整个美国的电话量。”然后你可以接下来介绍光纤等。

2. 在演讲的时候，你是领导者。你处于支配的地位，其他人都向你让步。他们愿意接受你的领导。

- 保持积极。不要为演讲开始晚了或没有图形等事情而道歉。观众不会注意你的问题的！
- 找不到设备或设备出故障了。要准备好应急措施——带几支笔以保证你有不同颜色的笔；带一块布以便在找不到擦子的时候用来擦黑板。随着经验的增加，你会发现自己演讲时要带的物品越来越多——有的东西你可能很久才能用上一次，但当你需要的时候，它们却很重要。

◆有效利用会议

与高级经理、同事开评价会、部门会议；和供应商、顾客、承包商开会；开会讨论问题；开会做决策；开会交换意见……打开大多数经理的日程安排，你会发现大部分时间都被各种各样的会议所占满。这些会议可以是一对一的，也可以是许多人参加的；可以是正式的，也可以是非正式的。所有会议共有的一个特点是，它们可能会浪费经理们宝贵的时间。

注意：特定类型的会议，如协商会、员工会议、评估会、工作谈话，将在后面的单元详细介绍。

活动 2.9

判断对错

判断下列有关团体工作和会议的说法，哪些是对的？哪些是错的？

1. 会议往往得不到想要的结果。
2. 人们对于那些自己参与做出的决策比较投入。
3. 对同一个问题的不同想法肯定会产生协同。
4. 群体比个人更加愿意承担风险。
5. 会议减慢了决策速度。
6. 会议提供了一个交流思想和信息的有用的论坛，但没有其他什么用处。
7. 通信技术的提高使面对面交流越来越不必要了。
8. 星期五下午的会议要比星期一上午的会议更快结束。
9. 一般来说，经理没有重视参会人员的选择。
10. 当大家取得一致意见的时候，决策的质量最高。

活动 2.10

下个星期，找个机会以观察者的身份参加一个会议。这个会议可以是工作会议，或者是俱乐部/团体或诸如居委会等其他对外公开的会议。

利用这个机会分析会议的效果。

- 记录下列可控因素：

1. 参加会议的人数。
2. 会议在一个什么样的环境召开？
3. 参会人员可以利用的设施和信息。

- 监控会议上的互动。
- 会议的主持人是沟通的中心还是沟通的促进者。
- 所有与会人员都参与了吗？
- 记录有关群体角色和行为的实际例子，以及例子所涉及的人。典型的角色有：

1. 想点子的人
2. 收集信息的人
3. 提供信息的人
4. 详细说明者——详细说明想法并对他们进行修正
5. 协调者
6. 总结者

- 开会的人们在：

1. 协调？
2. 诊断？
3. 评价？
4. 寻求一致意见？
5. 寻求大家节奏一致？

- 是否有对会议没有帮助的事情发生？

1. 不参与？
2. 愤怒？
3. 钻牛角尖？
4. 不合作？
5. 其他？

简短地总结你对会议效果的看法，并对将来提高会议效果提出建议。如果可能的话，和会议参加者或主持人分享你的看法。

总结

在这个单元中，我们学到了：

- 识别经理人员在组织内部有效沟通过程中所扮演的关键角色
- 回顾了既能识别文字沟通信号也能识别非文字沟通信号对于一个优秀沟通者的重要性
- 识别出非文字沟通信号在各种沟通形式中的重要性
- 检查经理们的沟通需要以及进行成功沟通所需的技能
- 建立了一个在一些商业沟通情况下，有效制定沟通活动计划的框架
- 识别可能破坏沟通效果的各种可能的问题，对解决这些问题提出建议
- 认识到改进沟通活动需要对目前沟通状况进行分析，同时还需要良好的计划和协调
- 认识到实际的沟通能力对你通过考试非常重要

☞活动 2.11

单元活动

你受邀与当地一所大学的学生进行一次讲座，主题是“管理职业生涯”。参加讲座的学生人数是 60 人左右。包括回答学生提问在内，你有 60 分钟的时间。运用本单元中的演讲准备框架准备你的演讲。并把你的结果和活动总结中的建议相比较。

应试技巧

CIM 考试题要求你表明你知道如何去做一件具体的事情：如何完成特定任务。它们测试你的营销管理实际操作能力的同时，还测试你对营销管理理论的理解。

答题提示：

- 务实地和直接地回答问题。考官们是看那些可以采取的行动步骤——而不是有关可能性的长篇大论
- 运用营销和管理理论支持你的建议。只有当你在对理论进行创造性运用时，才对理论给予解释，而对于文中使用的正确理论无需解释

- 给建议编上号。尽管你无法在答案中写出预算，你也要让考官清楚，你知道这个地方需要预算。你可以通过多种方式传递这种信息：

$ 预算：将根据讨论结果给出建议

$ 预算：无法在这里给出详细的预算，但初步估计说明，本报告的建议在成本上是有效的

- 建议必须在特定的情形中是现实的和可信的：不要向一个只有 50000 英镑投资资本的创业公司建议一个完整的 MIS（管理信息系统）（不要笑，考生经常做类似的事情！）
- 运用报告格式提供清晰的标题和小标题，作为建议行动的清晰思路
- 在可能的情况下，运用图表或模型说明你的答案。图形说明可以节省文字和时间（你的和考官的）
- 在必要的时候，运用甘特图、时间表等工具加入一个行动的时间框架。
- 确保你的答卷具有专业水准。注意答题的每个方面（例如，画图的时候使用橡皮、正确的标题和标识）

考试练习

回答 2001 年 6 月份试题的第 7 题。

第三单元　文化与管理

学习目标

在这个单元，你将学习：

- 回顾理解人类行为的重要性
- 分析文化的因素
- 评价组织内部文化的影响
- 考虑跨国公司内部文化的重要性
- 理解管理哲学
- 评价在国际化背景下，管理的作用

学完本单元，你将能够：

- 解释对一个经理来说理解文化的重要性
- 建立跨文化的沟通和联系
- 分析对行动的行为反应
- 明确在国际营销中文化差异的重要性
- 能够在不同的文化中工作

学习指南

尽管所有经理都有与其他人进行联系的责任，但营销人员最需要理解其他人的行为。承担着公司与其顾客和消费者沟通的责任，营销人员必须能够理解顾客和消费者的问题和需要。他同时还必须发展和维护一个复杂的内部关系网。

因此，EMEF 考官对于考察考生对同种文化内部以及跨文化的沟通原理的理解非常感兴趣就不足为奇了。这些方面的完备知识对于营销人员来说是必不可少的。

本单元的学习需要 3 个小时，另外还需要两个小时做活动。但注意你需要持续不断地关注文化问题。

导言

提供一些资料说明在国内、国际背景下文化的重要性是必要的。首先必须简略地补充一下当代管理思想的背景，然后需要理解人类行为。

管理哲学

“管理者”一词来源于拉丁文的 manus 一词，它的意思是控制一匹战马。后来它的意思得到扩展，包括了控制军队。企业家发现，他们在指导企业经营的同时需要一些高级职员来运营企业，因此他们也开始使用这个词了。最初的管理者实际上是行政官，后来词义又发生了变化，现在管理者被认为是一个团队中的积极主动的成员，已经远远超出了简单的行政管理者的意思了。

正如我们在《管理》那个单元中所看到的，在过去 40 多年里，相对于管理，人们对领导有一种强烈的兴趣。这样管理者/领导者这个词——至少是概念——就被创造出来了。

◆科学管理

亚当·斯密在 1776 年写到，在格拉斯哥（英国）的制针工厂已经把工人的工作进行分解，每个工人只负责一道工序，不停地重复相同的活动。他认为这是提高生产力的主要方法（他没有认识到把工场手工业者转变成生产线工人产生的巨大影响）。

查尔斯·巴拜格（Charles Babbage）发展了亚当·斯密的思想。除了设计了第一台计算装置外，他还对发展大规模生产的思想做出了贡献。他认为“脑力劳动”也是可以分解的。科学管理诞生并开始发展。

机械师泰勒大大发展了科学管理的思想。他的观点是管理工作应该受到事实以及科学分析的指导，而不是由猜测指导。对于那些日常的可以预测的任务，泰勒提出了一些提高工作效率的方法，如时间和动作研究、工具标准化和个人激励等。

1920～1930 年间，泰勒的思想得到了广泛的运用。生产效率成倍提高，并导致了熟练的技术工人被完成特定工作的半熟练工人所取代。例如，在 1914 年，他把生产一辆汽车的时间从 700 小时缩短到 93 分钟。不幸的是，这种生产线工作被证明对工人产生了巨大的伤害，工人几乎像机器一样地工作。

运营研究（OR）在 20 世纪 40 年代初得到发展，当时由于第二次世界大战，

英国面临着严峻的管理问题，使生产率得到重视。来自各个领域的专家组成团队进行研究，并取得了重要的成果。战后，运营研究（OR）被运用于企业管理等非军事方面，管理科学方法发展起来。

以数学模型为基础，管理科学方法开始于一个团队为了分析问题，提出一个管理方面的解决方案。通过改变模型的参数，可以预测一系列的结果，并推理出最有效的解决方案。尽管这种方法有一定的优点，但它忽略了人的因素，而且不可避免地会基于不正确的或至少是不准确的假设。随着时间的推移，人们逐渐理解了，管理科学对管理思想的发展做出了贡献，但不能取代管理思想。

当今的管理模型植根于过往发生的事情。它的主要思想基于以下五个因素：系统工作方法、劳动分工、集中计划和控制，对工人很少关心以及依赖于“不确定”的技术效率。

◆行政管理

19 世纪后期的马克斯·韦伯和亨利·法约尔是现代管理思想家。两个人都发展了行政管理理论。

他们都认为，组织发展得如此复杂，只有建立和执行一套刚性结构基础的规则体系才能有效运转。法约尔认为，他的原理应该成为管理的指导思想，同时应该在保持灵活性和均衡感的基础上运用这种思想。他的 14 个管理原则得到了广泛的采用，特别是在欧洲大陆，在那里，他的思想构成了许多现代管理思想的基础。

补充资料：法约尔的管理原则

1. 工作分工 专业化通过使雇员们的工作更有效率，从而提高了工作的成果。但要防止分工过度

2. 职权 管理者必须有命令下级的权力，职权赋予管理者的就是这种权力。但是，责任应当是权力的孪生物，凡行使职权的地方，就应当建立责任

3. 纪律 雇员必须遵守和尊重统治组织的规则，良好的纪律是有效的领导者造就的。对管理者与工人关系的清楚认识关系到组织的规则。明智地运用惩罚以对付违犯规则的行为

4. 统一指挥 每一个雇员应当只接受来自一位上级的命令

5. 统一领导 每一组具有同一目标的组织活动，应当在一位管理者和一个计划的指导下进行

6. 个人利益服从整体利益 任何雇员个人或雇员群体的利益，不应当置于组织的整体利益之上

7. 报酬 对工作人员的服务必须付给公平的工资

8. 集中 集中是指下级参与决策的程度。决策制定是集中（集中于管理当局）还是分散（分散给下属），只是一个适当程度的问题，管理当局的任务是找到在每种情况下最适合的集中程度

9. 等级链 从最高层管理到最低层管理的直线职权代表一个等级链，信息应当按等级链传递。但是，如果遵循等级链会导致信息传递的延迟，则可以允许横向交流，条件是所有当事人同意和通知各自的上级

10. 秩序 人员和物料应当在恰当的时候处在恰当的位置上

11. 公平 管理者应当和蔼地和公平地对待下级

12. 人员的稳定 雇员的高流动率是低效率的，管理当局应当提供有规则的人事计划，并保证有合适的人选接替空缺的职务

13. 首创精神 允许雇员发起和实施他们的计划，调动他们的工作热情

14. 团结精神 鼓励团队精神，在组织中建立起和谐和团结的气氛

◆人际关系管理

生活于20世纪早期的玛莉从事社会工作。她很快就赢得了创新思想家和效率专家的名声。她研究如何发挥人的潜力，而不是通过行政科层组织提高效率。她发现在某些组织中，人们组成工作团队自己分析并解决问题。

她也同意需要进行最优化，但并不认为科学管理是达到目标的最好方法。她认为不能把工作中人性的一面和机械的一面割裂开来，领导是获得成功的一个重要部分。

哈佛大学的梅奥在20世纪20年代中期进行了工作场所的人类行为研究，这项研究是当时最有影响的研究。梅奥及其同事在西屋电气公司的霍索恩工厂进行了一系列的研究。他们想要研究工人对工作环境变化的反应。

开始，他们改变灯光强弱。与想像的一样，随着灯光逐渐加强，生产率提高了，但他们吃惊地发现，当灯光逐渐减弱的时候，生产率还在继续提高。同时对照组的生产效率也提高了，尽管他们的工作环境没有改变。

他们变换控制的参数，进行了一系列的实验。结果又发现，随着环境的变化，生产效率提高了，甚至当环境变回到开始时的情况，也是这样。

当然，关于这个研究还有许多细节——然而从我们的目的出发，了解一下主要结论就足够了：当人们受到关心时会做出反应。一个重要的因素就是，对照组在没有改变环境的情况下，效率还是提高了。对他们来说惟一的改变是，在实验中，人们对他们的工作情况比较关心。

关于这些研究以及其他研究的发现，有着许多争论。然而，这些发现确实指

出了任何组织中都面临的困难，即如何平衡组织中人性的、机械的和技术的方面。

◆系统和权变管理

系统管理理论从一般的系统理论发展而来。它把管理看成某种形式的系统，这个系统具有一些输入、输出和转变过程，转变过程就是在一定的环境下把各种输入结合起来转变成为目标结果的过程。系统中又包括子系统，人们就在一个或几个子系统中工作。

权变管理理论认为，管理应该要主动识别各种影响组织的环境因素。在当今这个快速变革的时代，维持关键流程的稳定同时为了长期的安全，进行必要的变化是很重要的。

彼德斯和沃特曼在他们的名著《追求卓越》中，提出了管理优秀公司的基本原则。包括：

1. 崇尚行动。
   - 小规模流动性的项目团队
   - 出色的沟通
   - 让资源流动到需要的地方去
2. 贴近顾客。
   - 努力识别并满足顾客需求
3. 自主创新。
   - 鼓励创新、分权
4. 关注效率。
   - 承认人员是公司最重要的资产
   - 采用小型的组织单位
5. 坚持主业。
   - 建立优势，积累知识
6. 精简机构。
   - 避免官僚主义
   - 指导对项目的主要承诺
7. 张弛结合。
   - 不断协调控制的需要和鼓励自主创新的需要

在本单元有关国际管理的部分，我们将学习当今日本、美国和欧洲的系统管理思想。

知识扩展

本书只能对管理思想和有关行为方面的内容进行简单地介绍。如果要详细介绍，每个部分都可以写成一本1000页的书！如果要深入了解这些主题，可以参考：Boddy，M. and Paton，R.（1998）的《管理——概论》，Prentice-Hall Europe；Engel，J. F.，Blackwell，R. D. and Miniard，P. W.（1995）的《消费者行为》，8th ed.，Dryden Press，Orlando，Florida.

文化与行为

就像市场营销有许多定义一样，关于文化有不下100种定义。然而，所有的定义都来自于一个核心概念，一个大家都理解，但却难于表达和解释的概念。

从本质上讲，文化就是一群人所共同拥有的深层次的基本假设和信念。这些假设和信念被认为是理所当然的，并在意识不到的情况下起作用。这样，拥有共同文化的人们可以很容易地把自己和外面的人做出区分，外边的人在特定情况下的行为表明他们是外来的。

文化在一些细节上体现出来：

- 语言——你们把计算机叫成电脑还是CPU
- 穿着——你觉得在什么情况下要穿着正式
- 说话——你们称老板为“女士”、“小姐”还是直呼其名
- 行动——守时有多重要

文化问题是通过行为揭示出来的。因此，我们在学习文化问题之前，必须先花点时间学习一些行为方面的关键问题。

行为

行为研究对于营销人员是非常重要的。作为管理人员，对这个正在进行的研究进行学习和理解是有价值的，因为它将提供对成功领导非常关键的知识和技能的一些基础知识。

20世纪30年代，营销人员开始意识到了理解消费者行为的必要性。关于这点有个经典的例子，那就是贝克·玛莉的混合蛋糕，那是最早的即食混合蛋糕，大家都认为会取得巨大的成功，但结果销售额却很低。传统的广告轰炸也没有达到效果。最终，营销人员向心理学家求助——那时候行为学专家刚开始进入这个

领域，这个领域现在已经成为市场研究行业的一个重要部分。

报告显示，产品的目标顾客（家庭主妇）由于某种微妙的原因而不购买贝克·玛莉的产品。家庭成员之间倾向于以一种不怎么公开的方式表达爱和感情，因此，这些主妇只能从孩子们找出食物、吃完之后说吃东西多么享受这个过程中得到满足。如果主妇们购买即食蛋糕，孩子们表扬的就不是她们，而是贝克·玛莉了。

通常行为学研究的发现很难被证明，然而，所提的建议通常是有效的。在即食蛋糕这个例子中就是这样。厂家改变了配方，把产品重新推向市场，并打出广告标语“只要加一个鸡蛋”，销售额迅速提高。这样，家庭主妇可以自己对蛋糕进行一定的加工。这种组合蛋糕成为一种可以选择的成分。主妇们赢得了赞扬（爱），而不用和贝克·玛莉分享。

第二次世界大战以后，整个环境发生了重大变化，在市场营销领域中，行为科学以及临床心理学家的重要性得以巩固。

- 整个社会更加富裕，大家为成长而进行竞争，导致了生产能力的过剩。市场营销观念迅速为企业界所接受
- 电视以及迅速增长的其他媒体开创了大众传媒时代
- 自助零售的发展促使分销渠道发生了重大变化
- 必须通过营销把产品推向渠道，而不是依靠推销拉动产品销售
- 经济增长遇到一个痛苦的稳定的时期，发生了微小的下降

企业要有效地促销产品，就必须能够理解消费者行为。行为科学在人类行为以及人的潜力研究方面的应用得到加速。在感知、信息处理、态度研究、解决问题的行为、学习、创新的扩散、团体和个人影响等领域出现了一些引人注目的成果。

现在，行为科学的运用是如此习以为常，以至于它已经成为文化的一部分。只有很少的年轻的营销人员能够意识到，他们现在经常使用的许多工具在几十年前可能还不存在呢，以及他们现在为什么在用这些工具。文化还在继续发展。我们在成长的同时也在不断学习文化。每个时代的人都把他们看到的世界当做是自然的，然后展望未来，而不是回顾过去。

◆决策过程

任何一个人，无论其是否扮演着消费者的角色，都必须不断地做决策。在前面《管理》那个单元中，我们学习了一个管理决策的模型。与那个过程紧密相关的是一些基础的行为，它们使决策的过程显现出来。这些行为适用于所有的决策过程，有时简单有时复杂。它们是：

- **识别需求**　如果没有认识到做出决策的需要，那么就不会做出任何决策。

因此，沟通者首先必须保证获得别人的注意。一个饥饿的人表达了对食物的需求。一个管理者传达了倾听的需求

在市场营销中，必须区分需求和需要。我的需求可能是一辆轿车，可是我需要一架美洲虎（英、法合作研制的超音速攻击机）。除非需要变成需求，否则什么也不会发生。

- **信息搜集** 决策必须在时间可能的情况下，利用可以获得的最佳信息做出。因此，需要搜集相关资料，同时建议沟通人员把资料整理成一种容易获取的形式
- **信息处理** 收集的信息必须经过处理并帮助对特定问题做出决策。有些人具有比较好的信息处理技能，有些人需要没有处理过的资料以便他们根据需要对资料进行特别的处理
- **决策** 决策必须在一定的时间之内做出。注意，决策总是做的，甚至当什么也没有发生时也是如此。什么也不做就是在潜意识里做出不采取行动的决策。甚至可以把没有能力做出决策的情况看做是做出了不做决策的决策
- **行动** 如果能够带来什么好处，决策就必须得到执行。当然，有些决策没有执行下去。许多决策立意很好，但却没有产生效果，例如，新年时下的决心
- **评价** 根据决策的效果可以评价决策的成功程度。评价有时是正式的，有时是非正式的。评价不论是什么形式的，都成为全部经验的一部分——并在对将来的决策产生影响

对这个过程产生影响的行为因素有：

- 感知
- 态度和信仰
- 认知能力
- 学习和记忆能力
- 动机
- 个性和生活方式

活动 3.1

花 20 分钟关注一下你最近做出的两个决策，并在以后的 24 小时中进行回顾。其中一个决策是对你重要的，而另一个是琐碎的。在下面的表格中填写决策过程的各个阶段对你的重要性，各个阶段花了多少时间，你对结果的满意程度如何。

同时考虑你从每个决策中学到了什么，这些东西将成为你的经验的一部

分，并影响你将来的决策。

最后考虑，对这些行为过程的理解能够如何提高你的能力。

	决策一	决策二
识别需求		
信息搜集		
信息处理		
决策		
行动		
评价		

◆感知

“感知”这个词有着特别广泛的含义，它几乎包括了心理的各个方面。因此，正像《心理学词典》所说的，感知理论确实是内涵深远的。幸亏经理人员和CIM的考生没有必要对这个方面进行太深入的了解。然而，对感知理论进行基本的了解还是需要的，以便决定如何最好地抓住别人的注意力和引起别人的兴趣。

完整的感知不仅包括从五种感官中获取的信息，还包括利用过去的经验与现有的态度和信仰。选择性感知就是人们在潜意识中对接收的信息进行选择，只注意那些他认为正确或合适的信息。与现有信仰冲突的或看似冲突的信号会被忽视，或被以一种支持已有信仰而不是否定已有信仰的方式来理解。

影响感知的因素包括：

- **注意广度**　人们能够集中注意力的时间长度随着兴趣、实践以及介入程度的不同有很大变化。有证据表明，现在一般年轻人的注意广度比上一代人短很多，这对于任何媒体和想沟通的人都有着重要的含义
- **刺激**　各种外部刺激可以被改变以获得或增加或保持注意力，从这个意义上说，它们是可以控制的。不同的人对刺激会做出不同的反应，因此，根据目标听众的特性安排刺激是很合理的做法。典型的刺激包括：大小、颜色、强度、对比、位置、移动以及内容。人们还会对刺激做出某种特定的反应。例如，文化价值观决定了我们在听到电话铃响的时候会去接听，而不管我们是否正在进行一个重要的面谈
- **组织**　人们有组织我们对世界的感知的强烈需求。对感知的组织遵循三条原则：

1. **简单化** 人们尽力以一种简单的模式组织各种刺激，甚至人们想以一种复杂点的方式进行组织时也这样。图 3.1 中的点通常被看成圆——但它们也可以简单地组成一个其他的图形，甚至可以仅仅把它们看成是六个随机的点。

2. **图形和背景** 人们倾向于把他们的感知组织成图形——其中最明显和有趣的部分，以及背景——图像的背景或被归入背景的部分。图 3.2 是其中一个著名的例子。你看到什么了？——一个年轻的妇女还是一个古老的皇冠？多看一会儿，两者你都会看到。

   对于说明我们自动把图分成图形和背景的企图，这个例子中，两个图形的重要性恰好相同。在这个例子中，不论我们多么尽力避免，也不能阻止我们的头脑把其中妇女和皇冠中的一个当做图形。

3. **完整性** 人们倾向于寻找完整的东西，尽管完整可能并不存在。因此，一个不完整的刺激将被人们根据自己的经验补充完整。如图 3.3 所示，图形中左边有三个尖头的东西，而右边只有两个，因此不可能组成一个图形，但是人们对完整的渴望，导致了人们所看到的（表面上的）图形。

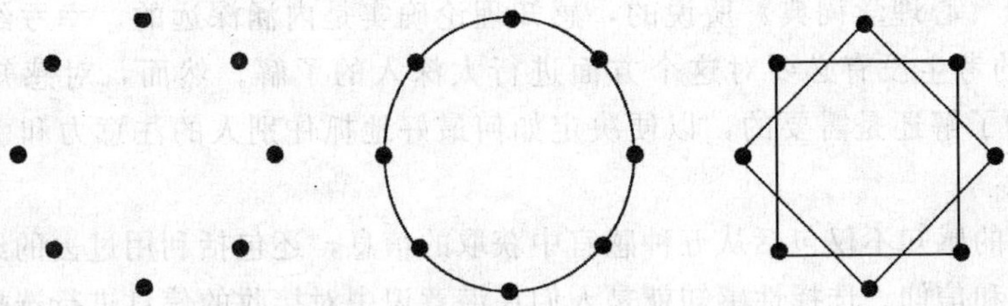

图 3.1

图 3.2

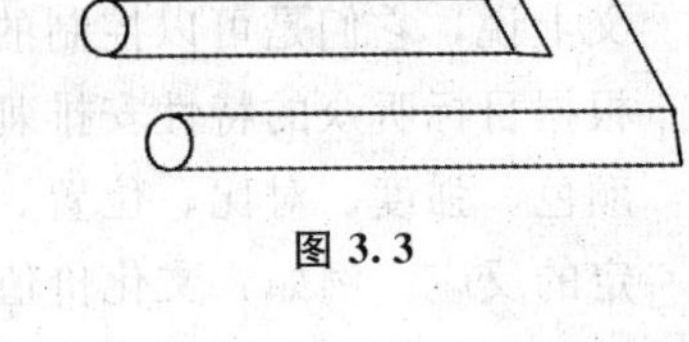

图 3.3

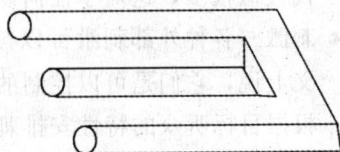

人们经常使用完整性，沟通者可以利用这一点。例如，大部分老一点的英国人会自动在 Persil 后面加上“washes whiter”，尽管播了几十年的广告早已经在

30年前被禁止了。当广告主题已经深入人心的时候，一个28秒的广告就可以缩短为一个12秒的广告，因为目标观众会在自己的头脑里把广告补充完整。

补充资料：完全形态

完全形态经历在某些时候被描述成“啊哈”的经历。你会经历完全形态，因为它指在某个时刻，所有刺激突然出现，你可以看到事物的整体而不是部分。

例如，你到了一个新的小镇上，你可以发现邮局所在的地方，然后根据邮局来找其他地方。但突然有一天，在没有任何先兆的情况下，你发现自己有了这个小镇的一幅清晰的画面，你不再需要根据邮局来找其他地方了。你会说：“啊哈，我现在明白了。”

◆态度和信仰

态度就是倾向于某种行动的心理状态（Jackson）。信仰就是在情感上对一些主张、陈述和教条的接受（《心理学词典》）。

态度和信仰都在人的内心深处，很难改变。特别是信仰会被人们顽固的坚持，并经常被当做有力的论点来坚持。即使当事情与信仰不一致，人们也很可能说这种不一致是多么的偶然。要改变一个消费者根深蒂固的消费习惯，要经历许多失望。是情感的，而不是逻辑的因素决定了这些决策。在工作中也有类似的事情，甚至当对现有流程进行改变明显更好的情况下，一个长期实行的流程仍然会被坚持使用。

态度由三个部分组成：

- 认知——思考
- 情感——感情
- 意动——行为倾向

个人的态度会随着这三个因素的不同组合而变化。对于同样的一件事，不同的人也会有不同的态度——态度研究很有价值的一个原因就是它对进行市场细分有帮助。

当要达成变革的时候，态度非常重要——如要改变购买行为或工作方式时。人对变革有一种抵抗的天性，在对变革进行激烈的抵抗中，态度是一个关注的焦点。因此，营销人员和管理人员必须努力理解态度，发现大家所持有的态度以及为了采取行动要保持态度还是改变态度。

◆认知能力

“认知”这个词指所有的智力活动过程：思考、想像、推理等。毫无疑问，有些人有比较高的认知技能，而有些人在这方面有严重的缺陷。根据其他人的理解能力进行沟通是很重要的，这意味着要花时间了解别人的认知能力。

认知不一致指两个同时持有的态度和信仰不协调的情况，或信仰与公开的行为相矛盾的情况。认知不一致会导致紧张、不安，并驱使人们对矛盾进行调和而达到一致。

☞活动 3.2

抽出一个小时去趟图书馆。看看那里的各种报纸。选择其中一两条流行的新闻，并看看每份报纸对这则新闻的报道。除了句法和语法的不同，你会对它们风格的差异感到吃惊。并且，你还会发现它们报道的内容和重点可能也有所不同。

记住，媒体也是一种市场化的产品，这样的差异应该不会让你吃惊。但你可能对报道的伦理本质进行严肃的思考。是否所有媒体都应该如实地进行报道？如果是的，那么谁是真实的？人们是否应该让媒体的报道左右自己的态度和信仰？

营销运营中将讨论管理的伦理问题——但管理伦理影响管理活动的整个过程以及人的整个一生。在对待职员的过程中，如何为自己采取某个计划和改变态度进行辩护？

◆学习和记忆

学习是如此基本的一种能力，以致我们把它当做是理所当然的。还是在孩提时候，我们就把别人作为学习的榜样，通过试验和错误学习。我们不断发展这项基本技能，直到我们有能力应付我们生活的世界。因为我们生活在不同的环境下，因此每个人需要学习的数量和多寡有着巨大的不同。

我们继续从环境中进行非正式的学习，但正式的学习是结构化的。不幸的是，有些人不喜欢学习——更加确切地说——不喜欢某些方式的教学。因此管理者在进行教导之前，必须处理态度和动机问题。

记忆可以理解为一个衰减的过程。似乎在潜意识里，我们允许信息不断地溜走，如果一段时间不用的话。这些信息到底是真的被忘记了还只是降级为一种不活动的状态，对这个问题有争论，而且研究也正在继续。记忆重要的事情比记忆

琐碎的事情要更清楚、更久（你能记得你昨天看的电视节目吗?）。

某些记忆策略无论对记忆还是学习都有巨大的帮助。当然，它们在市场营销中也经常得到运用，如 DMU，DMP，7Ps。《提高管理绩效》单元中包括学习的有关内容。

◆动机

动机就是采取行动的理由。没有动机就不会有行动。激励和动机有着紧密的联系，因为它是产生动机的外部刺激因素。不要把两者混淆起来。动机是内在的，激励是外在的。我们将在《团队建设的技术和工具》单元中详细论述动机。

◆个性和生活方式

个性是生活方式的基础。同样，个性的某些东西可以从观察到的生活方式中推理出来。

个性是一个正在进行的重要的研究领域，因为它提供了行为的连贯性。人们觉得，个性可以作为行为的指示器，但至今还没有发现可靠的方法来运用这一点。

个性烙印指的是各种明显的个性方面的特征。尽最大努力发展和维护一种对目标听众有吸引力的个性是一件极端重要的事情。

文化

正如大家所说的，文化是一个复杂的东西。我们没有足够的篇幅进行详细讲解。然而，和行为一样，管理人员和 CIM 考生没有必要对文化进行深入的了解。那些希望对组织文化进行深入了解的同学可以参考下面的书目：Senior，Barbara (1997)《组织变革》，Pitman Publishing，London。

文化可以概括为“这里人们做事情的方式”。它是人们对于什么是正确的，什么是错误的，什么是不可接受的等问题的共同理解。文化价值观以及文化本身都处在一个不断变化的状态，不断有新的行为变成可以接受的，并取代已有的价值观。这部分地是因为新来的人带来新的思想所产生的影响；部分地是因为环境发生了变化（比如，我们正在经历的全球气候变暖）；部分地是因为技术的变化(诸如 IT 技术大爆炸)。

文化是活动的、动态的以及为人们所理解但从来不公开说明的，因此新来者要发觉文化的差异很困难。通常，没有什么人对过去的文化感兴趣——与他们有关的只是此时此地的文化。这种观点会产生问题，那就是如果不关心文化和文化

价值观，它们就会改变，其中许多好的东西就会消失。

回顾过去，许多老人会对所发生的变化感到震惊，通常在当时感觉不到任何变化。文化变迁是一个渐变的过程，但却是不可阻挡的。我们可以引导文化的变化，但由于文化的惰性，变革需要相当大的努力——并且结果是不可预知的。

◆表面之下

我们可以从两个方面来对文化进行形象化的说明。天鹅轻盈而庄严地在湖面上游动着……然而在水面下却进行着许多动作。这些活动很大程度上受到天鹅的指挥，但诸如水流、水深、杂草等外部因素也必须考虑。尽管在这些外部因素中，没有一种与天鹅直接相关，但它们对天鹅以及它的活动造成了很大的影响。

同样的道理，在每种文化里面，都有一些力量可以被看到，而另一些力量则在暗地里起作用。这些因素中，我们可以识别出：态度、价值观、信仰、领导风格和领导效果、力量、政策、非正式团体等因素。其中一些因素积极促成变革，而另一些则在追求自己的目的时，无意中造成了变革。

◆文化团体

大多数文化方面的文献指的都是国家范围的文化。然而，以国家范围论述文化的价值是值得怀疑的，事实上可能是有害的。可以用铅版（stereotype）来描述这种一般化的概括。

“铅版”一词源于印刷，指一种固体的印刷模子，一旦铸造出来，就很难改变。在社会科学领域，这个词被用来表示对一个团体或一群人形成一套相对固定的、简单化的、过于一般化的概括。通常强调负面的、不招人喜欢的特征。

在文化中，“铅版”一词还可以用来描述关于一群人的心理特征的共同之处。这个中性一点的定义使“刻板的印象（stereotypes）”可以改变，可以包括正面的和准确的特征。不幸的是，第一个定义应用更加广泛，因此我们建议避免使用“铅版”一词。

活动 3.3 说明了把文化看成个人的和地方问题的重要性。

知识扩展

英国的种族文化和企业家精神

在英国，家庭经营的街角小店、药店和咖喱饭馆曾经是亚洲商业的公共形象。亚裔很难获得融资，他们的产品被认为在质量上有着很大差异，并且只有本族人才对这些产品感兴趣。

帕塔克（Kirit Patak）的父亲于 1956 年带着 5 英镑来到英国，经营帕塔克（Patak）食品，帕塔克说："1985 年几乎所有的超市都拒绝卖帕塔克食品。他们根本不感兴趣。"现在，他们的产品在大多数超市都可以买到，并且为英国 90%的印度餐馆供货。预计 2001 年的收入将达到 5000 万英镑。

反过来，帕塔克还准备把他们的产品卖回印度。采用西方的工作方式，制做咖哩饭所需的时间大大减少。

现在的亚裔企业家比他们的父辈所受的教育更好，他们的志向和视野也更加开阔。他们的目标不仅仅在于食品和化学这样的传统行业。他们年轻、受到良好的教育、自信，愿意冒风险向主流商业发展。

这个潮流导致了主流商业领域许多大众品牌的扩展，这些领域包括女性服饰、饮料、媒体以及电子商务。现在强调的是商业，而是不是亚裔是次要的。

但是，当亚裔在商业领域扩展的时候，他们的文化的重要性却从来没有受到重视。2000 年从卡尔顿生产总监的位置上辞职的埃里（Lord Waheed Ali）说："我已经和英国以外的国家没有联系了。同时，我认为一个人应该尊重他的母文化。这个文化的一个关键部分就是尊敬长辈并从长辈那里学习。"

他回忆起他请求亲戚们为他建立自己的公司提供帮助的那段时间。亲戚们星期六早上赶来，帮助布置办公室，以便公司在星期一及时开业。他说"亚裔商人可以依靠自己的亲戚"，他们的文化提倡尊重那些能提供建议的长辈。

埃里说他尊敬保罗（Lord Paul）——另一个努力工作的同乡，他的公司已经给了埃里 3.3 亿英镑的生意。"如果我遇到问题，他可以给我建议。我信任他。"

资料来源：The Sunday Times，21 January，2001. Writer：Tahkhi Mazumdar.

活动 3.3

文化

花 20 分钟辨别你所属的文化。你很快就能识别出你所属的第一个文化群体，随着时间的推移，你还会识别出一些不是很明显的，但对你的生活方式有影响的其他文化。

找出你的那些与每一种文化相吻合的行为。

◆组织文化

许多人试图对组织文化进行解释和分析。尽管这些研究对于社会科学家们是令人着迷的，但它们对于营销经理有多少价值却是值得怀疑的。然而，理解文化的特征是非常重要的，因为经理们必须在各种文化背景下工作。特别是在人员、产品可以跨国界自由流动以及通信技术对全世界的文化有着巨大影响的情况下。

罗宾斯认为组织文化具有以下特征：

1. **成员身份认定**　员工在多大程度上把自己作为组织整体的一员，而不是以工作类型或专业领域来确定自己的身份。
2. **团体强调重点**　工作活动多大程度上是围绕团体而不是个人组织的。
3. **对人员的关注**　管理决策在多大程度上考虑了其对组织中的人员的影响。
4. **单位整合**　组织内部各单位在多大程度上以相互协调和相互依赖的方式工作。
5. **控制**　在多大程度上运用规则、管制和直接监督等手段对员工行为进行监督和控制。
6. **风险容忍度**　在多大程度上鼓励员工的进取心、创新和冒险。
7. **奖励标准**　诸如增加薪水和晋升之类的奖励多大程度上是根据员工绩效分配的，而不是根据资历、个人关系等非绩效因素分配的。
8. **矛盾容忍度**　在多大程度上鼓励员工公开矛盾和批评。
9. **手段或目标导向**　管理层在多大程度上关注结果，而不是达成结果的手段和过程。
10. **系统开放性**　组织在多大程度上对外界环境做出监控和反应。

资料来源：S. P. 罗宾斯（1993）：《组织行为学》（Englewood Cliffs，NJ，USA；Prentice－Hall International，p. 602.）。

你可以根据这些标准来评价你所在的组织的文化。

文化网络

组织中各种相互作用的因素可以用文化网络来描述。图 3.4 说明一共有七个相互联系的考虑因素。

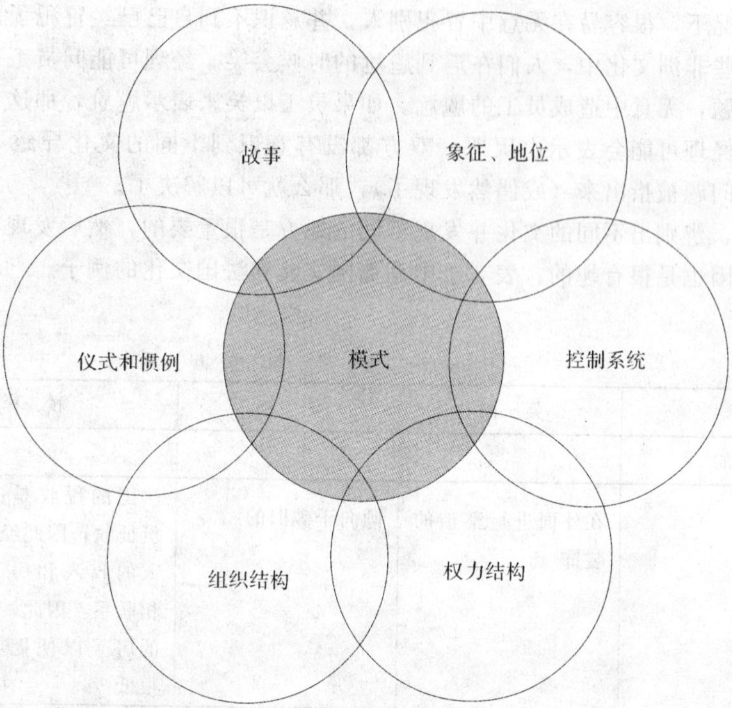

图 3.4 文化网络

资料来源：摘自 Barbara Senior 于 Johnson，G. 和 Scholes，K.（1997）*Exploring Corporate Strategy Texts and Cases*.

组成文化网络的因素可以进行如下解释：

- **惯例** 组织成员相互交往的方式以及各部门相互联系的方式。同时还有一些对事情应该如何的难以改变的看法
- **仪式** 诸如培训、评估和晋升等能够表明什么受到重视的经常性活动，这些活动强化了组织做事的方式
- **故事** 组织中流传并向新来者讲述的奇闻轶事、关键事件、人格特征以及不符常规的特立独行的人物
- **象征性符号** 标志、办公室、汽车、名称等反映组织特性的东西
- **控制系统** 衡量和奖励标准，它们强调组织重视什么，关注什么活动
- **权力系统** 它和组织的组织结构模式相联系。最有权力的管理群体很可能是与组织的核心假设联系最密切的人
- **结构** 正式结构和非正式工作关系可能反映组织的权力结构、描绘出组织的重要关系和强调关注的重点
- **模式** 态度、价值观、程序、技术等因素的集合，形成组织接受的一般看法

活动 3.4 说明我们生活在一系列的文化中，并在不同的文化之间移动。在文化之间移动通常是平稳的，但也会产生烦恼，特别是当对新的文化事先没有任何

了解的情况下，很容易在无意中冒犯别人，并意识不到自己已经冒犯了别人。例如，在一些非洲文化中，人们在遇到尴尬的时候会笑。经理可能问员工一个很难回答的问题，无意中造成员工的尴尬。如果员工以笑来表示尴尬，那这个来自其他文化的经理可能会表示出厌恶。双方都没有意识到不同的文化导致了这个问题。如果问题被指出来（或偶然发现了），那么就可以解决了。

因此，辨别出不同的文化并发现不同的地方是很重要的，然后发现存在不同文化的原因也是很有趣的。表 3.1 中是英国文化和法国文化的例子。

表 3.1

	英国	法国	解释
感觉得到的			
房屋	在外面进行整洁的装饰	倾向于破旧的	法国的税收是由地方官员征收，因此经常把一个人的收入和房子的外表相联系。因此，需要破旧的房子以便把收入说成很低
汽车牌照	可以用个性化数字；牌照是根据地区划分的，可以选择较好的地区上牌照	车牌号码是指定的，根据地理区域上牌照	英国人把车看成是重要的象征物，而法国人只把车看做是交通工具而已
工作时间	标准是上午 8 点到 12 点，下午 1 点到 5 点	标准是上午 8 点到 12 点，下午 3 点到 7 点	气候，特别在南方，炎热的中午不适合工作。两个国家都是 8 小时工作日
感觉不到的			
冬季	冬季是一个抽象的季节	冬季是由地方政府确定的	法国文化是以农民为基础的，法律保护农民在冬季不能被驱逐，因此必须确定冬季
打电话	在任何时候都可以打电话	从不在晚饭时间打电话	法国人从不打断晚饭，即使有小小的急事
个性	保守的	有细致祝贺仪式	英国保持保守以保护自己的私人空间。法国人也很重视私人空间，但有着与更大的集体相联系的强烈需要

活动 3.4

根据自己的情况，进行下面的一项活动。（当然可以两项都做）

以文化网络为框架进行分析：

1. 一个你非常了解的组织——你工作的公司、大学等。进行批判性分析，就它们运用对文化的理解提高组织效果和效率提出建议。

2. 你最近作为员工加入了一个组织。评估你作为一个新来的经理要融入组织以及和同事建立良好的工作关系所必须采取的行动

并不是所有的文化差异都像表 3.1 中的一样易于解释。许多差异是经过几个世纪发展起来的，但总是产生于某种实际的情况。2000 年前，吃猪肉，特别是在炎热的中东地区要储藏猪肉，是不明智的，甚至是危险的。现在，受到严密监督的屠宰场以及冰箱和冷冻设施，使这种危险几乎不存在了。但不吃猪肉已经成为了一些宗教的基本教义。原因被遗忘了，但文化观念却保留了下来。

有些方法被用来识别组织中的文化——汉迪运用“权力文化”、“角色文化”、“任务文化”和“个人文化”来区分组织文化——但是这些内容对于行为科学家比对经理人员更有价值。

对管理更有意义的是去理解人们可能与他们相联系的人有着不同的文化。学习对方的文化，并愿意以对方的理解来和对方打交道，是一种必备的管理技能。这种技能在营销活动中最重要——理解客户并以他的方式进行沟通。

经理人员可以从对文化差异的理解中得到下列好处：

化解冲突

文化可能导致争论和意见不一。大多数情况下，双方可能对对方产生刻板的印象。如果组织和部门内部可以容忍个人之间的差异，那么组织已经向和谐迈出了重要一步。

协调与控制

强大的组织文化可以帮助避免冲突，有利于产生归属感和一体感。

同化作用

组织文化可以使新来者更快学会如何工作和组织的文化标准。通过对动机和士气的影响可以提高团队效率。

动机

赞扬是对人最大的激励。尽管在许多情况下，通常提供有形奖励，但没有了赞扬，这种奖励的效果会大打折扣。对团体、组织的认同，使人关注组织整体。

竞争优势

强大的有效的组织文化可以提高竞争优势。这似乎是一个自我验证的道理，很难用经验进行证明。

知识扩展

有这么个故事，讲述的是一个日本汽车工人，他每天在回家的路上都花时间把他所生产的汽车品牌上的天线拉直。这种对产品的自豪感证明了组织内部存在着强大的文化。

文化与变革

我们将在《变革管理》单元中讲述变革的管理。现在只要注意到，任何战略和文化上的不适应都会产生抵制，而且一般来说文化将取得主导地位。在这种情况下，有四种选择：

1. 忽视文化。
2. 绕开文化进行管理。
3. 改变文化以适应战略。
4. 改变战略以适应文化。

可能的战略变革是最快的，但也许是不可能的。在这种情况下，要准备改变文化。不幸的是，像我们在上面的例子中看到的，改变文化是一项很费时间的事情。

国际化或跨文化

国际营销被看成是国家之间的贸易。有一种观点认为，全世界的人都是一样的，事情真的如此简单吗？

民族国家由各种不同的要素组成，有些要素资源存在于民族内部，其他的一些由于某种原因被迫作为民族的一部分，还有的通过和平的或暴力的手段独立存在。

我们必须认为国际营销在本质上有两个层面：

- 跨越国家界限的贸易
- 跨越不同文化传统的贸易

根据管理人员以及对象的文化背景的不同，管理也不同。

对有相关法律的跨国营销管理要比跨文化的营销管理容易许多，在后者中，人的期望和行为决定了哪些因素应该被考虑并处理。现在几乎所有组织都进行跨文化营销，哪怕不是跨国营销。许多组织进行跨国营销管理，像雀巢、飞利浦等公司在这方面已经进行了多年的成功实践。

同时，由于现代通信技术的影响以及人们可以更加自由地在世界各地旅行，文化也在发生变化，认识到这一点很重要。

沟通并没有国家界限，过去偶尔对几个国家同时宣传的事情现正快速转变为周密策划的对一系列国家同时宣传的做法。

紧跟可口可乐，许多重要的品牌如精灵（Ariel）和战神（Mars），现在都在整个欧共体范围内进行促销。家庭主妇要对这两种洗衣粉进行比较，语言已经不重要。精灵（Ariel）的德语电视广告在荷兰、法国、英国、西班牙和希腊等国一样有效。

还有一个例子，在进口的电视节目和欧洲范围内播放的广告里，家用电器得到了广泛的运用，在法国，这些广告对电子壶得到大家的接受和取代传统的蒸煮锅起到了加速的作用。

莱维特（Theodore Levitt）是哈佛商学院营销领域的领导人，他说，不同的文化倾向、国家口味和标准、商业制度是过去时代的残余。其中有的渐渐消失了，有的繁荣起来并成为全球的主流文化——中国饮食、希腊和中东地区的皮塔饼和比萨饼就是很好的例子。计算机软件、美国电影和音乐在传播西方文化（特别是美国文化），英语似乎成了跨文化交流的世界语言。

莱维特还说，现在国家间的许多差别是由于跨国公司认为各个地方都有固定的特点并尽力适应这些地方特性造成的。营销人员应该发现顾客需求并提供顾客喜欢的产品。他认为国家间的差别不应该被忽视，很简单，好的做事方法不应该被忽视。

知识扩展

可口可乐公司经常被作为全球性公司的原型，或许它是。但是人们这样认为是因为他们确信可口可乐公司建立了本地设施并理解本地需求。例如在日本，长期以来，消费者形成了对柠檬碳酸饮料的偏好。可口可乐为了成为当地的市场领导者，必须不仅通过销售渠道推动产品还必须拉动产品销售。

它的标准政策就是成为本地化的竞争者；从本地市场情况来制定策略，而不是运用已经在其他市场使用的策略。同时，可口可乐还以一种长远的眼光行事，而不是追求眼前的盈利。

现在，可口可乐在全球各地都能买到，是全球最受欢迎的品牌。可口可乐公司已经是一个真正的全球化公司，但它并不是原来就是全球化的。

◆重要的是时间而不是距离

喷气飞机的发明改变了距离的概念。距离遥远的地方现在可以以合适的成本到达，过去从英国到澳大利亚需要六个星期，而现在需要不到24个小时，如果乘坐超音速客机，只需要12个小时。现在可以在一天内穿过大西洋开个会，然后返回。机场和火车站开了会议系统并满足旅行中的商务人员的需要，可以提供淋浴、休息室、传真、电话和其他办公设施。航空公司在飞机座位上安装了电脑。人们几乎可以在任何地方、任何时间进行需要的联系。当然，就像苹果公司的乔布斯在2001年1月所说的，运用苹果公司新的强力笔记本电脑，人们可以在35000米的高空谱写音乐、编辑电影。

同样，普通人也从科技的发展中受益。只要100英镑就可以去西班牙的小岛上进行一周的旅游，而且费用中还包括了返回的机票、酒店住宿和早餐。

人们开始重新安排自己的日常活动。由于能够和办公室进行通信，在家办公成为可能。因为通信更加容易、出入境更加方便，人们可以住在离办公室更远的地方。

没有什么需要的东西会不合时令，它总是可以一定的价格得到。

活动 3.5

海外经历

这是一项随着时间的过去，你会经历的事情，但是你也可以马上开始这样的经历。

我们出生并成长于一个社会里，受到特定的文化价值观的影响，渐渐依赖于我们认为可以期望的东西，我们认为有效的东西以及我们觉得必须避免的东西。这是非常自然的事情，耶稣的一句话很好地说明了这点：“让一个七岁的小孩和我们一起，他将学会我们的生活方式。”

文化在一个人态度的形成过程中扮演着重要角色，政府对于提高国民的民族自豪感也有着极大的兴趣，因此，大部分人会以一种不信任的眼光来看待新思想和新事物就不会让人感到吃惊了，特别是对于那些来自他们了解的和感到安全的文化以外的东西。

你要看看你有多大的民族自豪感，它对你产生了帮助还是起到了阻碍作用。

首先，审视一下你拥有的物品，特别是那些你自己买的物品。针对每个物品，看看自己的购买过程。文化和民族的因素对你产生了怎样的影响。不要说因为某种原因，你没有受到文化和民族的影响。

下一步是通过检查自己对事件、新闻标题、体育比赛结果、产品等东西的反应，辨别自己总体的和对特定事物的态度。只有辨别出这些东西，你才能够决定你是否想要（必要）开始一个变革的过程。

重要的是这个活动将为你提供可以在 EMFM 考试中引用的素材，营销运营和战略国际营销管理考试可以帮助你发展更加全面的能力，以应付这个日益国际化的世界。

许多零部件由专门化的本地厂商生产，然后运往总的装配线进行装配，因此产品日益标准化（和品牌化）。福特汽车公司宣布引入第一个世界性产品 Escort，它在世界各地都是完全一样的。更引人注目的是，这个产品的设计汇集了全世界的力量，通过遍及全球的公司内部网络完成。当然，现在所有重要制造商都在全球营销它们的产品。

长期以来，我们好像都存在一个问题，那就是，人们可以从一个国家去另一个国家，但是很难做出必要的文化转变以便接受当地人并为当地人所接受。这些改变可以是像早餐黄油中是否放盐这样的小事，也可以是像临床试验的效率一样的大事。

注意：对一个国家的文化进行一般性的概括，形成固定的印象是非常简单的，也是非常危险的——并不是某个国家所有的人都讲究效率，都有相同的饮食习惯。用一些实例来证明文化或辨别人的国籍，都需要非常小心。从对种族主义形成固定的印象到认为潜意识的种族主义是最坏的东西之间，只有很小的距离。

活动 3.6

文化/习惯和期望

假设你要和一个国外来的营销人员见面，他希望你能做他的代理商。就两国之间存在主要区别的地方给他一点提醒。

知识扩展

海外英语

海外英语是由盖伊（Guy）和马托克（Mattock）定义的，它指那些母语为其他语言人所说的英语，他们为了实际工作的需要而不是学术需要成年之后才学习英语。海外英语对于国际市场营销人员非常重要，因为要说好标准英语

很难。标准英语可以把意思表达得非常清楚，但它需要长时间的学习并很难达到那种流利程度。

结果，盖伊和马托克所说的海外英语成为了来自不同国家、拥有不同母语的人的交流形式。奇怪的是，以英语为母语的人对此却感到非常困难。

举两个例子可以说明这种区别：

标准英语	Can I get a word in before you get rolling?
海外英语	Can I say something before you begin?
标准英语	You took your time! What kept you?
海外英语	At last! Where were you?

花点时间学习海外英语是值得的，因为它和标准英语的区别不仅仅是句子结构不同。在海外英语中，许多简单的单词有了新的意思，简单地说，与懂得一门外语比起来，海外英语可以让你和更多的人交流。下面的例子可以给你一点这方面的体会：

标准英语	海外英语
Achieve/Finish	We have achieved the project
Actual/Current	Our actual Personnel Director
Actually/At the moment	They are reviewing the situation actually
Charge/Load	I didn’t know the ship was charged
Compensate/compensate for	Big sales at Christmas compensated the bad summer
Control/Check	I control his expense claims
Figures/Diagrams	The figures in this report tell us little about the numbers involved
Issue/Outcome	What was the issue of the meeting?
A lot of/much/many	He made a lot of money and a lot of enemies
Politics/Policies	We have strict politics on the matter

“yes”包含许多意思，从“你完全正确，我同意你的建议”，到“我在听，但在弄明白你的意思之前，我不作判断”。

◆国际背景下的文化

托灵顿（Torrington）和霍尔（Hall）（《人力资源管理》，第四版，Prentice—Hall，1998）对这个问题做了很好的解释：

随着商业的国际化，人事经理也需要变得国际化，尽管他们国际化的速度可以比营销人员慢。国际文化问题是一个难题。欧盟在试图建立一个超国家的机构的经历上，就坚决但不情愿地承认国家之间差别的顽固性以及对地区差别的强调，例

如巴斯克人和佛兰德人之间的区别。民族性对人事管理是很重要的，因为它影响着人的行为，约束着管理活动。

国际文化的关键问题有以下几个：

特征

个人特征源于国籍。一个国家所做的许多事情就是要产生身份识别的感觉，一致的目的和相似的行为。因此，国旗对于国民有着强大的号召力。国家元首以及社会的高层人员周围的庄严和仪式对于建立一种独特的文化也具有一定的作用。

在过去许多世纪里，这种按国家民族划分的身份发挥了很好的作用。知道一个人属于哪个国家民族是很重要的。属于一个温暖的、相互支持的和有力的集体给人一种安全感。不幸的是，这可能会导致对其他文化的诋毁以及刻板的印象和歧视。

只要进行粗略的观察就能发现民族国家的概念在以多快的速度瓦解。不同种族、不同肤色、不同信念的人们跨国界进行交流。来自具有一种优势文化的国家的体育代表队由各种成员组成，这些成员有着相同的国籍，但在文化上却非常不同。例如，因为害怕年轻的本国球员得不到机会，有人强烈要求应该严格限制足球队中的外国球员人数。

跨文化的交流日益频繁。电视和广播很早以前就跨越了国界。现在，营销人员创造出可以在整个欧盟范围内有效运用的促销活动。由于英语在电视、电影、网络上的广泛运用以及非语言沟通方式的使用，语言障碍正被打破。

有些跨国公司的经济实力比一些国家还要强，这不由得让我们设想，在不久的将来，人们会不会以商业组织来界定自己的身份，而不是像目前一样以国家来界定身份。将来，埃克森、百事和雀巢等公司的旗帜会不会像现在的国旗一样重要？

环境

现在的中老年人是在家庭里长大的，他们在那里就可以学到社会所需的规则和行为。现在的小孩很可能是在一个单亲家庭长大的，或者和其他人一起。这个重大变化对下一代产生了多大的影响？人的早期行为的变化将对民族和团体文化产生什么影响？

文化价值观和商业方式也是在早年学会的。独立和直接是美国的社会价值观，而日本人倾向于集体主义和长期评价。跨文化的管理和谈判需要特别的技巧。

政治和法律体系

尽管大多数国家都提倡“民主”，但民主的含义却有着很大的不同。在前苏联，民主表示共产党代表你的利益。在英国和美国，民主则表示选择哪个政党作为执政党。

各国的法律体系也基于不同的规范。英美法系提倡对抗，双方都尽力战胜对

手。而拿破仑和穆斯林的法律规范，则强调发现真理。在有些国家，警察是起诉的工具，而在有的国家，他们扮演着调研和报告的角色。

因此，在处理跨文化的关系时，必须确定运用的法律体系，并考虑到所提建议的政治含义。

个人主义

在一些文化中，人们一般以个人的方式活动，为个人及其家庭承担责任；在另一些文化中，人们则崇尚集体主义行动。

权力差距

权力必须在社会中进行分配。有些国家中，由于中央集权或者独裁，人们习惯于权力的不平等分配。

风险和不确定性

有些社会可以更加自信地走向不确定的未来。人们期望承担风险而不是寻求安全稳定。

性别

两性之间的角色在不同的文化中是不同的。男性主导的文化倾向于在地位、成就和挣钱中表现出更多的男性特征，而女性主导的文化强调服务和支持角色，质量关系和通过一致同意取得成就。这种区别可以这样描述，男人为了工作而生活，女人为了生活而工作。

文化导向应该得到强调。个人展现出自己的对性别角色的态度，但是每种文化中，在这个问题上都存在倾向。

社会组织

托灵顿和霍尔指出社会组织方面的四种类型，这些类型是各种文化所固有的。表 3.2 简要说明了他们的研究结果。

- 金字塔型国家，倾向于存在巨大的权力差距，具有很强的避免不确定性倾向，高度依赖于等级结构和行政命令
- 灵活机器型国家，倾向于很小的权力差距，具有很强的避免不确定性倾向，依赖于法规、程序和清晰的结构
- 农村市场型国家，倾向于很小的权力差距，具有很大的不确定性。他们依赖于特别的解决方法
- 家庭型国家，倾向于具有很大的权力差距和不确定性。问题通过一个类似于家庭中的家长的人物解决。权力非常集中

很容易理解一个人要在不同的文化之间转变是非常困难的，他自从出生就生

活在自己的文化中，并适应了自己的文化。因此进行跨文化的管理确实是非常困难的。

然而，全球化公司却做得很好。它们已经培育出了强大的组织文化，以便大家都有一个共同的基础和风格。

表 3.2　社会组织类型

	金字塔型	灵活机器型	农村市场型	家庭型
	阿根廷	奥地利	澳大利亚	中非
	法国	德国	英国	印度
	伊朗	以色列	爱尔兰	牙买加
	墨西哥	瑞士	美国	新加坡
国家总数目	27（加上阿拉伯语国家）	6	11	9

◆国际沟通

我们在《沟通》单元中所讲的沟通模型必须考虑文化问题。不论是与内部人员还是外部人员沟通，都必须根据文化差异对信息进行调整。

态度

开始的时候，也许不会对沟通者存在什么态度，但是肯定会对沟通者的国家、地区和文化存在某种态度。例如，日本汽车制造商运用西方名字科尔特（Colt）而不是三菱（Mitsubishi）进入英国市场，因为，自从第二次世界大战以来，英国对日本的产品存在一种长期的抵制。

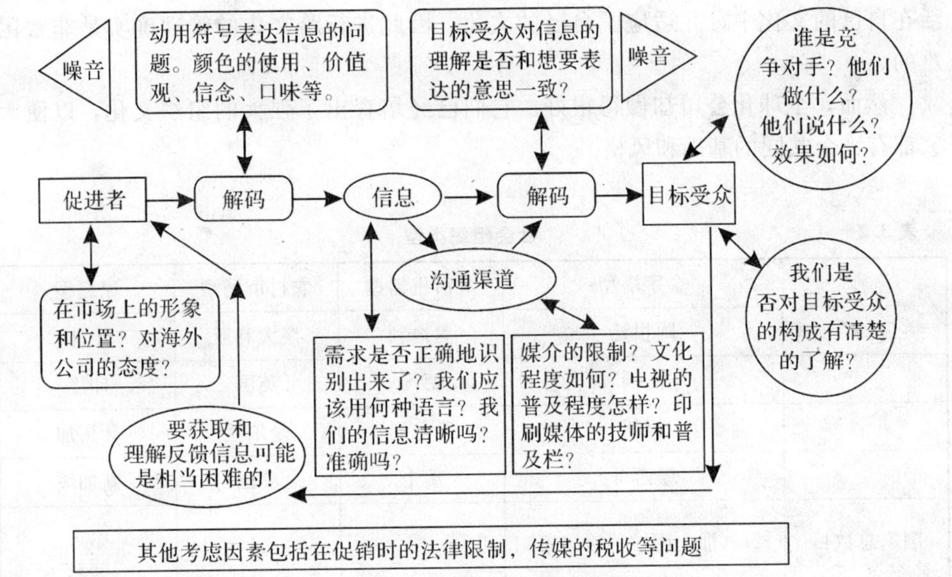

图 3.5 态度

编码

用符号表示信息可能会面临一些问题,甚至表面上看起来很简单的颜色的运用也充满了陷阱。例如,白色在西方和东方有着相反的意思,一个表示婚礼一个表示死人;在津巴布韦,产品上不能使用国旗的颜色;绿色过去被当做一种不幸运的颜色;现在健康产品以"绿色产品"出售。

信息

相同文化背景下,营销人员有时候也会犯严重的错误。1999 年,一家建筑协会在津巴布韦播出了一个商业广告,广告中一个白人说:"一年前,我曾经梦想买一幢房子,自从投资于×……以后,我现在已经买了房子,还买了辆车。"广告中还有一个黑人说:"一年前,我曾经梦想买一辆自行车,自从投资于×……以后,我现在已经买了自行车,还买了辆三轮车。"

即使可以避免如此重大的错误,一个外来人要理解语言和标志中的微妙的意思也是很难的。本地化的意思表达对于有效的沟通是很关键的。

百事进行了细致的计划,试图制作一部能在全欧洲使用的广告片,公司运用了来自英国的顶级经理,并在一个意大利的山村里进行了为期一周的拍摄。大家都认为这部广告片对于百事有着非凡的意义,但是,当百事的营销人员除去片中对某些文化不适合的东西后,剩下的只是在一个山村拍摄的照片而已。就像前面所说的,通用的东西是失色的。

渠道

沟通渠道也可能成为限制因素。例如，在印度广播的覆盖率很高，在几乎没有电视的情况下，电影却是一种有力的沟通渠道。许多国家没有全国性的出版物，但各种出版物在所在地区却是强有力的媒体。卫星通信使电视、广播跨越了国界，但除了对那些标准化产品，它们传播的信息适合于其他产品吗？

发达国家中识字的标准在下降，尽管其他地区，这些标准还在提高，但是未来几十年中，文盲还将继续存在。不论如何，他们将学会何种语言？什么样的文化程度是可以接受的？

复杂的信息很难传递，因为许多潜在顾客的文化水平和兴趣有很大不同。

解码

目标受众的文化价值观有利于信息的准确理解吗？传递的信息能够翻译成他们的价值体系吗？如果不能，那么是信息还是产品功能应该改变呢？（烤炉在日本很少见，因此在日本用烤来比喻很热的天气是不明智的。大家不知道烤的功能，沟通肯定会失败）

理解速度也是一个重要因素。比较 20 年前的电影和现在的电影——你会发觉西方的观众已经学会了以快得多的速度做出反应，这种对媒体的理解力运用于对所有媒体的反应。可以理解，在那些图像和声音媒体还不普及的国家，信息的传递速度要慢得多。

目标受众

我们可以识别和指向特定受众。但在一些国家，这种技术还没有发展起来，而且这种状况还会维持一段时间。

知识扩展

津巴布韦和赞比亚

下面的内容引自一个营销人员的考察报告。

- 在一个多文化社会，信仰和禁忌是绝对重要的。它可以对我们的市场研究造成障碍，例如，数小孩的数目是一种禁忌。
- 在像津巴布韦这样的多文化社会，信徒们不允许小孩上学，他们必须在小时候学习手工艺。因此工作阶层的人能够买得起的东西数量是非常有限的。
- 赞比亚是一个拥有 72 种讲不同语言的种族社会。没有一种地方语言得到

广泛的运用。英语也没有得到广泛使用。

这是一个考生在考试中的答案：

- 我不觉得橡子在我们家乡有什么用处，因为我们家里没有数。

国际管理系统

不同的管理系统与文化背景有着密切的联系，在国际管理中非常重要，理解它对于在国外工作的经理是非常关键的。一般地说，管理系统有日式的、美式的和欧式的。

◆日式管理

第二次世界大战后，美国人 W. 爱德华·戴明的管理理论在美国没有得到大家的注意，因此他来到了日本。在日本他的思想产生了强烈的反响，他的 14 条原理成了现代日本管理思想的基础。

表 3.3　　戴明的观点

1. 创造一致目的。用以改进产品和服务的品质，使企业具备强大的竞争力，能永续发展下去并提供就业机会
2. 采用新理念。我们处在日本所创造的新经济时代，对西方的管理方式进行转变是阻止产业继续衰退所必需的
3. 停止依靠大量检验来达到质量要求。消灭检验的需要，在大量生产的时候把质量问题在生产过程中间解决
4. 废除以价格作为采购标准。要和选择的供应商共同努力，把购买和产品设计结合起来，把生产和销售结合起来。目标是要使总成本最小化，而不仅仅是初始成本最小
5. 经常永续的改善系统，以不断地提高质量和生产率，以此持续地降低成本
6. 建立包括管理层在内的培训教育制度
7. 以领导代替监督。监督的目的应该是帮助工人更好地完成工作，使机器的效率更好地发挥
8. 排除恐惧，以便每个人都能有效地为公司工作
9. 打破部门障碍。研发、设计、生产和销售部门的人员必须组成团队一起工作，预见生产以及生产或服务中可能遇到的问题
10. 避免对员工使用零缺陷和更高生产率的口号或说教。这些说教只能适得其反，因为造成低效的大部分原因不是员工所能控制的
11. 取消数字配额，代之以协助和有帮助的说服

续表

12a. 清除那些剥夺小时工作自豪感的障碍。监管者应该从关注纯粹的数量到关注质量
12b. 清除那些剥夺管理层和工程人员工作自豪感的障碍。这意味着取消年度排名以及针对目标进行管理
13. 实施有活力的培训与自我改进计划。技术、材料和服务方面的变化需要新技能
14. 让公司的每个人都采取行动，完成转型

雇佣保障长期以来都是日本组织的一个关键原则，但20世纪90年代末日本和远东地区的金融危机严重地动摇了这个原则。解雇员工会产生很大的文化震撼——甚至尼桑（Nissan）必须从雷诺（Renault）（一家法国汽车制造商）获得财务和管理援助的时候都如此。

通常，员工被分成一些团体，这些团体集体决定了工作的许多内容。在对公司忠诚的同时，团体忠诚受到了鼓励。

和职员磋商是一件经常和广泛的事情。决策过程经常需要很长时间，但执行起来非常迅速。决策一旦做出就会派遣人执行。

在诸如招聘新员工这样的公司问题上，进行着严格的集权控制，总体目标是提高质量。诸如全面质量管理（TQM）和即时生产（JIT）等管理理论都发源于日本企业。

◆美式管理

美国文化提倡个人主义，每个人都感到自己有着成功的途径，成功在很大程度上是以物质财富的多寡来评价的。因此，毫不奇怪，美国管理实践基于一些科学管理原则，这些原则源于本单元开头所说的经典的管理理论。

个人主义很重要，它建立在管理人员都是追求个人利益的假设之上。公司和员工双方对工作的忠诚度都很低，工作经常迅速突然起变化。工作保障不是很重要。

人际关系活动倾向于高度关注组织目标的实现。管理也在同样的背景下进行。

系统理论和权变管理理论促使有计划的组织变革，变革过程比较快，但变革的动力和决心可能不如日本公司。

通过资本市场和股价衡量的短期财务业绩驱动高层管理进行短期决策。在日本公司中非常普遍的长期战略在美国公司中得不到采用。因此战略倾向于以市场为中心，在必要的时候进行结构和人员变动以达到短期或中期的市场成功。

◆欧式管理

欧洲各国在文化等方面存在巨大差别，因此很难给出一个整个欧洲范围的管

理方式。但是，其中还是有一些共同的线索的。

欧洲人倾向于用科学的、理性的思想指导决策。文化不同，逻辑有所不同，但是，共同的是都需要有逻辑的思考以及用一些结构化的非感性的论据来支持提出的观点。

实用主义指导着管理思想，而对管理的理论方法却很少有兴趣。许多管理知识是通过传统的方法学到的——边做边学——而不是通过正规的教育和培训学习。

员工和公司之间需要进行相互承诺，员工倾向于做出感情上的承诺，而不仅仅是为了生活而工作。同时，长期以来工会集体谈判是雇主和雇员谈判的一个特点。

由于文化的变化增强了人们的环境保护意识，一个“好邻居”或者绿色形象已经开始被认为是必须的。同时企业经营需要考虑多种利益相关者，在更大范围内取得一致意见做出决策，实现企业目标。

员工个人发展受到了高度重视，尽管过去 30 年里在员工在职培训方面说了很多空话。工作保障已经不是非常重要的因素，高层管理的思想基本上为实现企业效益目标所驱动着。

知识扩展

以下是从高级考官给辅导者的提示中抽出的两条，来说明这一单元的重点：

- 受整个世界发展的影响，管理方式和实践不断发展变化着。全球化不断发展，我们必须知道管理变化带来的影响，同时要能做出最恰当的反应。但实际情况却是，经常管理方式变了，我们却根本就没考虑它带来的影响，更没考虑之后的管理风格是不是适合公司和行业的要求。
- 学生们应该知道组织文化绝不像理论中讲的那样简单，尤其在大型组织中，大多数的文化是可操作的。每个公司的管理者角色和责任都有其自己的特色，在实际中更多还是强调“做”而不是对计划和合作活动掉以轻心的“管”。

跨文化管理

假如太不关心文化之间的差异，就会感到差异带来的困难。每个人都可能碰到这种事情，所以假如你有机会感受文化冲突，你就会发现在不同的相互分离的

文化中建立联系是非常困难的。当然，这种分离可能是一些类似于年龄、性别、信仰、肤色的明显的东西，但它更常是一些小的差别汇聚成的巨大差异，比如，说话的方式、食物的选择、支持的球队等。这一切都会产生巨大的差异，并且很难逾越。

惟一的答案来自下面两部分：

1. **自我分析** 明确你感到的文化上的困难，并开始解决它们的程序。它不可能和你的周围毫不相干，而一定是根深蒂固于其中的。把它们分辨出来，并予以解决却是可能的。记住：你绝不能把文化问题和个性相混淆。例如：一个粗鲁的黑种人/白种人/黄种人/红种人是鲁莽的，但绝不能说每一个黑种人/白种人/红种人/黄种人都是粗鲁的。
2. **从别人的角度解决问题的方法** 他们对问题的态度是什么？他们的根本信念、文化环境是什么？

这样就可能找出这本书中讲述的标准解决技术。基本的人类行为是没有什么不同的。全部的行为都是有目的的，而那些动机是因人而异的。

知识扩展

所有人都有拒绝变化的倾向。变化的压力经常遭受同样力量的反抗。假如变化继续坚持，那么很可能反抗力会变得越来越弱，并且接着会突然被接受。

这个突然的变化点被称为“灾难点”，并受灾难理论的支持。

在灾难点附近是不会出现反复徘徊的，一定不是这样就是那样。因此，一旦变化开始就很难逆转，一个想影响文化变化的管理者，他没有得到显著的成果，这样他就会离关键点还有几个星期就放弃，或者他需要更多的几年时间。这就是一个很直接的选择——是阻止还是支持？

活动 3.7

你是一家中等规模公司的市场经理，正考虑在出口国设立一系列的销售处。在一篇写给管理董事的报告中，应该：

- 列出必须考虑的主要的问题，假如想雇用合适的人员。
- 确定每一个代表处需要的人员必须具有的管理特点。

总结

在这个单元中，我们学到了：

- 管理不同于控制——管理者/领导的概念在今天具有更丰富的含义
- 一系列管理哲学支持着今天管理学的思想
- 了解人类行为对管理来说非常重要，尤其是对营销管理来讲
- 决策的过程对所有决策都是一致的
- 态度和信仰在文化行为中是深层次的关键点
- 动机是行为的内在原因，激励是外在的原因
- 文化是“思想被表达出来的方式”
- 陈规虽普遍，但却是粗泛的，通常是没有什么用的
- 我们都属于某些文化和亚文化
- 文化网络方便了组织文化的分析
- 国际市场通常就是国际文化的市场
- 英语，尤其是离岸英语快速变成交流的通用语言
- 日本人、美国人、欧洲人的管理模式、概念有着巨大的不同
- 管理方式应把文化差别考虑进去
- 跨文化管理依靠自我分析和理解其他人观点的能力
- 变化经常发生在“灾难点”，这一点不能预测，只能顺应

应试技巧

问题经常有几个分支能或不能立刻显现。甚至那些已经有几个部分的问题，不同的部分中还会有多个分支。

请记住以下几点：

- 详细地分析每一个问题，以明确考官在你答案中看到的所有东西
- 使你的答案包括考官指出的所有问题
- 使用副标题标识出每一个问题，以使考官很容易就会找到它们
- 因为考生没有分析问题并且/或者考官根本都不能找到答案而失分的情况十分惊人

记住：考官看试卷非常快。他们不能仔仔细细看每一道答案。考生必须使表达流畅易读。

考试练习

回答 2001 年考试题的第 3 题。

第四单元　提高管理绩效

学习目标

在这个单元，你将学习：

- 考察开发管理资源的需要
- 认识影响管理绩效的因素
- 确定管理开发的方法
- 进行个人技能检查
- 考虑确定管理开发优先次序的方法

学完本单元，你将能够：

- 评价管理绩效和对问题进行诊断
- 理解有计划地对管理开发进行投资的需要
- 理解各种管理开发方法的成本和优点
- 清楚自己的优点和弱点
- 根据具体的改进目标制定自己个人发展计划
- 能够根据工作说明书和技能检查信息对管理开发的目标提出建议

学习指南

有效营销管理不是一个基于知识的学习项目。CIM 很强调对管理技能的开发——而且要求考生证明他们拥有管理方面的实践能力和理论能力。

前四个单元就是要全面地开发你人力资源管理的能力，从识别员工需要到业绩的评价和雇佣关系的终止（自愿的或强制的）。

花两个小时学习本单元，并花 3 个小时完成各个活动。你需要下面的资料帮助你进行这些相互联系的单元的学习：

- 《管理》单元的管理笔记
- 一份你的工作描述，或者两份从招聘广告中得到的或来自互联网的工作说明书

● 你得到的所有个人推荐、业绩评价等反馈信息

为什么要对管理资源进行投资

在《管理》那个单元中，我们说明了管理人员角色的变化以及他在组织中以及对于组织的生存与成功的重要作用。实际上，如果管理人员是组织内部的驱动力量，不仅肩负着确定组织方向的重任，还为组织的工作效率和效果负责，那么，很清楚管理人员的质量和能力将对团队和组织的绩效产生直接的影响。

管理投资是一个很平常的概念。你进行 CIM 的学习，你学习本书花的时间都是你对自己的管理技能进行投资的例子。许多企业就管理雇用培训员或培训经理。许多企业提供管理培训项目，而且持续的管理开发的重要性逐渐为人们所接受。这在英国得到了查尔斯·汉迪（Charles Handy）和管理宪章运动的有力推动。

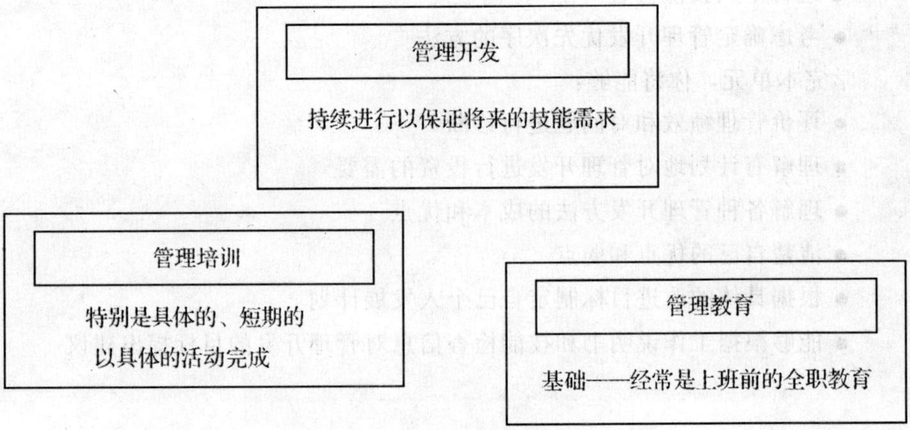

管理开发
持续进行以保证将来的技能需求
管理培训
特别是具体的、短期的
以具体的活动完成
管理教育
基础——经常是上班前的全职教育

图 4.1　管理投资的支柱

很清楚，管理技能的重要性应该得到承认。一个对 500 人负责的飞行员需要良好的身体条件，在飞行前不喝酒和使用药物，并在过去 6 个月中模拟训练中表现合格。然而，许多飞行员管理人员却没有接受什么正规训练，没有进行健康检查，没有戒酒的要求，以及持续的能力检测。

知识扩展

克罗伊登大学的一个在职研究生管理课程的总监说，在最后一学期，有25%的学生会积极寻找新的工作，为什么？因为他们的雇主花钱送他们来培训，但却没有制定相应的计划，让他们回去发挥和运用他们所学的技能。

有形资源通常受到很好的监控，它们的维修和更新都列入预算。把人力资源列入预算肯定有很好的理由。不论如何，它是最重要的资源——一种有力量建立或摧毁组织的资源。就像我们在《管理》那个单元中所见的，组织现在已经开始认识到这一点。但是，英国许多组织认为行动的速度必须大大加快。

对管理进行投资有许多理由：

- 随着管理人员的晋升，其角色和责任发生变化。在管理岗位发生变化之前进行培训，然后在岗位上继续培训和开发是一种合理的做法。另一种做法是假设管理人员能够胜任新的岗位，并会在新的岗位上学习
- 现在，环境进行着持续的快速变化，即使是事先进行了培训，也需要根据情况进行新的培训。在整体培训开发方案中安排经常性的培训比强迫经理人员自我学习更加划算、有效
- 即使是在一个不变的环境里（今天几乎没有这样的环境了），技能的提高将增强信心和提高业绩，这是提高组织生存能力和盈利能力的两个基本要求
- 个人的上进可以激发团队的士气，从而提高业绩

◆激励

在《沟通》那个单元中，我们看到了霍索恩实验说明，对工人的稍加关注就能够带来业绩的提高。这项研究还在继续，特别是弗雷德里克·赫兹伯格的研究，他在20世纪50年代中期，识别出了人的两种不同的需求：

- 生理需要——保健因素
- 人性需要——激励因素

他发现，工作可以让一个健康的人生病，这导致了他的激励理论和突破性的著作《工作激励》(Motivation to Work)。赫兹伯格的激励因素和保健因素如图4.2所示。

我们将会看到，许多经理人员觉得是激励因素的东西实际上仅仅是工作的动机而已，不论是正面的（金钱）还是负面的（威胁）。人们实际上是被影响他们内心的因素所激励，在内心里，成就和获得尊重的需求是最重要的。人们有时候

会惊奇地发现，工作本身就是一种激励——难道对自己喜欢的工作你不会好好做吗？

因此可以发现，经过训练的经理人员，很留意团队成员的需求，关注于那些最能够取得效果并对员工和公司都有好处的问题。

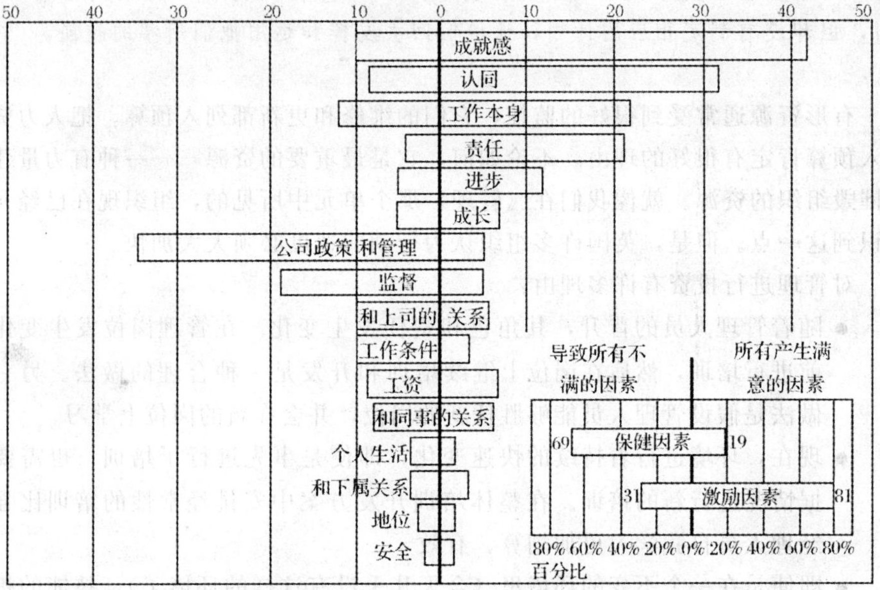

图 4.2　赫兹伯格的激励与保健因素

活动 4.1

对管理人员进行投资的支持与反对

像所有问题一样，对管理人员进行投资也存在正反两面的问题。用 20 分钟，写出你对公司进行管理开发投资这个问题的支持意见和反对意见。

◆人力资源规划

我们已经知道人力资源管理对于一个组织的成功是多么重要。当我们进行“人事”管理的时候，关注的焦点在于招聘、甄选、培训等问题。董事会中很少有人事管理人员，而且公司倾向于在困难的时候首先削减人事管理部门的经费。人力资源非常重要不容忽视的观点得不到认同。董事们倾向于主要关注对机器设备等资产的处置。

值得高兴的是，近年来，人们逐渐认识到，高层管理人员中需要包括一些人力资源管理人员。一些思想前卫的组织任命了人力资源总监——必须承认，这部分是对招聘合适的、合格的、上进的员工所面临的困难做出的反应。虽然员工短缺对提高人力资源管理的地位起到了一定作用，但至少人力资源管理在大公司中获得了应有的地位，成为了一个重要部门。同样，在战略决策和战略规划中，人力资源也像其他职能一样得到了考虑。

创造合适的环境

管理层的职责之一就是创造一个良好的环境，使管理开发的好处超过成本。高层的承诺对于建立和维持一个有利的学习环境是非常关键的。一旦高层做出承诺，就可以采取许多行动。

- 通过经常性的评价对管理人员技能的改善进行评估。
- 通过为管理人员提供使用新技能的机会和晋升机会，让大家认识到管理技能的改进。
- 通过鼓励新思想防止管理人员近亲繁殖，例如，在各个分部、供应商和分销商之间进行借调和跨文化工作。
- 鼓励管理人员发现和开发他们团队的潜力，并为团队成员创造良好的学习环境。
- 提供框架和条件让管理者认识到自己的潜力和局限，并促使他们为自己的发展承担责任。
- 为适当的管理培训和开发活动提供资源——包括时间和资金。
- 鼓励受过培训的管理人员（可能是学了 MBA 课程后回来的）运用他们所学到的新能力，而不是希望他们在相同的职位上运用相同的技能。

管理开发的程序

创造良好的环境只是管理开发的一部分。任何有效的投资都必须经过计划、协调和评价等程序。这些程序保证了管理开发活动符合个人和组织的需要，从而使投资产生最大的效果（见图 4.3）。

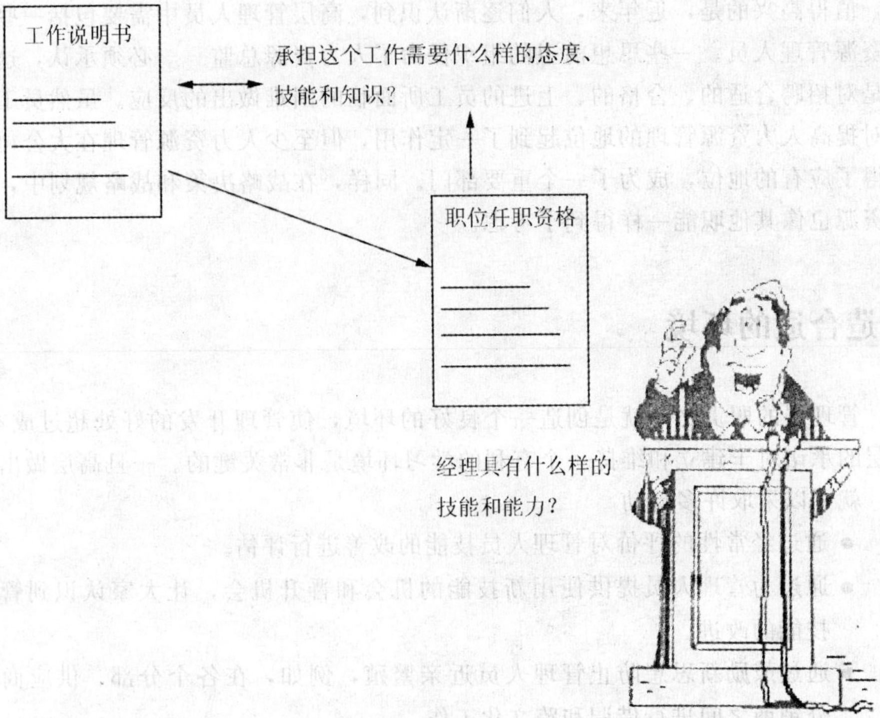
工作说明书
承担这个工作需要什么样的态度、
技能和知识？
职位任职资格
经理具有什么样的
技能和能力？

图 4.3 需要什么样的态度、技能和知识？

具体程序如下：

1. **评估** 管理开发的起点是对人员的态度、完成特定任务所需的技能和知识进行详细的评估。这些信息可以根据工作说明书得到，还可以根据职位任职条件做补充（注意：我们将在《团队建设工具》单元中详细考察这些文件。现在就把职位看成是由许多任务组成的，而职位任职条件列出了完成各项工作所需的能力）。
2. **审查** 必须检查每个经理所拥有的技能——一般通过持续的评价系统来完成这个过程。
3. **差距分析** 找出已经拥有的技能和所需的技能之间的差距，并对各项技能排序。
4. **执行** 制定和执行培训方案。要尽力发挥协同效应，对工作中经常需要的培训进行系统的组织，以便在对个人和组织最有利的时候进行培训。
5. **评价** 培训管理人员必须对所有培训内容进行评价。日常的评价会谈要对培训的整个进度进行评价。

组织的总体培训方案必须由高层做出评价，确保培训有利于组织整体目标的实现。

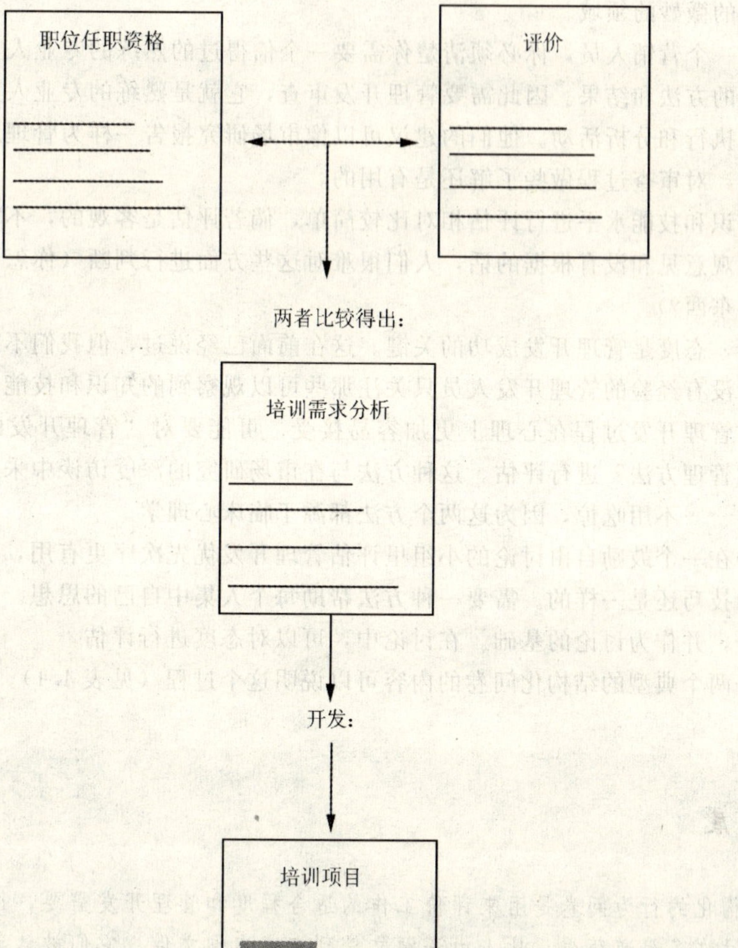

图 4.4 管理开发程序

审查

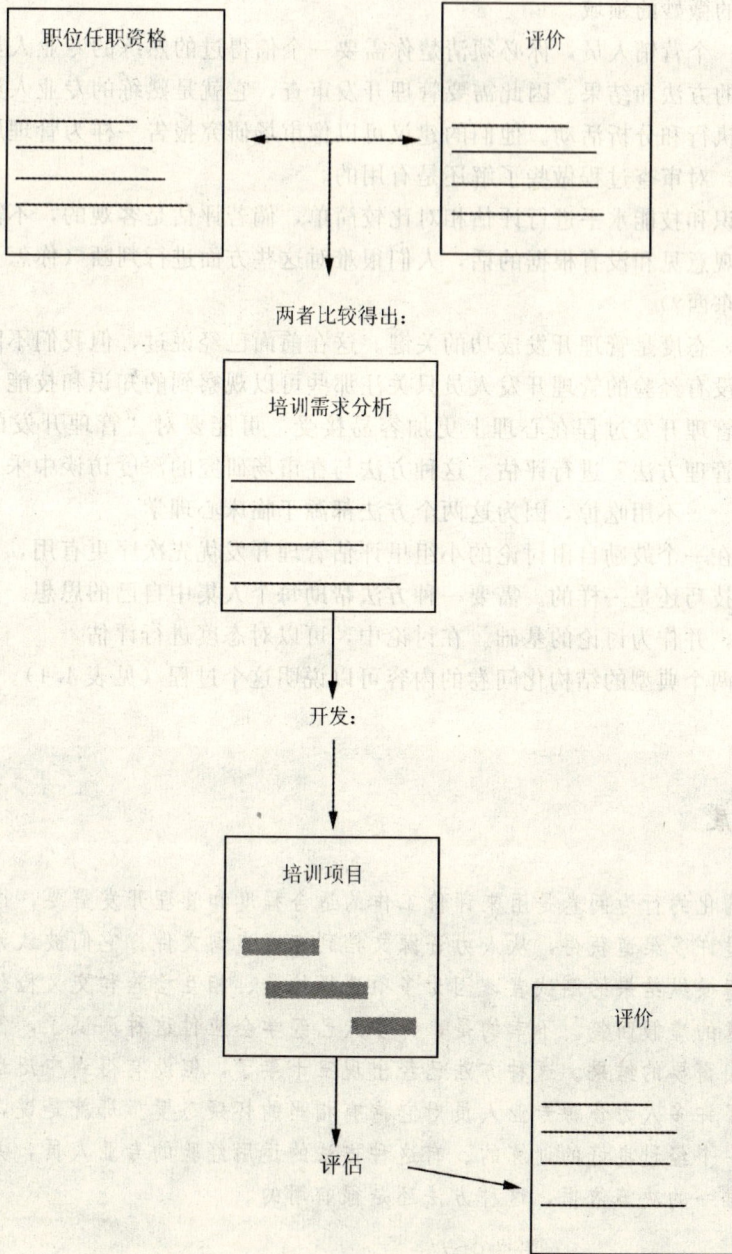

几乎有多少人力资源管理经理进行审查就有多少种开展管理开发审查的方法！当然这是一种夸张的说法，但是就像所有营销人员知道的，对态度的测量是

一个复杂的微妙的领域。

作为一个营销人员，你必须清楚你需要一个信得过的熟练的专业人员来管理市场研究的方法和结果。因此需要管理开发审查，它就是熟练的专业人员所进行的选择、执行和分析活动。他们的建议可以像市场研究报告一样为管理层所用。

然而，对审查过程做些了解还是有用的。

对知识和技能水平进行评估相对比较简单，倘若评估是客观的，不需要依赖人们的主观意见和没有根据的话，人们很难对这些方面进行判断（你怎么知道你不知道的东西?）。

然而，态度是管理开发成功的关键。这在前面已经说过，但我们不断重复是因为许多没有经验的管理开发人员只关注那些可以观察到的知识和技能。态度评估可以使管理开发过程在心理上更加容易接受。可能要对“管理开发的优先次序”或“管理方法”进行评估。这种方法与在市场研究的深度访谈中采用的方法完全一样——不用吃惊，因为这两个方法都源于临床心理学。

通常在一个鼓励自由讨论的小组里评估管理开发优先次序更有用，然而，通常使用的技巧还是一样的。需要一种方法帮助每个人集中自己的思想。要对结果进行打分，并作为讨论的基础。在讨论中，可以对态度进行评估。

摘自两个典型的结构化问卷的内容可以说明这个过程（见表 4.1）。

知识扩展

结构化的行为问卷是用来评价工作的适合程度和管理开发需要，这些问卷可以通过许多渠道获得，从人力资源文档到专家咨询文件。它们被认为可以检验那些想操纵结果的测试者，因为多项选择检验、相互检验和交叉检验可以辨别出故意的虚假回答。不幸的是，许多人已经学会应付这种测试了，他们可以得到他们需要的结果。这种方法已经出现三十年了，但没有得到广泛运用的现实说明了许多人力资源专业人员对它抱有相当的怀疑态度。那就是说，如果使用者是一个经过良好的训练的、有这种方法的运用经验的专业人员，并且结果不作为惟一的决策依据，这种方法还是很有用的。

表 4.1　典型的结构化问卷中的问题

管理开发优先次序
一共有 20 道题，以下是前 3 题： 评价自己对下面的说法的同意或不同意的程度，圈出适当的数字。（0——非常不同意；6——非常同意。）

续表

1. 目前的不景气是由于管理效果低下造成的。

0 1 2 3 4 5 6

2. 管理培训对公司的业绩有很大作用。

0 1 2 3 4 5 6

3. 组织的问题为管理开发工作提供了具有挑战性的机会。

0 1 2 3 4 5 6

填完问卷后，把结果归类并写在黑板上，然后进行讨论。这样可以得出个人和小组对管理开发的重要性的看法，然后制定小组的行动方案，最后，让每个人意识到自己的需要。

管理方式

这些是设计是用来帮助管理人员回顾和评价他们喜欢的管理方式，并和他们实际运用的管理方式做比较。显然，结果是产生培训需求。这个过程很复杂。

指示

许多人都以一些不同的方式与其他人发生联系。他们的方式、方法可能不同，但是不论是老板还是下属，他们通常的行为方式和待人方式对他们的人际关系有着很大的影响。这份问卷中有18个独立的问题描述，其后有4个可能的结果。这些结果与工作方法有关。针对你的情况，对这些结果进行排序，并在后面的括号里填入适当的数字4、3、2、1。对你最可能的结果或最好地描述了你的情况的选项填入4。最不可能的或不符合你的情况的填1。在其他选项中填入2或3。

例如：

在工作的大部分时间，我通常觉得：

(a) 脾气很好并且友好 (4)

(b) 努力工作、有活力 (1)

(c) 务实、细心 (2)

(d) 热诚、乐观 (3)

甚至在两个选项对你都一样的情况下，也要排出顺序。

答案没有对错之分。惟一正确的答案就是你的答案。

1. 在下列情况下，我对自己最满意：

(a) 与其他人合作、获得他们的帮助 ( )

(b) 接受领导团队的挑战与责任 ( )

(c) 坚持做自己熟悉的事情以避免风险 ( )

(d) 调整自己的观点以适应团队的意见 ( )

2. 在处理问题时，我觉得其他人：

(a) 能够号召团队中的部分成员 ( )

(b) 大家积极回应、有兴趣和信心与我一起工作 ( )

(c) 得到了公正和公平的对待，赞同我的客观和一致 ( )

(d) 为我愿意理解他们的观点而高兴和鼓舞 ( )

对答案的分析得到管理方式评价。过程虽然复杂，但结果说明了互助、指导、团结和适应等管理方式的重要性的认识。

分数表明了管理人员倾向于任何行动，他们实际上怎么做，其他人怎么看待他们的做法。

其他分析方法的结果更加开放，使用起来更加容易。你需要和同事进行交谈，但不想让对方感觉到威胁，因为威胁本来就不存在，你需要获得一些态度方面的反馈。要做到这些不容易！在这个过程中，问卷是非常有用的，它提供了你要考虑的问题并可以在与同事的谈话中使用。假如不想通过其他方式进行有用的讨论，问卷就不需要问得非常深入。但问题必须是开放式的，你必须准备一些补充性问题使谈话继续下去。谈话中的你说的话不应该超过 20%，你只要对你听到的做出反应就行了。

潜在问题

- **自我保护** 在与人打交道时，常常碰到的问题是，他们在回答问题时，考虑你希望得到的结果，然后据此回答。如营销人员知道的，这是市场研究时存在的问题——有关你自己的问题比有关你对洗衣粉的选择问题要危险得多！毫不奇怪，真实的答案是难以得到的
- **幕后动机** 在一定程度上与自我保护相联系的是幕后动机。她认为他的真实意思是什么以及他猜想她认为他的真实意思是什么？人们是在回答所问的问题，还是他们认为别人正在问的问题——或者他们认为应该回答的问题

- **共同理解** 人们之间经常使用表达价值观的词。描述性的词（如“好的”、“暖和”、“友好的”、“恶心的”、“烦人的”、“吵的”）描述调查的对象，但他们无法量化。在任何情况下，我所说的“好的”和你所说的“好的”意思是不同的

对行动进行计划

战略一旦确定，就必须转化成战术来实现。因此，像需要营销计划一样，需要有一个人力资源计划。

同样地，还必须采用同样的程序，运用同样的确定目标的工具，紧接着进行行动、反馈、评价和修改。营销计划和人力资源计划的对象在本质上存在区别，但是计划的过程是完全一样的。

目标要避免使用描述性的词，并符合 SMART 原则，以便进行量化。和其他经理一样，人力资源经理如果没有量化目标，也会对工作产生阻碍。没有量化就得不到正确的执行和控制。

☞活动 4.2

评估态度、技能和知识

如果想要评价创造性，你可能会设计一些结构化的开放式问题，以便在需要的时候使用。开始必须设定评价标准。运用一个量表（1 代表不好，10 代表出色）来评价每个问题，然后对测量所得等级进行解释。

1. 你认为什么是创造性？
2. 你认为自己是一个创造性地思考者吗？
3. 你知道哪些创造性地解决问题的技巧？
4. 你认为哪个创造性地解决问题的技巧最有用？
5. 请讲述一个你创造性地解决问题的例子。
6. 一般来说，你认为自己是一个发散思考者吗？
7. 你钦佩什么样的创造性的例子？
8. 你喜欢哪个创造性的人物？
9. 为什么？

☞活动 4.3

你的管理技能怎么样？

在《管理》那个单元中，你列出了作为一个营销经理所需要的技巧和能力。以此为基础，分析你自己的管理知识、技巧和态度。首先考察你列出的每一个技能，然后制作一份能够鼓励同事讨论和分析他在这方面能力的开放式问题清单。

运用你列出的问题以及优势和劣势栏评价自己的能力。让同事们尽量诚实地回答问题，不要太吹毛求疵了。如果可能的话，让一个你熟悉和信任的人检查你的评价。

运用一个 10 分的量表（5 代表刚刚低于平均，6 代表刚刚高于平均）。没有了中间点，你被迫在每一个标准上做出积极的评价。

优势	等级	劣势	等级

培训需求

管理层使用这个技术可以揭示三个层次的培训需求：

1. **组织层次** 组织层次的需求是那些被识别出的组织内部一般的弱点，这些领域可能被看成培训的优先考虑的方面。在这些方面的行动可能弥补组织的弱点或创造出竞争优势。例如，可以采取主管人员的语言培训、顾客服务培训或IT技术培训等形式。
2. **职能层次** 在这种情况下，知识和技能差距具体到特定的工作或职能。需求可能是对产品经理进行培训使其掌握欧共体在广告方面的管制或者是提高销售人员的销售技术。
3. **个人层次** 针对某个人的知识、技能和态度方面的差距的培训需求。

进行完全的培训需求分析是一件费时的、专业的活动，总是会涉及人力资源管理团队，可能还需要外部咨询顾问的支持。

◆课外阅读材料

T. H. Boydell，《识别培训需求指南》（A Guide to the Identification of Training Needs），英国工商教育协会（British Association of Commercial and Industrial Education）

☞活动 4.4

花15分钟，考虑一个正在寻求开发某种特定能力的经理可能运用的不同方法和机会。你将会很吃惊地发现可以选择的方法数量很多。当然，每一个都有自己的特点、成本和好处。成功的开发有赖于你寻找适合的开发机制，以适合你在时间、预算、努力和能力方面的需要。当你开始制定自己的开发计划的时候，你可能发现至少能把你最初列出的方法和机会数量增加一倍。

把你的结果和附录2中的培训资料进行比较。

学习风格

仔细的研究表明，存在许多学习风格。每个人都喜欢以一种适合自己的个性和心理状态的方式学习。人们创造了几种学习风格的模型，学习风格可以归入四

种一般的类型。

- **积极主动者** 喜欢眼前的任何东西，积极主动的学习者完全投入，对新的经历不抱任何偏见。他们思想开放，不吹毛求疵，这使他们倾向于对新鲜事物充满激情。他们的哲学是“我要尝试一下任何事情”。他们一天到晚排满了各种活动，他们喜欢进行短期的危机管理。他们喜欢接受挑战，但对于计划的执行和长远考虑感到枯燥。
- **沉思者** 沉思者喜欢待在一边对经验进行细致的思考，喜欢从许多不同的角度来观察问题。他们通过各种不同的渠道获取信息并希望在得出结论之前消化所有资料。他们是“跳之前先看看的人”和“摸清楚所有情况的人”。他们在行动时，既考虑了过去的情况也考虑了目前的情况，既考虑别人的观察也考虑自己的观察。
- **理论主义者** 理论主义者希望进行适应和整合，想把观察到的情况整合到一个复杂的，但逻辑合理的理论中去。他们垂直的、一步一步的有逻辑地思考问题。他们倾向于基本的假设、原理、理论、模型和系统思考。典型的问题是“这有道理吗?”和“这怎么才能适合那种情况”？他们倾向于寻求确定性，对发散思维感到不舒服。
- **实用主义者** 喜欢尝试新想法，实用主义者积极寻找新的方法并利用各种机会对此进行实验。他们从课堂上学习新的东西，充满了新的想法，希望能在实践中马上运用它们。他们不喜欢推迟和拐弯抹角。他们把问题和机会看成挑战。他们的哲学是“会有更好的办法”和“只要有用就是好的”。

人们花了许多精力去创造出适当的工具，帮助人们识别出自己的学习风格——个人的学习风格通常是四种基本类型的综合，但对于一种或两种风格有着强烈的倾向性。这些工具比那些识别态度的工具更加可靠，因为它们处理的是人的心智的一个方面——这方面的结果不会被视为威胁，因此可以得到更加真实的反映。

一旦学习风格识别出来，就可以认为某些形式的学习比其他形式的学习更加适合某人。基于能力的学习更加适合积极主动者，而传统的在教室中基于知识的学习更加适合理论主义者。在某种程度上，需要按照学习风格制定教育方法，但个人需要拓宽自己的学习风格以进行自我发展。

学习循环

以经验为基础的学习以循环的方式运行。我们不断进行计划、行动、回顾和总结（见图 4.5）。学习过程的四个阶段大体上与循环的阶段一致。

- 积极主动者——行动

- 沉思者——回顾
- 理论主义者——总结
- 实用主义者——计划

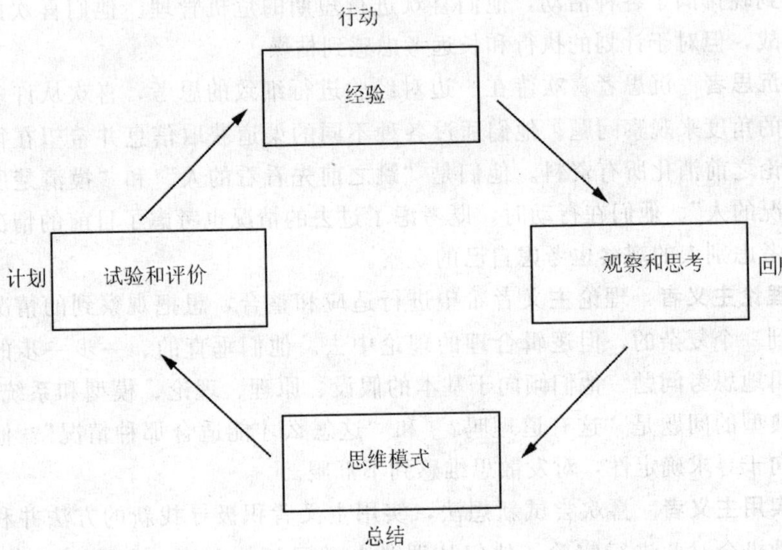

图 4.5 学习循环

这对直线经理意味着什么？

- 培养一种均衡的学习风格可以帮助个人更有效地学习
- 按照受训人员的学习风格提供合适的材料有助于他们的学习
- 把具有相似学习风格的受训者分在一个组内进行培训便于培训材料的准备
- 具有不同学习风格的人组成一个小组可以增加可能的活动，帮助个人进行长期的自我发展
- 作为一个管理者，在对别人进行培训时，要意识到自己喜欢使用的培训风格——你要满足受训人员的需要，因此要使用他们喜欢的学习风格。我们将在“团队维护和开发工具”单元中继续讨论这个问题

活动 4.5

学习机会

在计划安排你自己以及团队成员的学习时，考虑到个人的动机是很重要的。花 15 分钟，针对每一种学习风格，列出促进学习和阻碍学习的因素。

促进因素的类型以及有效的学习活动的特征	阻碍学习的因素，例如，什么行为是不受欢迎的，什么行为会阻碍学习
积极主动者（随时准备行动）	
沉思者（全力以赴和思考）	
理论主义者（理性和分析）	
实用主义者（告诉我和让我试试）	

活动 4.6

想像，你最倾向于哪种学习风格，最不喜欢哪种学习风格。然后在6个月的时间里，逐步安排自己的发展，以便你能够：

1. 通过集中使用你喜欢的风格，使你的短期学习效果最大化。

2. 通过选择特定的学习机会扩展自己的学习风格，开始进行长期的自我发展。

为了使效果最大化，记下你对自己目前的学习风格的评价，然后在两个月、4个月和6个月后回顾这个评价。

培训的途径

培训总是正式组织的，即使培训本身是非正式的。“正式”和“非正式”说明为了符合受训人员的学习风格的需要而采取的模式。因此，用“正式”和“非正式”来描述“有组织的”和“随意的”是错误的。随意的培训永远也不值得考虑，它意味着缺少计划目标和承诺，而这是不能容忍的。

培训可以通过许多方式和途径进行。

◆开放式课程

这些课程的参加者可能来自许多不同的组织，可能具有不同的专业背景。它们为个人提供了一种低成本的培训机会。通过选择培训的提供者可以使项目的时间、水平和长度符合自己的需要。可以接触来自不同背景、不同组织、不同行业和部门的人员的思想是这种培训的优点。

由于学员很自然地站在自己的立场上进行思想交流，有时候受到同学的嘲笑，因此开放式课程经常被指责播下了不满的种子。人们可能接触到在自己的组织中得不到承认的思想。学员运用课堂所学知识的愿望，有可能会导致沮丧，还

可能会招致同事和直线经理的不满。

注意：过于侧重立场不同的信息交流是课程管理不善的一个信号。如果士气很高——这是管理工作的职责——那么大家会重新关注课程的好处。其他人也会不断加入，那么大家的交流就成为有益的，而不是破坏性的。

◆封闭式课程

这些课程是向本组织的员工开放。这种课程有一些优点，课程的内容和水平可以根据组织的具体需要进行调整——尽管不一定符合每个人的具体需要。培训可以关注于一定的主题，如团队建设、公司内部的工作网络、公司的营销政策、文化变革或是对团队进行激励。

几个人同时离开岗位进行培训，尽管在成本上比较合算，但这对小公司来说会有一定的问题。同时，对公司的不满情绪可能有加剧和散播开的可能。

◆管理教育

诸如CIM这样的专业技术考试培训课程和在诸如人力资源管理这样的专业领域扩展知识的课程在大部分地区都有。它们的成本通常很低。通常，企业会资助员工进行这些学习——为员工支付学费、提供学习时间和在学习完成时发点奖金。在管理培训员开发的最初阶段通常包括这类课程。对于级别更高的管理人员，可能会支持他们去读个MBA或参加商学院的培训项目。

这种机会可以让人暂时离开工作岗位，获得一个喘气的机会，在这里可以考虑一些新的想法。这种时间对于战略管理人员具有无法衡量的巨大价值，他们需要关注外部的情况，主动寻找新方法、新思想。这些课程通常有不同背景的参加者，同时鼓励人们相互交流各自的观点和经历。

◆其他教育课程

通过夜校扩展其他方面的知识和技能，如语言或信息技术，或诸如制图和编剧等创造性的领域，能够提高实际的工作技能。这些是进行个人发展的有效方法。

◆会议

虽然会议通常不能帮助培养技能，但是，会议是一个很好的知识交流平台，同时对员工在技术和专业知识上得到及时更新也很重要。会议还是扩展与公司外部联系的很好机会。公司内部会议可以用来介绍新产品或销售计划，同时还可以

培育团队精神和提高士气。

◆内部借调

经理们越来越认识到公司内部的学习机会的价值。借调到其他职能领域或部门可以促进沟通，获得跨文化工作的经历或培养项目团队技能。高级管理人员的接任计划通常包括一些在公司内部各部门之间的短期借调。

增进理解和公司内部沟通在成本上是合算的，同时也是有价值的，但它们需要专门开发以满足个人和组织的需要。

◆全球思维

许多年以来，跨国公司已经在管理开发上运用了全球思维。高级经理在管理一个大市场之前，通常被调到一个小国家担任职务以获得经验。荷兰的生产经理在就任法国的生产经理前，被调往智利担任生产总监。英国的营销经理在回到英国经营公司以前在澳大利亚担任了两年管理总监。管理培训人员在被派往一个国家分公司前，先在全球总部进行一段时间的工作。

◆外部借调

通过外部借调，经理们可以极大地拓宽自己在公司外部的经历。如果借调是公司资助的，那么通常是在慈善或志愿机构做短期任职，因为要借调到其他商业机构是很困难的。而非营利机构没有这种问题，但通常它们是需要从外部借调人进来，而不是借调出去。

在自己的空闲时间参加非营利组织可以获得正式外部借调相似的好处。可以在当地的戏剧业余爱好者或辩论团体中担任管理职务。在夜校任教可以提高自己的演讲技能和专业知识。筹款团体经常需要专业的营销帮助。

◆专业团体和协会会议

这是一些使自己的专业知识及时更新和拓宽联系网络的非常好的途径。例如，CIM 分支机构会议为你提供了许多案例研究和与专业人员交流的机会。在这儿与人们建立联系（或者大学同学之间的联系）可能获得工作搭档和指导的机会。

◆工作搭档

与一个经验丰富的经理一起工作——一直像影子一样紧密联系着——是一个学习他人工作经验的理想方法，也是一个拓宽自己的经验和准备晋升的良好途径。工作导师还可以使在校学生获得对工作的基本理解。这种机会对于经理们更大的意义在于，他们可以发现如何激励其他部门的经理，其他部门的经理的想法，他们争取各种行动的原因。

◆从自己的工作中学习

花点时间评价一下自己在某个领域的工作业绩也是一个加速个人发展的好方法。评价可以帮助你进行自我反省，如果制定一个计划并严格执行，慢慢地你就可以获得巨大的进步。如果能够和同事一起培养特定的技能，你可以取得明显的进步。本书中提供了发展你自己的许多活动。

◆指导

一个经验丰富的经理的指导可以对初级人员的发展产生巨大影响。指导不必是正式的——大多数情况下，这不是组织安排的。经验少的人从指导中获益多，但这个过程是互利的，因为指导者可以获得一个有力的“助手”。

主动建立指导关系需要理解双方的需要和获得双方的认可——有的年轻人很难认识到这一点——从老手的经验中可以学到很多东西。

◆培训

培训涉及一对一的训练，训练常常要持续一段时间。就像坐在内尔（一个球星）身边看球和在电视里看球有着巨大区别一样。一个是积极的、开发性的，一个是消极的、限制性的。教练必须有丰富的培训经验。内尔只知道她自己该如何打球。

学习者遇到内尔可能会很沮丧，而且可能学到她多年来形成的坏习惯。和内尔做一段时间的搭档可能会受益匪浅，但只有拥有了有计划的培训方案才行。

◆媒体

杂志、书籍、电视和广播都可以拓展知识，更新知识，有时还可以发展技能。在开车的时候充分利用时间，把收音机调到英国广播电台第四套节目，听听

有关训练的节目。

◆互联网

现在，有越来越多的网站提供教育和培训方面的资料，还有最新的新闻和信息。简单地以管理培训和教育为关键词进行搜索就可以找到许多相关的网站，然后可以进入许多公共网站浏览。

☞活动 4.7

个人发展计划

完成个人技能的评价后，你可以识别出一些能够培养技能的领域。这些领域是你目前有优势和想建立优势的地方，以及需要加强的目前比较弱的方面。回顾一下自己的情况，并在准备考试的同时制定个人发展计划，计划中至少包括三个目标。

你的目标必须具体和量化——但同时必须是现实的。例如，如果你想培养自己的演讲能力，你可以给自己定下在六个月里进行三次演讲的目标。如果是想加强领导能力，你可以下一个月主动要求担任工作项目或其他团体的领导。

我的个人目标是：

1. ______________________________
2. ______________________________
3. ______________________________

在你的日记里做记录，回顾你在一个月、两个月或三个月里目标的实现情况。一旦对自己的进步感到满意，就制定新的目标。管理是一项必须经常实践和不断开发的活动。你要为自己的管理能力的发展负责。一段时间以后，你就会习惯这种做法，你会想以前不进行自我评价的时候，你是怎么取得进步的。如果你认为不进行回顾并不必然导致眼光短浅的行为，你可能是已经有了一种对付回顾的防御态度。

☞活动 4.8

个人计划

你已经给自己确定了三个发展目标，为每个目标准备一个详细的计划，找出在今后六个月中你达到目标所准备采用的方法。综合运用各种方法，和雇主沟通看有什么培训机会，并与同事建立工作搭档关系。请把增进指导人员对你的信任和信心以便大家都能从合作中获益作为计划的一部分。

课外作业和考试清单

作为你学习的一部分，运用下面的清单对课外作业和练习题进行自我评价。你的目标是保证你在日常工作中，对下面问题的回答都是“是”。

清单1——总体印象

打开你的文件

1. 它们布置得好吗?	是	否
2. 你使用报告格式了吗?	是	否
3. 你用下划线把标题和要点标出来了吗?	是	否
4. 是否有足够的空白，使你的报告层次分明?	是	否
5. 报告看起来专业吗?	是	否
6. 别人能够很容易阅读吗?	是	否
7. 你愿意从其他员工那里得到这样的报告吗?	是	否
8. 这个任务花了你多少时间，包括分析和决策?	小	时
9. 你愿意把报告交给领导作为你的工作成果吗?	是	否
10. 你愿意花60英镑每小时雇个顾问为你做这项工作，而得到一样的结果吗?	是	否
11. 总体看来——这是一件值得表扬的工作吗?	是	否

任何“否”的回答表明你在这一点上丢分了。专业可信是对一份管理报告的严格检验，它意味着报告必须符合专业标准。确保不要犯同样的错误!

清单2——内容

1. 你是否对实际所问的问题做了直接的回答?	是	否
2. 你的回答是否包括:		
a）澄清自己的假设?	是	否
b）清晰的决定和行动建议?	是	否
c）量化的目标?	是	否
d）有时间框架?	是	否
3. 你的决定现实、可行吗?	是	否

4. 如果你是一个考官和直线经理，你如何评价考生和下属在报告中表现出来的能力? 为什么?

出色____________________

很好____________________

一般____________________

较差____________________

糟糕____

5. 列出下列清单：

a）你的风格和技巧中可以改进的三件事情。

b）你对自己的风格和技巧满意的三件事情。

6. 每天留点时间，写出你准备建立自己的强项和弥补自己的弱项的行动计划。

记住：

考官也有要求……你能满足他们的要求吗？

总结

在这个单元中，我们学到了：

- 投资于管理开发是值得的原因并找出与之相关的可能问题和限制。
- 认识到职务说明书在培训需求评价和管理开发中的作用。
- 认识到有效的管理开发必须同时满足组织和个人的需要。你已经通过对自己的技能进行检查着手开始这项工作。
- 通过建立具体的个人发展目标，认识到管理技能必须通过学习得到，能力必须通过实践获得。
- 识别各种学习风格，了解那些促进学习和阻碍学习的学习风格。
- 找出了各种提供管理发展和学习机会的途径，并指出了各自的优点和缺点。
- 认识到个人开发计划不仅对自己的长期职业发展非常关键，同时对于自己的短期目标（考试成功和持续的评价）也很重要。

应试技巧

在回答任何问题前，仔细考虑一下到底题目要求你回答什么。你要扮演什么角色？如果没有指定角色，那你是根据自己的情况回答的吗？还是建立一个合适的角色并以此与考官进行沟通？

记住，同样的信息必须根据目标受众的需要进行不同的调整。包括同样事实的答案，在内容和风格方面可能不同，如下列情况就是如此：

- 向一位高级经理报告

● 向广告代理商做简要介绍
● 你自己的团队的行动计划
● 在下次销售会议上的发言

要一直根据问题的上下文来回答。在阅读的时候注意上下文：

● 你是谁，你的角色是什么
● 你的目标是什么
● 你的听众是谁，他们有什么需要
● 规定要用什么格式或方法

一定要注意“主考官注意事项”，那里列出了你所做的所有假设。如果有必要澄清某个要点，就要毫不犹豫地进行澄清。不要改变问题的上下关系或突然加入不相关的问题——简单地进行澄清。例如，在第三单元的问题里，要求你选择一个国家。如果主考官没有指定，你仍然需要选择一个并告诉考官。不然的话，怎么回答问题？

考试练习

回答 2000 年 6 月试卷的第 7 题。

第五单元　组建团队的工具

学习目标

在这个单元，你将学习：

- 检查建立团队的需要并发现建设团队的潜在问题
- 注意不同的团队角色，能确定如何帮助团队工作得更有效
- 研究如何识别团队成员技能上存在的差距，借此能建立雇用的标准
- 检查招聘和选择的程序
- 了解培训程序和培训方法的重要性

学完本单元，你将能够：

- 识别可能影响团队行为的问题
- 设计一个团队技能的稽核计划
- 提出提升团队绩效的办法
- 将已知的团队弱点转变为工作描述、工作和人员规范
- 管理一个新的营销团队成员的招聘活动
- 计划和管理选择成员的程序
- 把在招聘过程中获知的信息作为培训程序的基础

学习指南

管理者要知道什么能使团队成功：

- 什么样的动力可能在团队中起作用
- 为什么有时候单独一个人要比在一个团队中有更好的表现
- 为什么一个全部是专家组成的团队不一定就是一个成功的团队

了解人类的行为在管理中是非常重要的，尤其是在营销管理中，营销管理中与同事就是内部联系，与顾客和消费者就是外部联系。组织都希望建立团队来达到目标，因此建立、参与和在团队中活动是绝对重要的。

这个单元主要介绍如何最好地使团队更有效，如何通过招聘和筛选来建立团队。假设要用 3 个小时来完成这个单元的工作，以后大概要用 4 个小时来完成特殊的活动。

团队是什么?

团队就是由为了共同目标工作的一些人组成的集合。他们知道他们都是一个团队的一部分，因为他们有共同的价值观和目标。目前组织中团队的作用和重要性越来越受到重视。今天越来越多的灵活的管理结构是依靠让人们在一个团队中工作——就像短期的项目小组或任务小组一样。接着雇员们又会同另一些人重新组成组织来实现另一个目标。很多人都会同时成为好几个团队的成员，可能扮演非常不同的角色。

◆仅仅是一群人吗?

本质上一个团队就是“一群人”，一个公司就是“一群人”，一个部门也“仅仅是一群人”，一个体育俱乐部也“仅仅是一群人”。但是只要是一群人就会自动成为团队吗？当然不是。

团队是为了实现共同的目标而建立的。在公司中这种合作的力量就是任务和他们的合作目标。一个部门团队有更具体的任务目标，对自己在整个公司中的角色有着独特的认识。运动俱乐部可能关注优异的运动水平或社会影响。在一个俱乐部内部可能存在几个小团体——如果每个小团体有着不同的目标，就会产生问题。

☞活动 5.1

顶点运动和社会俱乐部（Acme Sports & Social Club）有一个板球队和一个网球队，两者共同使用一个场地。网球场位于板球场边上，并且所有成员使用同一个休息室，休息室设备良好，有现代化的更衣室，一个大的会议室，一个供应快餐的酒吧。

在网球队中，成员分为三个群体：

- 那些以郡的标准打球，并希望俱乐部保持一个全国最好的俱乐部的地位的人。
- 那些为了锻炼身体、娱乐和结交朋友而打球的人。
- 那些网球的初学者。

板球队的人们没有建立最好的俱乐部的雄心壮志。这些成员关心：

- 社会活动。
- 从运动中得到锻炼和乐趣。

> ● 管理足够多的队伍，以便想玩的人都能玩。
>
> 考虑一下，如何才能使网球队的人关注共同的事情，他们之间如何相互联系。他们可能在哪些方面有着共同的目的，各个群体的兴趣又在哪里。

一群人和一个团队的主要区别在于：当一群人形成一个团队时，大家就有了隐含的凝聚力，因此影响也增强了。从这个意义上说，团队的规模有着很大的差别，从最小的两个人到包括组织的所有成员。然而，有效的团队不能超过一定的规模，否则团队内部会分裂成一些小团体，这些小团体有着不同于团队总体目标的目标。

组织内部既有正式团体也有非正式团体。如董事和利益相关者的代表组成的高层管理团队就是一个正式团体；而体育协会可能有几个半正式的团体，因为它们在组织内部成立，得到组织积极的或消极的支持。非正式团体可能由于人们共同的兴趣爱好而组织起来，它们不为组织所知，即使知道了，也得不到正式的地位和承认。

作为一个经理，你可能要负责两种不同的正式团体：

- **行政命令团体**　你被任命为团体的领导，有权计划和协调团体的活动并对团体的工作成果的质量和数量负责。
- **任务团体（或项目小组）**　你可能被指定为领导，也可能没有指定。这个团体受到鼓励，为了最好地完成特定的任务而一起工作，并一起决定如何组织团体的活动。

随着知识员工的增加和管理人员的减少，非正式的安排（在本质上没什么等级层次）越来越普遍。在任务小组中，经常可以发现有的人同时在几个小组中工作，并担任不同的角色。

团队中包括哪些人

问题：足球队中有几个人？

回答：多于11个。

足球队不仅仅包括上场踢球的11个队员。稍加思考，就可以发现足球队可以扩展至包括所有与赢得比赛这个首要目标有关的人员。因此足球队可以包括下列人员：

- 比赛时11个首发队员
- 两个替补队员
- 球队经理
- 球队经理助理

- 球队教练
- 理疗师
- 医生
- 存物间管理人员
- 教练司机
- 球队管理人员
- 俱乐部的工作人员
- 俱乐部的董事
- 俱乐部的官员
- 自愿工作人员
- 支持者俱乐部的成员
- 一般的支持者

大多数人，都可以很容易地辨别出球队经理，因为他是坐在赛场边最激动的人，但很难想到他的工作内容。一般的球队一年中只踢 38 场联盟比赛，一共只有 57 个小时。加上其他比赛，公开的活动时间也只有 100 个小时左右。

根据球队在场上的表现，输赢是很明显的——如果输得太多，经理就会被辞退。足球管理在所有管理活动中有着最高的和最公开的人员流动率。然而，经理的工作从来就不为公众所见——他的工作只是根据球员在 100 个小时里的表现来评价。实际上，管理就是通过人来达到目标！

是什么使团队取得成功？

现在，组织需要工作人员对团队有更大的适应性，因此在团队中工作的能力对于成功地找到工作越来越重要。过去，人们倾向于大部分时间都和同样一些人一起工作，通常是组织等级层次内部的某个行政单位。这就有足够的时间用来相互熟悉和建立长期的工作关系。职业生涯也是有等级的，个人和组织之间简直是一种父母和子女的关系，组织在个人的整个职业生涯中为个人的福利负责。

当今的组织是扁平化的矩阵结构，有着更大的流动性和灵活性。项目小组可能只在一周中的某一部分时间一起工作，他们通常只在一个较短的时间里进行紧密地接触，但组织还是希望人们在一个相当短的时间里建立起关系并进行工作，而且在不同的小组里，扮演不同的角色。为了有效地工作，每个人都需要理解团队形成和建设的动态过程，并明白他们自己作为团队领导和成员的优点和缺点。

◆个人的重要性

对团队和团队技能的强调不应该导致极端化，以致人们认为只有在团队里才

能有效地工作。假如个人的工作成果能被有效地整合以符合团队总体的需要，那么对于某些人和某些任务，独立工作是最有效的方式。

通常，这两种极端的观点都是站不住脚的。一个没有团队的组织不能发挥人力资源的最大价值；完全使用团队工作方式会增加复杂性，并否定了一些能够提高效率的个人才华。

在使用团队最可能产生所需的结果时，建立起团队。鼓励个人从事具体的职能工作和任务，并把他们的成果和发现带到组织中来。不要通过程序压抑了主动性。

是什么使团体取得成功?

团体的简单的定义就是实现目标的团队。但是这种简单的定义没有把实现目标过程中所使用的资源考虑进去。因此我们要求团体不仅要有效率地工作，而且还要有效果地工作。我们需要同时关心做成了什么以及是怎么做成的。这种方法也依赖于一个假设，那就是团体的目标是恰当的（见图 5.1）。

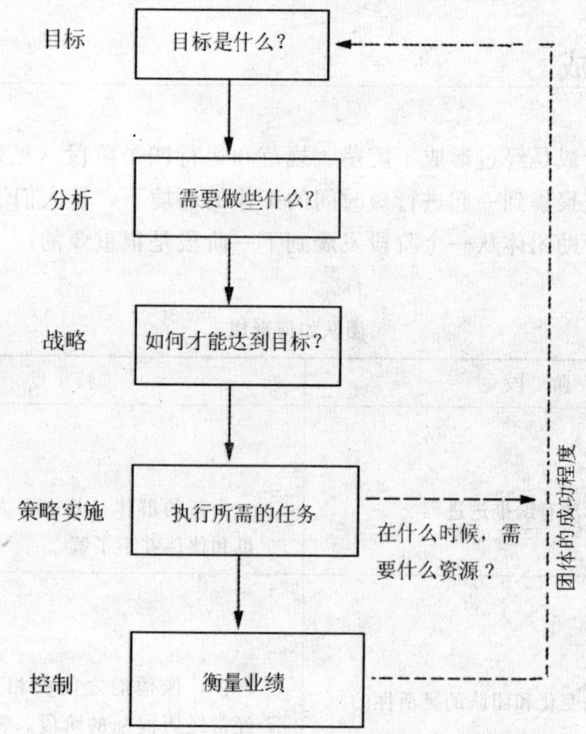

图 5.1 任务分析和团体成功

- **目标** 为了分析任务和使团队取得成功，必须把任务分解成几个阶段，这些阶段反映了正常的计划框架。团队首先需要清晰的目标，知道自己想要达到什么结果。只有有了目标，才能分析为了实现目标需要做哪些事情。
- **分析** 必须找出完成任务的各种方案，并对各种方案进行评估，然后做出决策，决策必须是在特定的资源条件和时间限制的情况下最适合的方案。
- **战略** 作为分析的结果，团队将制定出一个战略——说明目标将如何实现。战略陈述非常重要，因为它保证整个团队都清楚将要采取的方法。团队必须知道自己在向哪里前进，以及所选择的道路。
- **策略实施** 必须找出实现战略所需要执行的任务，并适当地分配给团队成员。资源是在战略执行阶段被消耗掉的，时间也是在这个阶段花掉的。按照预算评价实际的结果就可以衡量团队运作的效率。
- **控制** 组织需要对团队进行控制，但是团队必须对自己的工作进行评价，找出那些为了提高整体效果自己必须改进的活动。组织一般通过预算进行控制，同时也辅以与团队领导人的讨论。团队的自我评价可以采取很多形式，从非正式的到极端正式的形式。团队领导将根据自己的管理风格决定评价的正式程度。这里又存在过于正式和过于随意的危险。

团队如何形成

团队可以看成是经过形成、震荡、规范和运行四个阶段（见表 5.1）发展起来的。在人们被聚集到一起进行短时间的工作的环境下，让人们了解这些阶段并采取积极行动帮助团体从一个阶段发展到下一阶段是很重要的。

表 5.1　　团队如何形成

阶　段	特　点
形成 ↓ 构建团队活动有助推进进程	一个新的群体，其中个人对他们的角色和伙伴并不了解
震荡 ↓ 对允许角色变化和团队的灵活性的需要	群体，像他们之间的相互认知一样，经常经历混乱的阶段。领导力或者目标或许会受到挑战。群体形态也会发生变化

续表

阶　段	特　点
规范 ↓ 这个阶段的团队技能和资源之间的缺口会很清楚	彼此更加熟悉，目标也很明确。个人开始变得专心。相互之间更加理解，并有一套约定的程序
运行 ↓ 反馈控制可以帮助识别那些能够克服的问题	只有在这个阶段，群体才成为一个团队，才能够瞄准工作目标

- **形成**　许多团队建立的练习和活动已经设计出来帮助人们建立团队。这些活动可以帮助人们打破沉默，进行成员之间的相互介绍，帮助他们找到自己喜欢的角色。相互之间的社会交往可以加速这个过程，许多组织让团队离开工作环境一段时间（一天或一个星期）以鼓励相互之间发展关系。在冒险训练中，许多创新领域已经开发出来鼓励和加速团队建设
- **震荡**　团队成员把自己的价值判断和优先观念带到团体中来。几乎不可避免的，这些观念和判断是不一致的，许多不一致还是非常重要的。然而，通常这些不合相对容易解决，因为它们是明显而具体的。长期来说危险得多的是那些微妙的区别，它们看起来似乎不重要，但是它们会蔓延，最终要么爆发出来——或者可能更糟糕的——是从来没有到爆发的程度，但一直干扰团队的工作。性别歧视、种族歧视、年龄歧视等是典型的经常出问题的方面，必须尽早发现和处理
- **规范**　在这个阶段，团体的行为标准和期望确立起来。街头混混把服装的样式和风格，甚至诸如纹身之类的身体特征作为团体成员的标志。工作团体通常不至于到这种程度，但成功团体的确也在创造出一些成员所接受的标准和期望
- **运行**　团体经常发展出一个社会属性——它们的成员喜欢在一起。如果对这种倾向进行正确的引导，可以成为一个提高业绩的强大力量。但这种倾向也能影响工作，甚至降低工作效率。团体对工作进行自我监督的同时受其他人的监督是很重要的。自满是经常存在的危险，特别是当团队工作良好、正在一步步实现目标并可能成为获胜的团队时。管理人员必须时刻警惕，注意发现团队及个人需要进一步加强的方面以及存在弱点的地方。必

须采取适当的行动使团体保持高水平的运转

注意：批评好像是不利于提高效率的，因为团体将以自我保护的方式做出反应。

活动 5.2

保持成功

一个团队保持成功比取得成功还要困难，这是由一系列因素造成的。检查下面的清单，并根据自己的经验做出补充，如果是管理人员，记下你会采取的行动。

问　题	行　动
挑战成功的动力消失了	
产生了自满情绪	
激情消失了	
家庭或友谊威胁了进取的气氛	

知识扩展

一家蓝筹股公司（公司名字这里不便提供）在英国市场匆忙推出了一个新的产品包装。而动机纯粹是个人的——一个主要竞争对手在美国率先推出了新产品，美国的管理人员受到了公司高层的责骂。英国的管理人员不想犯同样的错误。

新包装的推出是成功的，公司管理层受到了表扬，然后抱怨渐渐产生了——包装是欺骗性的，产品本身比以前差了！所有存货必须以相当大的代价撤回。公司管理层并没有得到失败的消息。

依次对所有部门进行了调查，没有发现任何失误。大家都承认了错误，接着其他部门说："是的，但是……"；"是的，但是你事前不可能发现"；"是的，但是我们应该更仔细地检查"；"是的，但是我们也有错"。一个小时后，大家一致同意已经从中得到教训，事情结束了（为什么公司名字不能说，因为公司管理层现在还不知道这次失败）。

管理者—领导者

约翰·阿戴（John Adair）的“行为为中心的领导”模型，作为当代管理和领导训练的基础，被广泛接受。他认为，工作团体有三个需求（见图 5.2）：

- 完成共同的任务
- 维持团队
- 个人在工作中要完成的个人目标

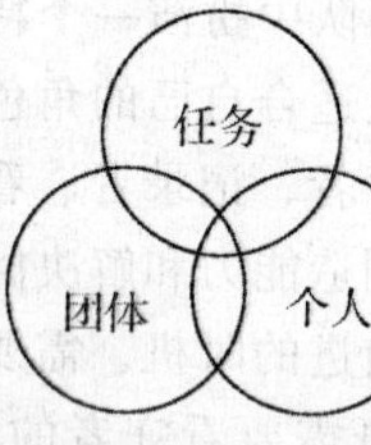

图 5.2 阿戴的“行为为中心的领导”模型

阿戴用三个圆代表三种需求，这些圆相互相交。因此，各自都为其他两方面做出一定的贡献。同样，如果某种需求没有有效满足，就会对其他两种需求产生影响。

图 5.3 如果经理人员忽略任何一方会对另两方产生损害

假设经理人员关心的三个方面是相互依赖的，那么这个圆相交的面积越大，说明团队的运行越有效率。

领导和管理实际上只是概念而已。每个人都以自己的风格进行领导和管理。但对于当今许多管理人员来说，好像“领导”比“管理”更有价值似的——特别是比官僚性质的和控制性质的管理。当然，用智慧进行领导的管理者比监督型的管理者更加难得。我们将在“团队建设的技巧和工具”单元中再讨论领导问题。

有效的团队

团队要有效，需要许多的角色和技能。这些都由组成团队的人员提供，而且一个人起好几种作用是完全可能的。正是这种技能和角色的组合使各个团体区别开来，决定了每个团体独特的发展过程。

从团队成员的角度来看，每个成员又是一个独立的个体。他们把自己的个性、特征、态度、能力、价值观和目标带到团队中来。所有成员都有自己的特点，但是由于自身特点的原因，有些人比其他人更可能降低团队的效率。

每个团队成员都会倾向于在团队中扮演一个特定的角色。人际关系专家已经开发出了一些方法帮助我们找到最适合自己的角色以及最倾向的角色。典型的角色类型是：协调者、支配者、批评者、记录者、看管者和捣乱者。

典型的技能包括协调能力、创造能力和解决问题的能力。需要有人决定坚持解决特定的问题，有人指出继续前进的时机。需要提意见者的正面贡献，也需要愤世嫉俗者提出问题以求澄清。既需要看守者的加入来保证活动指向目标的实现，也需要记录者的工作保证行动被分配给具体人员并保存下决策的记录。

活动 5.3

培养观察身边发生的事情的习惯。在汽车站，观察和分析某一个体和别人一起等候汽车时的行为；观察一个人购物，然后进入自己的汽车并开走的过程；观察一个团体，看看他们在咖啡馆和酒吧这样的社交场合是如何相互影响的。注意在收银处的特殊行为，特别要注意非文字语言，因为它表达了主要的信息。

团队动力学

作为团队的管理者，你需要：

- 为团队选择成员
- 管理团队的发展动态
- 知道什么时候应该改变、扩展或减小团队

为了成为一个有效的团队管理者，你必须善于观察人。必须对行为进行观察、分析和理解，并有所反应（在“提高管理绩效”单元中，大家已经学习了关键的人际技能，大家必须不断练习以在实践中培养这些技能）。

团队技能审查

个人技能开发的一个重要阶段就是找出自己以及团队成员目前的ASK（态度、技能和知识）状况。有许多工具可以帮助完成这个过程。培训计划所提倡的常规的日常的能力评价也有可观的价值。

表5.2是团队技能审查的一个典型做法。注意在选择和使用诸如此类的工具时要小心。这些工具和动机研究一样源自临床心理学，同时最好的工具来自于受过训练的经验丰富的人员，就像动机研究需要受过训练的经验丰富的研究人员一样。

表5.2 **团队分析**

下面的各个方面，哪一个最恰当地描述了团队的运行。

1. 首先，作为一些个体的情况。
2. 其次，作为一个团队的情况。

	勾出恰当的选项 个人	 团体
目标		
团队活动的目标：		
完全清楚	a	A
很清楚	b	B
清楚	c	C
基本清楚	d	D
不清楚	e	E
相关性		
活动的相关性：		
完全相关	a	A
高度相关	b	B
一般相关	c	C
中等相关	d	D
不清楚	e	E

用相似的格式处理以下方面：

时间利用

参与情况

忍耐

坦白

承诺

总体评价

注意：这个评价的目的是要让你集中思考，指出个人和团队的强项和弱点

把这个表格制作出来并没有什么价值，只有当经理们或培训人员用它们来做分析，才会产生价值。

弥补团队的差距

在“提高管理绩效”单元中，我们看到了特定的文件是如何促进管理技能开发的。我们现在可以详细检查以下招聘和甄选的过程。

记住，我们是在处理有关人的事情，我们必须认识到，这个过程只能不断进行下去。我们在招聘人的时候，必须提供超出他们原先期望的条件，吸引他们来工作。但不论我们怎么做，还是有一些员工会走的。可以通过积极的政策降低员工流动率，但招聘和甄选的过程永远不会结束。

活动 5.4

观察行动中的团体

找个机会列席一个小组或团队的会议，可能是你公司内部某个小组的会议，但最好是一个你不熟悉的团体的会议（如果是你熟悉的，你会倾向于对各个成员扮演的角色有固定的认识，或者成员知道你在观察他们，他们可能会改变自己的行为）。

观察团体处理手头事情的方法：

- 目标是否清晰容易理解？
- 是否所有人都接受这个目标？
- 是否做出了战略决策，然后进行了重申并澄清？
- 是否清楚地制定了执行计划，并把任务分配给各个成员？
- 是否找出了控制措施，并取得大家的同意？
- 根据下面的概要设计一份观察表格，以帮助你观察每个成员对团队的贡献。你要识别：

1. 每个成员扮演的角色是什么？
2. 各个成员的承诺水平以及他们的个人特点？
3. 带到会议上来的技能？
4. 会议中缺少的技能？

你将提出什么么样的行动建议以提高团体的业绩表现？

人力资源管理的角色

所有大型组织都建立了自己的人力资源管理部门，它们的管理人员可以利用

清晰的人事政策以及在人事管理各方面获得支持。

然而对大多数经理而言，正式的支持可能非常少，他们需要自己招聘、甄选、培训和管理。即使对那些得到支持的经理来说，他们也需要充分理解人力资源管理的系统和程序，以便能够进行所需的控制。从这个意义上说，与人力资源管理部门的关系是和其他专业职能部门的关系完全一样的——你不需要做，但知道需要做什么，做什么能大有帮助。

◆招聘和甄选

整个过程包括几个清晰的阶段（见图 5.4）。无论是否有甄选的天赋，使用系统的、证明是有用的方法至少可以保证你不会遗漏重要的方面，并大大降低主观判断的影响。

- **工作分析** 找出团队在技能上的缺陷（见“管理”单元和下面的培训计划）
- **岗位说明** 也叫做“工作说明”，它是雇员和雇主关系的焦点。通过说明工作是什么，经理人员为招聘、甄选、培训和评价等阶段的工作打下了基础。通过说明这个职位应该干什么，岗位说明成了雇用合同的基础。最重要的，它是整个程序所依赖的关键文件
- **任职资格** 下一步就是分析工作，确定岗位担当者需要具有什么样的态度、技能和知识

任职资格记录了完成工作所需的态度、技能和知识——这些并不是成功的应聘者必须具有的。但任职者至少具有这些态度、技能和知识的一部分——其他的部分通过诸如任职前的培训等活动获得。任命完全合格的人员通常不是一个好的政策——这些人通常都是准备换工作的人。

任职资格在用来决定成功应聘者必须没有的特点（否定性因素）时特别有用。

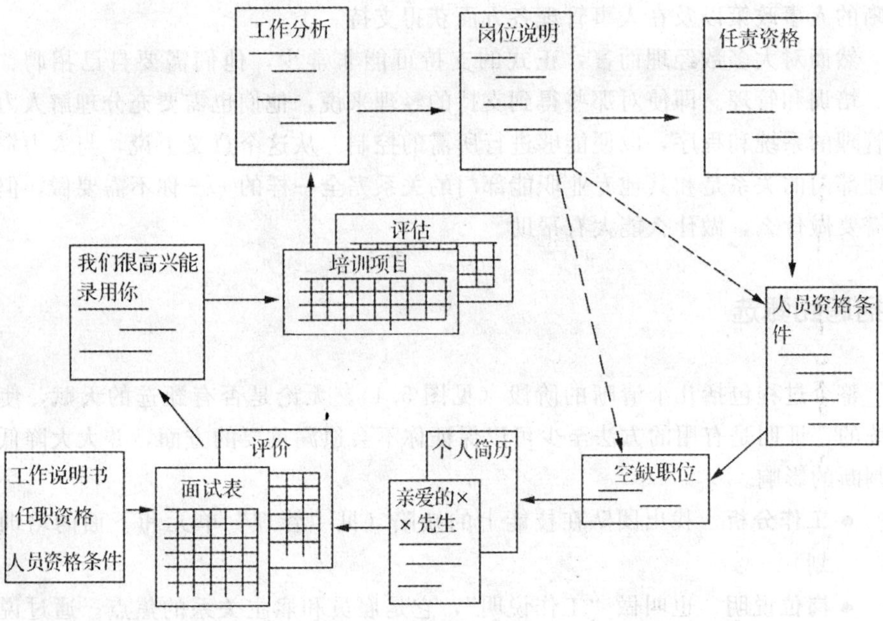

图 5.4 招聘和甄选程序

活动 5.5

岗位说明书包括什么内容？

拿几份你收集的岗位说明书，花 20 分钟对它们进行比较，列一份岗位说明书应包括内容的清单。

否定性因素可以加快应聘资料的处理过程，因为包括任何一个否定性因素的应聘者都应该被排除。因为否定性因素的目的非常清楚，在确定这些因素时要非常小心。

活动 5.6

否定性因素

如果你正在招聘下列人员，哪些因素可以作为否定性因素呢？

职位	否定性因素
高空作业人员	
运货司机	
潜水员	
小组成员	
经理	

条件超过要求的人员甚至比条件达不到要求的人员更应该被排除。条件太好的人获得工作后会变得厌倦。然后，他们要么换工作，要么变得士气低落。和其他在同一岗位上的人比起来，他们可能发挥不了作用，并可能在无意中成为争论的焦点。

人员的资格

有了岗位说明书和任职资格，你就可以考虑录用能圆满完成工作所需要的人。你知道需要什么样的态度、知识和技能，你可能喜欢招聘一些拥有许多或大部分要求的技能的人员，但你得承认，你最好在人员招聘进来之后进行一些知识技能的补充。你必须决定：

1. 有哪些关键的素质和资格条件？

2. 有哪些想要的素质和资格条件（你已经确定了否定性因素）？

注意：你必须仔细考虑什么条件是真正关键的，如果有必要，还要不断进行回顾以使它们符合应聘人员的标准。应聘人员质量的显著下降可能迫使你重新审视岗位本身，而不是简单地修改雇用的条款和条件。

知识扩展

迈阿密的迈露斯公司（Myros Inc）苦于不能留住新招聘来的管理培训员。他们只招聘商学硕士并提供待遇非常好的岗位。但是员工流动率还是高得惊人。

经过调查，原因很明显。新来的 MBA 被安排参加一个 12 个月的培训，然后在一个仓库的小房间里工作 10 个星期，他们在那里制作订单。工作空间只有 20 平方米左右，每个地方只负责一种产品。房间里没有空调。很少有 MBA 可以忍受这样的低级工作、糟糕的工作条件和无聊。

管理层的看法是他们的管理人员必须从基层干起。“这些毕业生根本就不懂实际情况”。不幸的是，管理层对人员管理知之甚少。

可以通过五个方面的评价或七点计划来制作任职资格，两者都可以用来识别态度、知识和技能等因素。这五个方面的评价包括：身体条件、教育和培训、能力、个性以及其他境况。然而，我们建议使用七点计划，因为运用它可以进行更多的分析。

七点计划

最好能把这七个方面组织成一个矩阵，以便满足招聘和甄选的需要（见表5.3）。

1. 身体条件 这个工作对于一般健康条件、体力、记忆力、视力、听力、说话能力和外貌等方面有什么要求？这是一个越来越受到详细审查的方面。为了防止歧视，法律已经禁止了"有魅力的"、"年轻的"等条件要求。劳动力中残废人员的增加已经促使经理们重新考虑工作所需要的身体条件了。然而，当工作需要长时间的驾驶、打字和举手等动作时，确定身体条件方面的具体要求还是非常重要的。管理人员必须为员工的健康、安全以及员工所承受的压力负责。把人安排到不恰当的工作中去会经常造成问题。

2. 教育和培训 这个工作需要什么样的教育背景、技术知识、专业培训和相关经历？为了防止被一些资格和证书所迷惑，更好的做法是列出具体的知识领域，如市场研究人员需要可以证明的统计抽样技术知识。相反，有时雇主不愿意承认资格证书的真正价值。CIM 正在努力促进组织在任命营销人员时对正规的营销培训方面做出要求。需要问一些具体的问题以考察应聘者的经历，经历可以表明一个人的知识和技能，个人的许多知识和技能是从工作经历中得来的。在职培训和学徒计划背后的一个关键概念就是，最好的学习方法是在别人的指导下工作。

3. 一般智力 职位需要什么样的推理和学习能力？任职者需要多么灵活和积极以及多大的创造性？这些方面非常难于评估，因为它们在本质上是主观的。而有些工作，就需要任职者能够忍受每天的例行公事，喜欢遵循清楚有序的规则和程序。这不是说这些工作一定是枯燥的，或者聪明的人不能从这些工作中得到满足。把智力和雄心壮志等同起来是错误的。智力指的是思维的敏捷性而不是学术成就。

4. 特定的能力 智能和能力是很难量化的，但是它们可以具体化，如创造性地解决问题，承受工作压力，战略思考，谈判和说服别人的能力。一旦具体化，就可以通过一定的方法来对它进行测量和评价。

注意：除非具体指出关键的能力，并对其进行评价，否则只能通过讨论和过去的成绩来检查能力。当然，即使直接评价是一种过分苛求和昂贵的方式，但它的效果要好得多。能力评价会很容易被一些没有意义的行话填满。要尽可能对能力进行具体化和量化——如用法语交谈的能力，打字速度超过每分钟 60 字，能够使用某个设备和软件。

5. 兴趣爱好 是否有兴趣爱好可能与工作成功直接相关呢？或许诸如制作和修理东西的兴趣爱好对于室外运动和国际象棋队成员来说是一种有益处的爱好。兴趣爱好可以增加对应聘者的了解。共同的爱好可以提高团队士气，当然一个对环境问题没有兴趣的人为环保协会工作是不合适的！相反，一个与所有团队

成员兴趣不同的人不大可能在团队中找到工作，因为他会被排除在大部分团队活动之外。

6. 个性倾向 需要什么样的个性以利于和别人相处，发挥主动性，独立工作，承担责任，承受压力，坚忍不拔和影响别人？要符合公司文化，甚至部门文化，需要什么样的品质（当然，直线经理会考察应聘者与部门文化的适合性）？当所招人员是要在团队中工作的情况下，人们越来越认识到个性特征的重要性。可以通过一定的努力来评价个人将在团队中扮演的角色，他是否适合团队，以及他能够为团队做出什么贡献。诸如忠诚和可靠性这样的品质可能更加适合产品经理，而不是销售人员（他需要外向、独立、自我激励和自信的个性）。

7. 其他情况 个人情况的重要性经常被忽视。哪些家庭情况与工作相关？例如，工作地点离家的距离，可以用于工作的时间，家庭成员对工作的支持——可能需要搬家。是否有小孩在上学，这对他工作有什么影响？如果需要，可以加班吗？有时应聘人员是如此急于获得工作，以致一些不利的情况被忽视了。对关键方面花时间考察是非常重要的。

表 5.3 **人员资格条件** 职位名称：______

特　点	关键特点	想要的特点	否定性因素
1. 身体条件			
2. 教育和培训			
3. 一般智力			
4. 特定能力			
5. 兴趣爱好			
6. 个性倾向			
7. 其他情况			

知识扩展

选择一个工作岗位，可能是你自己的，或你熟悉的其他岗位。草拟一份工作说明书、任职资格和人员资格条件。对于你自己的岗位，可能已经有了工作说明书（或者很容易写），但你最好不要看，而是自己写。如果你的工作说明书已经过时了，则趁这个机会重新写一份。

把你所写的和你上司所写的做比较。如果可能的话，和你的同事讨论，看看你们对工作的看法和判断是否一样？如果不一样，那又是为什么？

如果下次有机会帮助别人为某个职位选人，一定要遵循完整的程序。技能需要通过实践培养。

准备面谈—1

现在你需要开始准备与那些通过初审的人面谈了。

- 根据人员资格条件说明制作一份面试评价表，让所有参与面谈的人都可以进行一致的评价。表 5.4 所示的一个初级职位的一般面试评价表说明了制作的原则
- 为甄选程序工作安排时间
- 准备所需的地点和设备等事项

注意：上面介绍的是初次面试的基本准备事项。后续面试的准备也遵循同样的程序。

表 5.4 面试评价表

名字：________ 申请职位：________ 日期：________

因素		A	B	C+	C	D	E	评论
身体条件	外表							
	谈吐							
	健康状况							
资格证书	教育							
	培训							
	经验							
	动机							
	一般智力							
特　长	语言							
	外形							
	呆板的							
	创造性							
	其他							
性　格	友好的							
	害羞							
	自信							
	紧张							
	放松							
	激情							
	兴趣							
兴趣爱好	智力							
	实践							
	社交							
	运动							

续表

因素		A	B	C+	C	D	E	评论
其他条件	家庭状况							
	交通条件							
总体印象								

建议：____

◆发布招聘广告以及代理机构的运用

这方面的招聘程序不需要花很多时间，因为发布招聘广告是一种重要的市场营销活动，经常会使用代理机构。像其他形式的广告一样，定位、细分市场和目标市场的概念一样适用于招聘。招聘代理机构的管理和广告代理机构的管理是一样的。代理机构的工作就是根据你的需求找到合适的候选人，好的代理机构能够很好地完成这个任务。所花的成本是否足以抵消你节省的时间和资源是一个管理决策的问题。

招聘广告的发布也是人力资源管理中可能出现问题的地方。许多组织的招聘预算是由人力资源管理部门控制的。因此，是他们而不是营销人员控制了广告花费，他们的行事方式可能与你的不同。你可以和他们一起工作，给予帮助，确保招聘广告投放到正确的地方、使用高质量的印刷并获得良好的形象。解决这个问题的惟一方法就是运用内部营销——记住人力资源管理人员是非常有经验的，他们的意见值得仔细考虑。

◆申请材料

如果你开始的分析足够仔细，那么招聘广告就会把大部分不符合要求的应聘者过滤掉。如果你的招聘广告像“大型跨国公司招聘销售代表”一样具有误导性，那么你将面对5000份甚至更多的应聘材料，它们会堵塞你的邮件系统，并需要花非常多的时间来处理这些材料（不要笑——跨国公司就曾陷入了这种情况）。

假如你要求应聘者提供详细的简历，或给他们发了正式的申请表，那么你会不断收到简历。你需要快速处理这些简历——这时候你会发现以前制作的人员资格条件表是多么有价值了。对你们的要求有了详细的了解，初选可以由低级职员来进行，最后产生一份候选人员的名单。根据这份名单你可以产生一份初审名单，在这个过程中，你也会使用人员资格条件表。

回复所有应聘人员是一个很好的习惯，但是在现在的萧条时期，这是一种奢侈的做法，许多公司觉得他们付不起这个成本。在根据这笔经济账做出决策的时候，不要忘记了这些应聘者都是消费者。你愿意失去这个创造良好的公司形象的

机会吗？

注意下面的关键点：

1. 保密 应聘者希望加入你们公司。一旦加入，他们就成了同事，他们的个人信息就会被当做机密资料对待。因此申请材料也是机密资料——但是有些经理把资料弄得到处都是。不要这样！招聘结束，马上就把资料销毁，至少要处理掉。

2. 主观排除 留心助手会以主观因素排除某些应聘者。有些应聘资料因为使用了彩色纸张、装饰纸、地址有误或没有使用黑色钢笔水而被扔了！在接受助手提供的名单前，一定要随机检查不要的资料。

◆邀请应聘者来面试

面试者将来可能会来公司工作，你的信决定了他们在公司的基调。信中必须充满关怀。确保多提供一点面试者需要的信息——这是你树立公司和自己形象的第一个真正的机会。

准备面谈—2

◆行政事务

要邀请一定数量的应聘者在特定日期来公司面试，需要确认相关的行政管理事务已经安排妥当——必须注意安全，可能还需要职工食堂做点准备。面试或者小组讨论的房间必须准备好。在前一天确认各种事项已经安排妥当！为每个参与面试的人员准备好文件夹。其中应包括以下资料：

1. 工作说明书、岗位任职资格和人员选择的资格条件；
2. 面试评价表；
3. 应聘者的资料和支持材料；
4. 面试当天的工作安排。

◆面试管理

亲自和参与面试的人员进行联系——可能是你的同事或上司。确保他们知道他们要做的事情，例如，你上司可能到下午才需要参与，而你的同事和你需要一直参与。简介是成功的关键。决定每个人要集中精力关注的方面，确保七个方面都得到了深入细致的考察，且没有遗漏和重复。鼓励每个人都制作一份面试要考察的关键方面的清单，其中应该包括各个方面的具体问题。

在开始面试前 30 分钟，和相关面试人员见个面，修正一下当天的工作安排，特别是说明如何使用面试评价表，集中注意那些能够早做结论的否定性因素。让大家清楚一些特殊的信号，这些信号可以使应聘者受到礼貌的对待，同时可以让面试人员知道结论已经产生。

◆面试评价

对应聘者进行了一段时间的面试，及时记下在这段时间里对应聘者形成的准确看法是非常关键的。不要让面试人员依赖记忆力。面试评价表可以使你要评价的每个方面都得到评价并标出合格者。这极大地方便了面试之后的讨论，便于确定下一轮面试的名单和录用名单。在记录应聘人员的评价前，不要对应聘人员进行讨论。

注意：有时对不同应聘者的面试时间会相差几天，除非你记录了面试的评价，否则你不可能对应聘者进行公平的比较。

◆总结

面试完之后，做一个总结：

1. 通过面试或拒绝的应聘者名单。
2. 对招聘和甄选程序做一些改进。

知识扩展

研究表明，面试人员在运用 6 个数字的等级评价方法的时候感到不舒服。他们在使用从 A 到 F 的等级评价方法也不舒服。因为字母 F 和失败（fail）有联系，大部分人都不愿意用失败来评价应聘者。但还是需要 6 个数字等级的评价方法——因为它没有中点，面试人员必须做出正面的或负面的评价。因此解决的办法就是用 A、B、C+、C、D 和 E 代表各个等级（面试人员也不排斥 C－，因为减号隐含着负面的意义）。

发录用通知

录用通知应该在最后一轮面试之后很快发出，但是在拟录用的人员接受邀请以前，最好不要向落选的人员发出信件（因为如果合适，可能需要录用其中一些

人）。录用通知应该包括工作的各个方面，但不是正式的雇用合同。但是说明什么时候签正式合同也很重要，因为这可以为拟录用的准员工提供他们需要的安全感。像面试通知一样，录用通知需要提供详细和有用的信息。

培训项目

培训项目是对一个人在某个岗位上有效工作所需的态度、技能和知识的分解。这一点最容易通过一个初级职位来说明，那种职位任务少，对知识的要求水平相对简单。然而，适用于所有职位的原理都是完全一样的，不论职位多么高级。

做这项工作的原始资料是工作说明书、职务任职资格，而人员资格条件可以做参考。

可以通过概括职位所需的知识、技能和态度以及简单的工作说明方便地解释培训项目。表 5.5 就是一份初级销售助理的培训项目。你将注意到培训项目的标题是相当宽泛的。这样做的意图是不具体指明实际培训部分，而只向负责培训的人指出要培训的领域。

注意：这又是一个由管理人员确定需要，然后让职能专家确定所需具体行动的例子。

表 5.5　　初级销售助理的培训项目

工作说明	培训项目		
	知识	技能	态度
销售和服务			
接近潜在顾客	陈述的方法	社交、谈话	恰当、友好、有帮助的
展示产品	库存	处理	
向顾客提供尺寸、颜色方面的建议	商品		
达成交易和包装商品		销售、包装	
保持恰当的库存水平			关心存货控制和准确性
向仓库订货和退货	基本的库存控制		
维持恰当平衡的库存	制作订单		
协助盘点	盘点	算术	
现金和信用交易			
收取和检查现金			敬业
在收银机上记录			收银机的安全
找零钱	包装方法		
处理信用卡	系统	收银机的使用	
付现一检查		现金处理	
安排和记录信用销售	系统/权限	准确的加法 算术	责任心
商品保管和陈列			
安排陈列	陈列技术		敬业
确保标签正确		陈列	细心
整洁的摆放商品已达到最好的陈设效果	设备安装 基本的库存控制	准确性	整洁
把损坏的商品退回仓库		包装	
包装要退的货物			
设备	设备保养		
清理设备和容器等	程序		意愿
向后勤部门报告有问题的设备			
权力	权限		
可以更换价值低于 5 英镑的商品			

培训计划

培训计划（表 5.6）是所需进行的培训的一个概要。培训计划的信息来源是：

表 5.6　　　　培训计划

事业部：＿＿＿＿＿＿＿＿

部　门：＿＿＿＿＿＿＿＿

职员名字																备注
实际能力																
理想能力																
差距																

- 培训项目和职务任职资格
- 评估和非正式评价（见“团队构建的技术和工具”单元）
- 应聘资料和面试资料

最有效的培训计划是简单的可以扩展到一个挂图大小的矩阵。

提示：最好先通过部门内部的小组制定培训计划，然后在必要的时候综合成部门的概要。首要目的是要制作一份有关个人的文件，而不是总体的概要——尽管那样对预算和控制很有用。

培训计划可以通过五个步骤来完成（表 5.7）：

1. 在左列中填入本事业部的人员名单。

2. 在第一行中填入本事业部各职务人员需要完成的任务。

3. 指出团队中有多少人需要执行某项任务。只在某些情况下，才需要每个人都能够执行全部任务。

表 5.7　　　　完整的培训计划

事业部：<u>小家电</u>

部　门：<u>炊具部</u>

职员名字	小家电	炊具部	产品呈现	建议顾客	进行销售	包装商品			付款	信用卡认定	交易确认			其他		备注
蒂娜·布朗	×	×	×	×	×	×			×	×	×					
拉希德·卡汉	×	×	×	×	×	×										
莫尼卡·杰克逊	×	×	/	/	/	×			×	×	/					
纳基尔·休斯恩	×	×	×	×	/	×										
杰克·肯	×	×	×	×	×	×										
布莱德·龙	×	×	/	/	/	/										
实际能力	6	6	4	4	3	5			2	2	1					
理想能力	6	6	6	6	6	6			1	2	2					
差距	0	0	−2	−2	−3	−1			+1	0	−1					

4. 用一个勾标出哪个员工可以执行哪项任务。任何成员缺少必要技能的地方就表明了培训或招聘的必要。

5. 用斜杠标出每个人所缺少的必需的技能。把这些斜杠加总，就可以发现哪些方面最需要培训。有时也能发现有些方面培训太多了。

培训计划是持续不断使用的文件。一旦完成了基本的项目，就应该进行发展和修改：

- 在对能力进行评价时可以用 A（优秀）到 E（基本的）各个字母代替勾和斜杠
- 使用一个大一点的表格，就可以把培训时间加进去了
- 可以根据预测做些防备措施，例如，如果已经知道某个员工要辞职，那么某种短缺就会很明显，因此可以提前进行培训

当一套有效组织的培训体系建立起来后，可以鼓励管理人员在人员管理方面进行前瞻性的管理和应付偶然事件。而且可以让大家知道他们下次培训会在什么时候，以及培训时间计划多长。

培训和评估系统的引入需要管理层的长期支持。如果培训计划可以不断改

善，效果会好得多。把培训计划贴出来，每个员工都可以看到所取得的进步——这样大家的关注就迫使管理层继续安排培训并经常更新记录。因此，对员工技能开发进行投资是一项严肃的长期决策。

注意：根据上面的原则，可以制作出一个培训预算，但需要对这个预算进行扩充，以便于管理。

注意：开发计划是培训计划的延伸，但在如何进行开发方面视野更加开阔。通常两个计划是分开的，因为培训计划提供所有基础的需要，这些通常最先完成。

引入培训

任何人都需要通过某种形式引入组织和岗位。最快的方式就是通过一个包括各种所需信息的全套培训。通常还用一个员工手册做补充，它可以扩充培训中所讲的内容。

一个计划良好的引入系统提供日常的训练课程——如果组织足够大的话。例如，大的百货商店有一个持续不断的导入课程，每个星期一开始开课——以及为兼职人员开的课程。假设导入培训中已经包括了基本的信息，让直线经理们可以和一些对组织比较熟的人员一起工作，他们已经可以接受工作相关的培训了。

活动 5.7

花 10 分钟完成下表：

我想塑造的形象	如何塑造

后续培训

认为一旦开始了工作，就不需要后续培训的想法总是错误的。即使是最出色、业绩最好的员工也会因为形成某些不好的习惯而落后。

因此直线经理有责任监督和鼓励下属进行管理层要求的各种在职和脱产培训。这样能够提高士气、降低员工流失率和提高业绩。

- 员工可以看到自己的技能在增加、晋升的可能性在提高。他们也很珍惜脱产培训的时间，特别是当培训很好，而且他们认为是有价值的时候
- 更高的士气以及真正的自我提高机会可以使员工愿意在一个公司里待得更久。就像营销人员所知道的留住老顾客比吸引新顾客更好一样，人力资源管理经理们懂得留住有经验的员工比招聘新员工合算
- 受过培训和激励的员工会产生更高的业绩，最终这会使培训支出物有所值

然而不幸的是，公司有什么不好的兆头，高层经理们通常是首先削减招聘广告和培训预算。不管怎么说，它们是最容易在短期内产生明显效果的方法。

管理开发

管理开发并不是和管理培训意思相同的一个词，托灵顿和霍尔认为管理开发和管理培训可以在四个重要方面区分开来：

1. 管理开发是一个更加宽泛的概念。它更强调人的全面发展，而不是强调学习某种狭义的技能。

2. 管理开发强调正式的和非正式的工作经验的作用。

3. 管理开发的概念更加强调管理人员自我开发的责任，而不是一般员工自我培训的责任。

4. 尽管管理培训一般也要面向未来，但管理开发特别强调这一点。管理开发针对管理人员正在做的工作，更是针对他们即将要担任的工作。

无论是管理者还是组织都能从管理开发中获益。管理开发是管理职业生涯的一个关键方面，从组织的角度来看，开发和培训都是在让个人实现自己的职业目标的同时满足组织人力资源方面需要的途径。

管理开发的目标

因为成功的经理没有一定的模式，要建立清晰的管理开发的目标是困难的。但通常：

- 管理开发要集中于能力，而不是知识
- 管理开发关注于个人的要求，并根据个人情况提供开发机会
- 不用说，个人希望主动进行自我开发

总结

在这个单元中，我们学到了：

- 为了达到特定目标，运用管理工具时必须小心
- 有效的团队是团结的
- 团体内会存在小团体，它们有着自己的目标
- 长期的小组是非常重要的
- 个人的作用也至关重要
- 团队由被激励为团队做出贡献的个人组成
- 团队的形成经过形成、规范、震荡和运行四个阶段
- 当今世界需要领导者
- 经理需要持续不断地关注团体的发展动态
- 经理要关心人
- 招聘和甄选有一个清晰的程序
- 招聘广告应该足够具体以便可以过滤掉一些应聘者
- 制定人员资格条件是有效甄选的关键
- 面试的准备很重要
- 面试之后要马上对应聘者做出评价
- 培训项目可以使员工培训有计划、结构化
- 管理开发计划是培训计划的延伸
- 管理开发帮助和鼓励个人进行自我开发以便更好地完成目前的和将来的工作（托灵顿和霍尔：《人事管理新方法》，第二版，Prentice－Hall，Hemel Hempstead，UK）。

应试技巧

我们知道，管理是一门科学，更是一门艺术，不存在做一个管理人员的最好方式。你处理某种情况的方法是由你的性格、技能、经验和管理风格决定的。所以，不同的经理不大可能采取相同的方式和得出完全一样的解决方案。然而，每个经理都能达到目标。

市场营销不同于会计，会计有一个法律规范，一些基础的数据总是可以通

过加、减、乘、除得出相同的结果。营销人员要处理有关人的事情，而人的行为是不可能进行完全预测的。

因此，当你为某个问题得出一个独一无二的解决方法时，应该高兴。主动性、创造性以及清晰、简介和决心是营销人员取得成功的关键因素。

考试练习

回答 2000 年 12 月试卷的第 3 题。

第六单元　团队构建的技术和工具

学习目标

在这个单元，你将学习：

- 检查管理者——领导者的角色
- 观察到动机对个人和团队的重要性
- 了解激励和动机之间的区别
- 检查监控和管理团队绩效的方法
- 理解赞扬的重要性
- 理解工作扩大和工作丰富的概念

学完本单元，你将能够：

- 像一个管理者、领导者和团队成员的身份工作
- 决定激励和提供动机的方法
- 找到监控团队绩效的方法
- 为经理给你的正式表扬做好准备
- 向团队中的成员提供一个正式的表扬
- 为团队成员规划和管理提高工作满意度

学习指南

经理们通过员工来达到目标，开心的人们工作的效率更高，效果更优，并且因为身体健康而缺席的时间更少。一个开心的团队雇员流动率很低，且有很多人想要加入。想想詹尼鲁·皮卡得（Jean－Luc Picard）作为船长是如何关心星际船只公司职员的，他为他们的福利付出了多少时间和努力，相比较而言，他花在船只上的时间真是很少，而星际舰队有多少人想为这个船长工作。当然这是虚构的，但是现实世界中也有相同的事例。

那些最成功的团队中，往往团队经理是一个领导者。经理是通过员工达到目标而存在的。像阿戴（Adair）揭示的那样，这意味着关心三个方面的问题：组

成团队的个人、团队本身和需要完成的任务。那些最成功的经理——同时也是最有乐趣的经理——是那些意识到在他们的雇员工作的时候，给他们提供茶和咖啡的人。

你的主考官需要你证明，你理解管理不仅仅是 3D——统治、专政和指示。你需要通过实际的例子表明，你不仅仅通晓管理——领导的理论，而且能将之运用于实际中。这对每一个人来说并不困难，因为我们总是处于某种类型的团队之中，即使这并不是一个正式的工作群体。

就像以前说过的那样，一个好的经理（一个好的市场人员）必须是一个阅人者。这就需要对发生在宽泛的工作环境中和狭隘的工作空间中的行动和反应进行自动监控并且学习。这就需要监控自己对别人的反应，尤其是对那些有权力管理我们行为和影响我们期望的人。

花 3 个小时来学习这个单元，再花 3 个小时来完成书中的任务。

领导还是管理

一个普遍的观点是，领导者是天才，而经理可以被培训出来。这个观点在一个经理人的评价中尤其典型——史密斯不是一个天生的领导者。

领导，从本能的角度而言，确实有些人要超过另外一些人，但是同样都有“上帝赋予的天才”。才华横溢的小提琴家有超过那些专业管弦乐演奏人员、业余管弦乐演奏人员和那些自娱自乐的演奏人员的天才。但是谁也不能说所有的小提琴家都是天生的，不是靠自己努力得来的。没有一个人能够断言一个小提琴家的技能不能通过实践和培训提高。领导也是一样。每个人都至少有一点领导的天才，在有些人身上发育得更完善，在某些人身上它还是有待发育的潜质。但是断言天生是惟一获取这项技能的道路则是毫无意义的。

◆领导/管理——谁包含谁?

两个特征可以识别领导者：

- 驱使团体达到它的使命。
- 将团体作为一个工作实体凝聚在一起。

领导者通常需要表现工作团体要求的品质。例如，一个医疗部门的领导人要表现出专业的和关怀的品质，一个建筑工人不应该害怕攀登楼梯。但是一个领导者不必会做团队中的每一种工作。他/她只需知道需要做什么，并且对可能的技术和解决方案有一个清晰的认识——他/她的技能体现在领导的过程中，而不是在任务完成的直接过程中。

1914 年英国的军官只带了一根手杖上战场。他们的任务不是去打仗，而是

去领导——去激励人们并且提供人们工作的动机。同样的原理至今仍然适用——但是，到1916年，军官和士兵的穿着与配置是一样的，否则他们会被看做是有特权的人而区别对待。

我们在“沟通”这一单元中看到，管理的思维是如何随着年龄的增长而发展的。而“管理”的词根在拉丁文中指的是“丈夫对妻子的权威”。我们同样确定管理/领导的概念越来越重要，但是我们仍然没有确定“领导”这一词的根源。它实际上起源于老的北欧的语言中的“laed”这个单词，意思是一条道路，一个轨道和船只在大海中航行的线路。一个领导者和人们一起旅行，在带领他们驶向正确的方向的时候，将他们凝聚在一起。

这是来自于杰出的和成功的领导者的三个观点：

商业是领导的领域；它要求理解、勇气、独立思考、驱动以及说服和领导别人的能力。为了对变革进行管理，人们总是需要改变管理者——可能是管理者没有很好地和他们的员工一起工作并且达到他们最终的承诺。

米切尔·爱德华兹（Michael Edwards）爵士

领导力可以让人们在普通人中脱颖而出，取得非凡的绩效。

约翰·哈维·琼斯（John Harvey Jones）爵士

你的职位没有赋予你控制的权力。它只是赋予了你一种责任，让别人不需要在你这里谦恭地得到指示。

德歌·哈默斯科尔德（Dag Hmamaerskjold）

领导

悠兮，其贵言，
功成事迹，
百姓皆谓“我自然”。

（老子，公元前6世纪）

职权或者职位授予领导一种权力——但是领导不一定有效，除非担此义务的人能够提供达到目标和凝聚团队的能力。

个性至关重要。领导者需要具备影响和带动一个团队的技能。没有激励别人的能力，领导者就不得不像管理者那样发号施令。

领导的环境理论强调知识的权威。环境会造就最合适的领导者来进行掌控。随着环境的变化，领导者也会在组织内变化。这并不意味着对一个组织的控制发生转移，它只是（而且重要地）意味着那些最适合当前工作的人应该被赋予以工作为中心的领导力（例如，假如团队中有一个一流的救助者，让一个没有事先经过援助训练的领班来援助一个受伤的同事是愚蠢的）。

◆以行动为中心的领导

我们简要地回顾一下约翰·阿戴教授在“组建团队的工具”这一单元中的观点。他在这个领域已经研究和著述了三十多年，他的行为中心领导模型在今天被作为管理/领导培训的基础。模型中的三个圆圈本质上是概念性的，但是每个人都很容易理解，所以运用起来并不困难。一个不好的领导者可能会拥有三个相互独立互不交叉的圆圈，一个好的领导者的圆圈会在很大程度上重复。

知识扩展

作为一个咨询工具，阿戴模型在分析群体动力的时候特别有效。每个人可以很迅速地抓住模型的本质，并用此表达他们对群体有效性的观点。这个模型的有效性会被团队成员独立地画出模型的相似性证实。

一旦他们的观点可以用很简单的图形表达出来，他们就发现这很容易表达他们的推理：“我把这个圆圈画得很大，放在这里，因为经理对我们是否是作为一个团队工作不关心。我的意思是，昨天他就……”

◆功能和有效性

阿戴发现有必要专注于领导的功能，并且将它们与领导有效性的组成要素相联系。像你可以看到的那样，功能对任何一个管理者都适用。区分领导者和管理者的是在功能领域有效性的能力，这要求对人的敏感和关心。

阿戴同时建议我们学习历史上成功的领导者的行为。通过全面分析他们的特征，有可能指导出那些使他们成功的关键要素。其他的人根据这个观点，列出了成功领导的关键能力（见表6.1）。

表6.1　领导的功能与有效性

功　能	功能有效性
计划 寻求所有可以得到的信息 定义团队任务、目的和目标 制定可行的计划（用合适的决策制定框架）	定义工作 清楚阐明需要完成的任务，并将它们分成各个部分

续表

功　能	功能有效性
驱动 简要告诉团队目标和计划 解释计划的必要性 给团队成员分配任务 确定团队标准	计划 形成达到目标的有效方法，也就是组织人力、物力、时间和资源，以确保达到目标
控制 维持团队标准 影响节奏 确保每项行动瞄准目标 刺激团队采取行动	阐明 分配工作和资源给下属，让每个人：①明白对他/她的期望；②理解他们贡献的重要性
支持 表达对团队成员和他们贡献的赞同 鼓励团队/个人 训练团队/个人 创造团队精神 协调分歧和探究分歧	控制 让事情得到规划 对问题和延误很敏感，并且快速反应 协调团队工作
知晓 阐明工作和计划 给团队灌输新信息 从团队获取信息 总结一致性的建议和观点	评价 对建议、过去的绩效和人进行准确的富有洞察力的判断
评价 检查观点的可行性，测试一个建议的解决方案的结果 评价团队绩效 帮助团队评价它自己的绩效	鼓励 创造并且保持团队对工作的投入和兴趣
	组织 创造一个适合的组织结构
	建立榜样 举例证明他/她希望在别人身上看到的价值和行为
	支持 鼓励团队/个人；简历和保持好的团队精神

◆管理者或领导者——重要吗?

领导和管理本质上都是概念性的。每一个人都会按照他们的方式来进行领导或者管理。某种程度上，一个人拥有什么样的头衔并不重要，很多管理者过些年头就变成了有效的领导者。很多所谓的“领导者”无论领导还是管理都百无一用。

但是，领导这个概念在今天的商业世界中，确实比管理拥有更大的价值，特别是从行政、组织的意义上来谈的管理。考虑到管理是决定需要做些什么，然后让别人来做，所以需要让所有的管理者都开发领导技能。

菲利浦·萨德尔（Philip Sadler）将管理者分为从“告知”到“参与”的连续体（见图 6.1）。在这个连续体上主要有四种风格，但是个人可以将他们放在感觉舒服的位置上。没有要求说拥有一个固定的风格，虽然对于管理者来说，将之置于两种他们认为自己和他们的表现最相似的风格之中很正常。同样，让团队成员在同样的连续体上来评价他们的管理者——领导者也是有益的，但是对于管理者的利己主义可能是危险的，所以要注意这种方法采用工具的客观性。

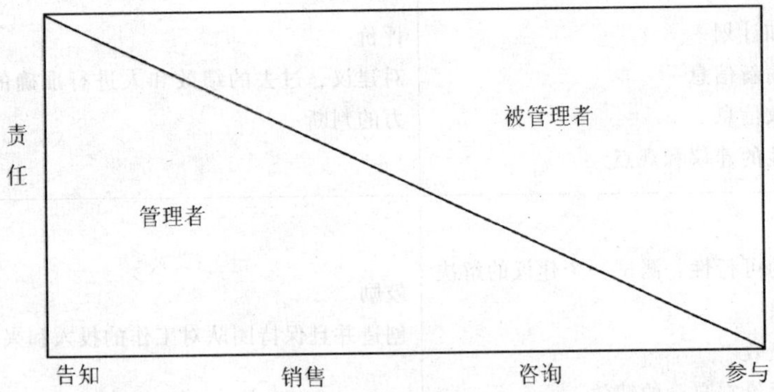

图 6.1 萨德尔的连续体

表 6.2 风格变量

风格	行为
告知	管理者做出决策，通知他们，然后分派职员来完成任务
销售	做完决定之后，在职员们执行之前或者执行之中，管理者试图让职员相信这样做的正确性
咨询	将问题反馈给职员，听取他们的意见，考虑他们的建议。然后管理者做出决定并且执行
参与	也称为“退位”，因为管理者加入团队来做决策并且遵守同意的意见

萨德尔的研究表明，大部分雇员偏好“顾问”的风格。“告知”和“销售”风格太独裁了，而“参与”放弃了责任。

知识扩展

考虑对市场营销人员而言，哪种管理风格具有最大的价值。当然，它应该是“咨询”，因为营销人员需要发展先进的倾听和总结技能来帮助他们有效地与客户进行沟通。

这个管理风格的连续体被很多研究者发现很有价值。识别领导活动和群体反应之间的关系是应用萨德尔的理论的一个典型例子（见图 6.2）。

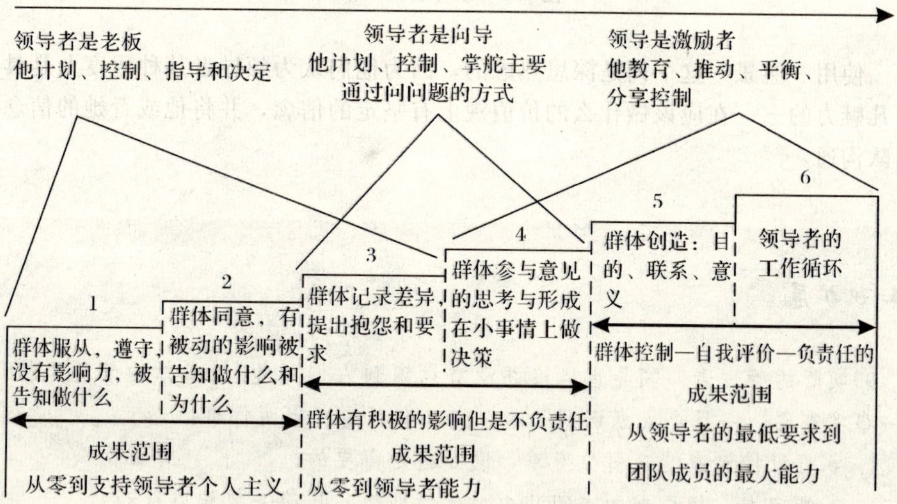
领导者是老板
他计划、控制、指导和决定
领导者是向导
他计划、控制、掌舵主要
通过问问题的方式
领导是激励者
他教育、推动、平衡、
分享控制
1
群体服从，遵守，没有影响力，被告知做什么
2
群体同意，有被动的影响被告知做什么和为什么
3
群体记录差异提出抱怨和要求
4
群体参与意见的思考与形成在小事情上做决策
5
群体创造：目的、联系、意义
6
领导者的工作循环
成果范围
从零到支持领导者个人主义
群体有积极的影响但是不负责任
成果范围
从零到领导者能力
群体控制—自我评价—负责任的
成果范围
从领导者的最低要求到
团队成员的最大能力

图 6.2　领导活动和组织反应

领导活动

在 20 世纪 80 年代英国的一项管理—领导研究中，德勒（Deloitte）、哈斯肯（Haskins）和赛尔（Sells）开发了一个模型，强调了领导者人际交往和沟通角色的重要性（见图 6.3）。

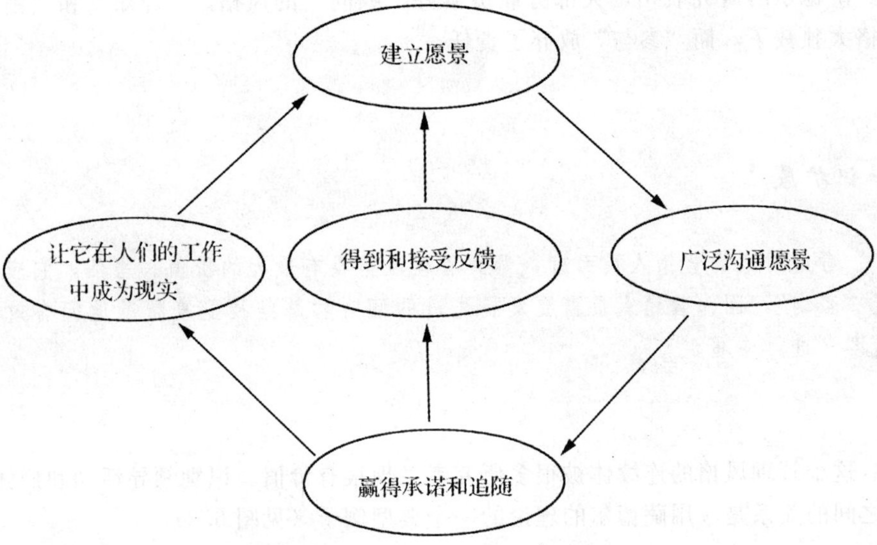

图 6.3 领导者的活动

使用“愿景”这个词是深思熟虑的，因为他们认为领导者某种程度上是具有超凡魅力的——在应该做什么的价值观上有坚定的信念，并将他或者她的信念与团队沟通。

知识扩展

实际的管理者—领导者风格并没有意识到人们对他/她感知的管理风格这一事实重要。一旦个人意识到了这一点，有可能发生两件事：

- 可以控制事情来引导变革，假如这是需要的。
- 管理者—领导者知道团队中对他的期望，从而采取相应行动。

最糊涂的管理者是那些，与认为自己应该做什么相比，更不了解人们是如何感知自己的行为的人。这样他们不停地得到和他们期望相反的反应。

布莱克（Blake）和马尔顿（Moulton）发展了管理方格理论，将管理者按照两个维度分类：对人的关注和对生产的关注（见图 6.4）。通过回答相关的问题，管理者可以将自己归类。

注意：这本身是没有什么价值的。像大部分的管理工具一样，这个价值依赖于它们刺激的结果。按照方格进行分类只是六个步骤的第一步：

- 按照方格进行分类

- 评价显示位置的意义
- 决定哪种方格位置对你的个人需求是最适合（最理想的）
- 为需要的行为改变建立清晰的目标。分解成子目标，你可以一个阶段一个阶段地前进
- 定位和安排必要的培训、教育和经历
- 评价绩效相对于需求和目的的达到程度，直到最终目标实现

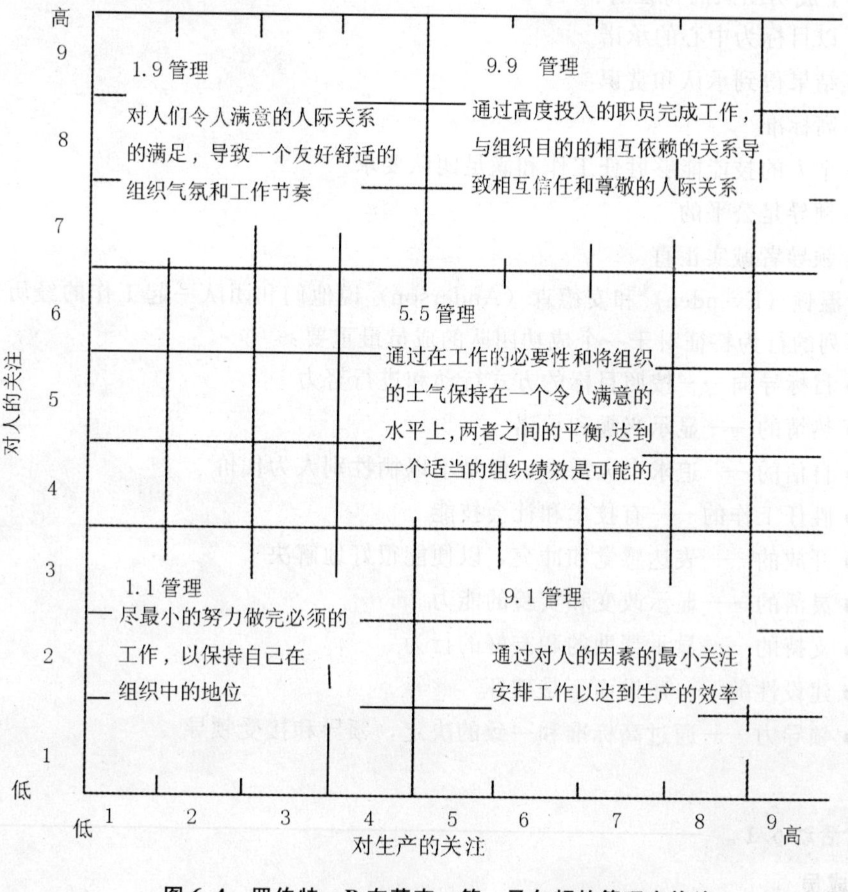

图 6.4　罗伯特·R 布莱克、简·马尔顿的管理方格论，《管理方格组织》《人力资源管理》

注意：在这本书中，从现在开始，我们使用“管理者”（或者经理）这个词来代替冗长的“管理者—领导者”。当提到管理的时候，你需要自动想到领导的重要性，不仅仅是在这本书中，而且是在你的日常生活中。

团队成员

作为团队的领导者是一件事情，作为团队成员获得成功是另外一件事情。作为今天越来越强调团队的组织中的经理，需要能够扮演不同的角色，这些角色要适用于个人在其中工作的各种类型的团队。

一个成功团队的特征有：

- 以目标为中心的承诺
- 结果得到承认和赏识
- 高标准
- 个人的技能能够胜任工作和满足团队要求
- 领导是公平的
- 领导者诚实正直

伊温顿（Evenden）和安德森（Anderson）说他们和团队一起工作的经历显示，下列的行为特征对于一个成功团队的成员最重要：

- 目标导向——按照目标的方式行动和进行努力
- 热情的——显示兴趣和承诺
- 自信的——追求个人需求，但是不以牺牲别人为代价
- 胜任工作的——有技术和社会技能
- 开放的——表达感觉和冲突，以便能很好地解决
- 灵活的——显示改变和实验的能力
- 支持的——显示帮助的和友好的行为
- 建设性的——建设而不是破坏
- 领导力——通过高标准和一致的决定，领导和接受领导

☞活动 6.1

团队成员

考虑你认为一个组织中的好的团队成员的要求。写一段大概 70 字的文字，描述一个有经验的领导者应该如何改变他/她的行为已成为一个有效的团队成员。

激励

动机是行动的原因。动机可以这么更准确地定义：

一个情感性的、意动的因素，它在决定一个人的行为朝目标或者结果进行努力的过程中发挥作用，目标往往是意识领会的，或者下意识的（心理学词典）。

这样，在通常的对知识的认知领域，详细审计了相关信息（如下）之后，激励开始发挥作用了。

诱因可以定义为"按照某种方式行动的动机"，为了加强激励，可以和已有的动机联系起来。营销人员会理解促销技术就是一个在销售点增加诱因的方法。当它们和消费者的内在的、往往是下意识的需求联系起来的时候，最有效。

◆这对于管理者意味着什么？

人们是目标驱动的，并且以行动来减轻紧张。因此，

- 需要识别紧张感；
- 紧张感需要通过提供诱因的方式来减轻。

管理者需要认识到将诱因与团队内部个人激励联系起来的必要性。很多紧张和自我形象联系在一起，个人形象对人的行为很重要。

个人形象

在满足我们适应社会需求的过程中，我们被五种类型的自我形象所驱动（见图 6.5）：

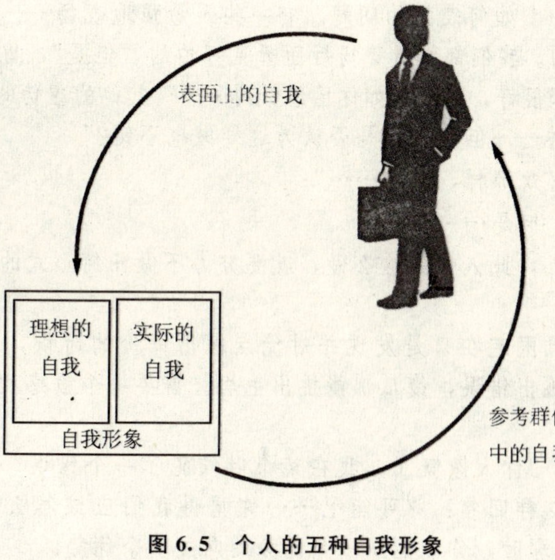

图 6.5　个人的五种自我形象

- 表面上的自我。像我们呈现给别人的一样，这是和其他形象一起合成的
- 参考群体中的自我。我们愿意仿效的自己。通过我们对组织中正确个人行为的感知以及我们想要联系或者参与的职位。为了改进显然的自己这一形象，我们可以修正自己的行为
- 内部自我形象。在两个因素之间的平衡
- 理想的自我——我们个性和愿望可能的最好的呈现方式
- 实际的自我——我们私人的和最失望的自己，组成我们最失望的自己

自我形象在个人成就方面有很重要的影响。这也是运动教练努力帮助他们发展一定能赢的自信的一个因素。“你给我一个好的失败者的形象，我也会给你这个形象!”

考虑到人性的复杂性和我们人际关系的数量、本质和多样性，很难达到一个平衡的自我形象。每天都要遇到新的成功和失败，因此我们会发现每天都要面对关心和表扬。

知识扩展

表扬

表扬有很大的激励效果，但是只需要花一点点时间作为成本。奇怪的是，虽然人们都很欢迎表扬，但是发现很难给予表扬。管理者所在的位置可以帮助给予或者阻止赞扬，可以推荐一个人晋升或者阻碍他晋升。他们的行为对于他们团队的有效性有着很大的反响。

这仍然存在一个如何表扬的问题。有一些人勉强地表扬——但是毁坏了他们想要达到的目的。我们都知道赞扬后面听见可怕的“但是”，胃中就有一种翻腾的感觉。像“那很好，但是假如你已经做到……”其他的虚伪的表扬包括：

- “干得不错——但是，你是否认为这样做也不错?”
- “我特别喜欢那样，除了……”
- “那很好，但是……”

当发展一个人，此人值得这么做，就要努力不做任何形式的批评。对，这能做到!

假如你把自己限定在只是发现并对优点做出评价的时候，你会发现这很难。总是很容易挑出错误，傻瓜都能挑出毛病。需要一个敏感和感兴趣的经理来检查质量问题。

当培训生说：“你太慷慨了，我在某个时候犯了一个错误”的时候，回报就来了。你可以这样回答：“可能吧……你觉得我们应该怎么样来克服问题呢?”那时，只有那时，你才能从一个优势走向另一个优势。

就像格拉德·曼丽·霍普金斯所说：无论有多大困难，我有一个秘决，就是像需要及时雨一样需要鼓励，然后我就可以独立开展工作。

减轻紧张感

人吸收信息的过程主要通过三个思想阶段：

- 认知的。知晓的不同形式——感知、记忆、判断等。
- 情感的。我们的情感、态度、情绪反应。
- 意动的。行动阶段，将活动作为经验的根本形式。

这样首先需要处理认知因素，然后轮到情感因素，再轮到意动的、行动阶段。我们不必在每天的管理中都使用这些词汇——但一个好的管理人员意识到需要将他们的沟通打包以保证三个阶段依次进行。假如没有这样做的话，结果可能使团队变得迷惑起来，他们对一个不假思索宣布的决定采取了不恰当的反应，因为他们不懂得这个决定背后的推理。假如正确表达的话，在一个毫无头绪的环境中采取的行动也可以有激励作用："伙计们，我们别无选择，客户要求一个互换——所以让我们干起来吧——这样我们在另外三个月就不需要受他的干扰了——好吗？"

紧张感是认知性的，但是需要用情感—意动的方法来处理，因为管理者更需要关注行为的心理方面而不是生理方面。

报酬

像已经揭示的那样，人是目标驱动的。希望实现目标而获得报酬是自然而然的。报酬有两种形式：

- 内在的/激励性的——对挑战、成就和成功等的感觉。
- 外在的/诱因的——工资、晋升和表扬等。

因为绩效得到内在的和外在的报酬会产生满意感，但是满意的水平取决于报酬与对绩效的贡献之间的差距。因此需要在内在报酬和外在报酬中寻求一种平衡，但是对大多数人而言，外在报酬对于保证持续的激励是不可缺少的。

◆报酬会导致态度变化

一个赢得表扬的职员倾向于重复该行为以获得更多的报酬。即使一件小事，比如观察到（或者没有观察到）外观的变化——一件新的服装，或者发型的变

化——都可以对组织的凝聚力和整体的士气产生很大的影响。对特定的工作绩效的表扬需要慷慨、公平并且经常提供。

行动产生反应，而不行动会认为是一个已经做好的决定——不采取行动！因此将一个粗心大意的人放入一个高安全标准的团队中的时候，要么该人的绩效会提高，要么团队的标准会下降。而管理是关键——假如这个人没有受到标准的排斥，会助长他的懒散，整个团队中的人都倾向于降低自己的标准。

在采取任何行动的决策中，无论多小，个人都会考虑三个主要的因素：

- 这个行动对我的自我形象有什么影响
- 冒险的要素是什么
- 我的愿望是什么——我需要做些什么

假如感觉到自我形象受到了损害，没有几个人会愿意采取行动。假如他们认为风险太大，也很少愿意采取行动。而假如他们不想做的话，就没有人会去做。

◆自我形象与风险

- 没有人愿意在犯错误的时候被抓住。即使面临不可辩驳的证据，很多人也要继续否认他犯了错
- 风险只能由将要承担风险的人的感知来评判。也许看起来不是一个充满风险的环境，但是如果当事人感觉风险存在，他/她就要承认存在问题。他/她需要帮助——而不是恐吓。
- 风险和自我形象联系紧密。在成功的情形和失败的可能损害之间权衡。这些要素在本质上是主观的，所以情感的要素——感觉——会支配。

注意每个人都会考虑别人对他们行动的看法。因此可能的压力会阻止接受一个提议，或者不愿接受一个指令。

风险与形象的比较的精神过程很复杂：

- 需要一个复印机，它的价格合适
- 我的经理和主管一起亲密合作，我不认为主管喜欢这种安排。这会产生派系，因为我的经理会支持我
- 我不想导致任何问题，所以最好的办法是延迟做决定
- 这个特殊的交易今天结束了，但是我不得不听之任之

管理者应该首先关注人与人之间的差异——就像营销人员一样。从这个角度，营销人员参与管理将比来自其他部门的同事有更多的优势。管理中，了解人们行为和反应背后的原因是必要的，假如要想使成功达到最大化，对每一个人都要进行感情投入。

科学管理原理认为要修正每一个人的行为以满足组织的需求，管理者要转向心理和社会的行为科学来寻求帮助。他们的目标是操纵工人，他们认为工人就是

机器的延伸。

今天的管理仍然深深地植根于社会科学，运用这些理论，通过采用正向刺激来进行激励。

◆正向刺激

对成功的正向的反馈要比对失败的负向的反馈有效得多。可以采用两种类型的正向刺激：

- 外向的——外向的影响和报酬，如金钱、休假、办公车辆等
- 内向的——内向报酬，如对工作本身的满意、地位、表扬或者认同

将诱因捆绑上动机，最强有力的效果就达到了。

例如，你要发放100英镑的绩效奖金，团队中的每一个人都满足条件。你可能会简单地这么规定：假如通过Y达到X，就可以获得100英镑。将这个诱因同每一个人的需求、欲望和渴望联系起来就更加有力了：

玛丽——达到了目标，你就可以赢得你一直说的那式新款CD播放机。

约翰——你有多么想要一副新的钓鱼杆？我们所有想做的只是达到X。

当然，这些方法在控制行为方面更加有效。考虑：

马惕那（Martina）——我们这个礼拜都可以拿到100英镑。你会如何做？

这是不是也带有一点点控制方法的意味？我们一会儿再回到这个问题上。

行为修正，就像它开始所使用的意思一样，强调改变工人以适合组织。为了让它有效进行，需要考虑下列需求：

- 定义和解释理想的行为，使得雇员知道赋予他们的期望
- 定义和解释报酬和惩罚
- 决定诱因或者动机的使用，或者二者的综合
- 监控行为，看是否提高到理想的结果

从我们现在的理解往回看，这个方法并不有效。事实是，它今天仍然被很多管理者所采用，他们并没有改变这种方法的操纵本质。但是这种方法让我们开始对理解工作中的人发生兴趣。显然要渗透的领域很具深度，需要向社会科学求助。

知识扩展

瑞驰公司的名气来自于它的伦敦桥零售分店，该分店有着所有零售商单位面积的最高的营业额。在具有超凡魅力的主人朱莉亚·瑞驰的领导下，职员们享受着创造性的激励机制。

这个机制在劳斯莱斯公司发挥着巨大的作用。每个月结束，零售分店的绩

效都要根据既定的目标进行评价。领先的团队可以使用一天该公司的汽车。这种公开的表扬可以激励领先团队的士气，并且鼓励其他的团队，他们努力工作，为了在下个月获得同样的特权。

行为修正的尝试中阐发的要点在今天仍然有效：

- 人的行为由态度而起，而态度是人们对形势的看法。刻意的“报酬”会被认做是一种“贿赂”，拥有的将是负面的而不是正面的效果
- 正向刺激会让人们努力工作，但是一个负向的惩罚性方法会让职员们产生敌对情绪和怨恨情绪。据研究发现，事情过后工人的怨恨情绪仍然存在，他们表面上看起来很满意，但是却不愿意全力投入
- 不存在的同质性被认为是报酬标准化的基础

工作中人的问题

可以识别两个主要的问题领域并且分为：

- 疏远。感觉远离了工作中的环境。那种被阻碍成功和进步的困难包围的感觉。一个人会感觉和他/她真正的自己疏远，像一个销售员被强迫销售他/她不相信或者没有信心的商品一样
- 混乱。因为经常发生在大组织中的迷惑而导致的情绪状态。个人会感觉面对压力和不是他们造成的问题，这些压力和问题超越于他们的控制范围，即使他们感到受到强烈的影响。混乱也可能是从家里带到工作场所中来的，因为一般它是对压力和问题的反应——而不一定非要建立在工作基础之上

活动 6.2

客观条件—主观反应

疏远和混乱会导致一些特定的态度。花 20 分钟来：

- 考虑你可以预见到的每一个客观条件会导致的主观反应。
- 广泛地列出应该采取的管理行动。

工作中的客观条件	导致的主观态度
缺乏对工作条件的权力和影响力	
不懂得被要求进行的工作的目的	
将人们相互分离开的环境，比如噪音、座位设置	
对全面发挥个人天才和能力的限制	
没有融入社会或者工作群体	
行为规范是不清晰的、分解的、异化的	
对价值和信念存在混淆	

除了日常的交流之外，正式的评价系统、持续不断的发展给了敏感和相关的管理者很多关于态度和组织与个人的士气的很多根据。

人类需求的类型

这个领域已经有很多研究。典型的研究结果有：

- 马斯洛认为有五种类型的需求层次（见图 6.6），只有当前面一个层次的需求得到满足，才可能转向下一个层次的需求。这样生存需求是最重要的，然后是安全需求，当所有其他的需求得到满足以后，自我实现的需求才有可能满足。

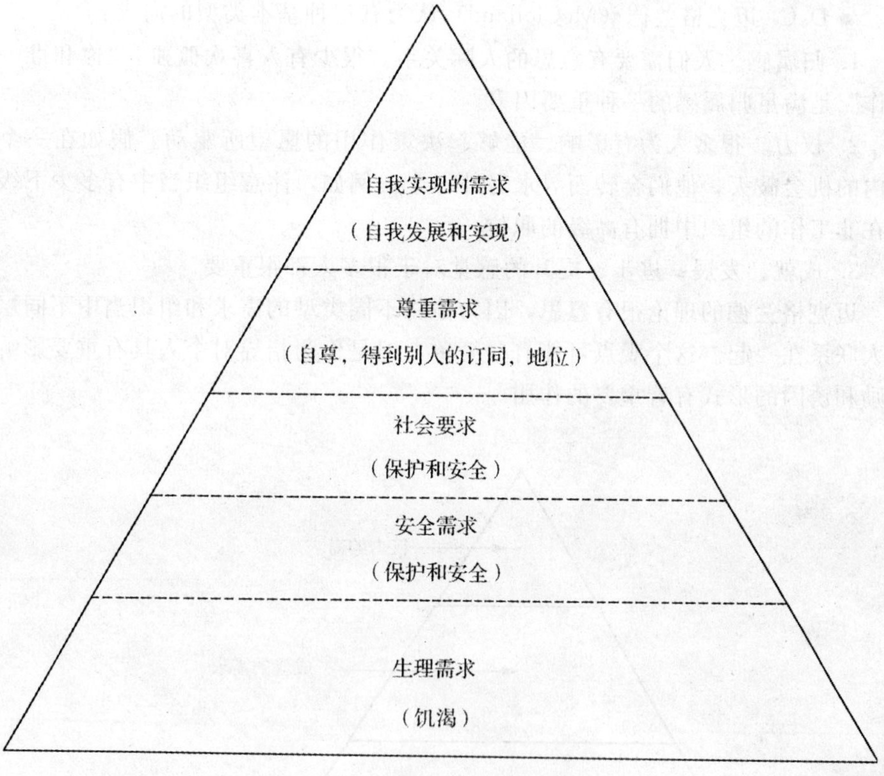

图 6.6　马斯洛的需求层次理论

- 阿盖尔（Argyle）识别了社会动机的七种根源——在这个基础上加上了第八种。最初的七种根源是：

1. 非社会化。包含对食物和水的生理需求，对金钱的需求，对各种能够产生社会交往的行为的需求。

2. 依赖性。接受、交往、帮助、保护和指导，特别是来自于那些拥有权力和威信的人。

3. 归属关系。身体接触，眼神交流，温暖友好的回应，同事和伙伴们的接纳。

4. 控制。被团队中的其他人接受作为一个任务领导人，被允许花最多的时间交谈，被他人顺从。

5. 性。身体接触、身体交流等，眼神交流、友好的和亲密的社会交往等。

6. 侵略。从身体上、语言上或者通过其他的方式来伤害他人。

7. 自我实现。其他人的支持。

第八种增加的因素是：

8. 文化。支持文化价值的需要，并且按照加强文化传统重要性的方式来行动。

● D. C. 迈克格兰德（McClelland）认为有三种基本类型的需求：

1. 归属感。人们需要有意思的人际关系。很少有人喜欢孤独。“你和谁一起工作”是满足归属感的一种重要因素。

2. 权力。很多人为有影响、能够起决策作用的愿望所驱动。假如在一个领域内的机会破灭，他们会转而寻求另外一个，例如，注意组织当中有多少下级职员在非工作的组织中拥有高级的职位。

3. 成就。发展、进步、提升的感觉对于很多人都很重要。

迈克格兰德的理论很有意思，因为他将不同类型的需求和组织当中不同层次的人联系在一起。这个观点可能有些简单，但是作为指导对个人具有重要影响的鼓励和诱因的形式有着重要的作用。

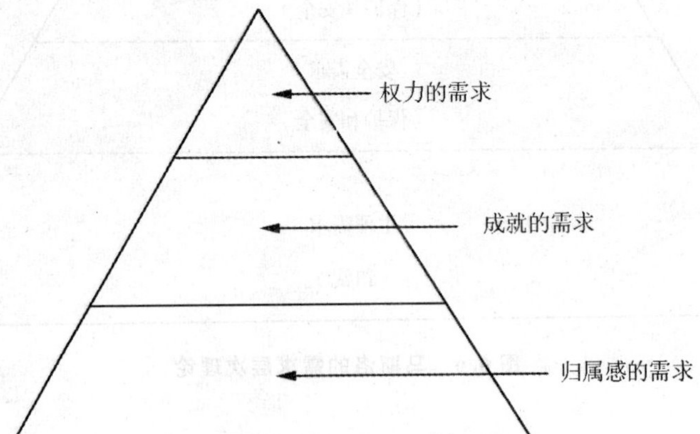

图 6.7 迈克格兰德的三种需求形式

迈克格兰德还认为如果对他们的工作生活不满意，他们会产生挫折感。他们

会寻求满足，变得敌对、变得缺乏兴趣。当然，他们总是不能意识到趋动他们的要素。

他认为个人有很多个性，工作成功依赖于将这些个性按照一个令人满意的方式整合起来，他将这些因素分类为：

- 合作。变得有用的愿望并且贯彻那些拥有权威的人的愿望。
- 认同。被喜欢和被接受的愿望。通常热心的、友好的个人会从别人那里得到承认。
- 权力、威望和金钱。赚的钱、得到的权力和威望会比实际的工作更重要。地位会比工作中的不愉快更重要。
- 好奇心。在很多人身上有，一旦得到引导和利用，将拥有很大的能量。注意：不一定是被加以管理——假如有了机会和鼓励，个人能够而且会发明和开发他们自己潜伏的天才。
- 成就。很多人都想面对挑战和成功。在西方国家这是一个强劲的动力，美国当然更不例外。但是，并不像迈克格兰德所说的那样在美国以外的国家也占有优势地位。

◆运用迈克格兰德的模型

最简单的方法是将与组织中层次相联系的个人的个性需求与诱因相联系。这当然是一个很愚蠢的推论，而且只是在某种程度上有效。有必要识别每个人的实际的个性需求，然后再量身定做合适的诱因。

迈克格兰德的研究在今天很有用，是因为现在扁平化的组织结构给管理层的职员带来更少的晋升机会。工作满意度和挑战需要重新定义，从侧面加入新的团队以新的机会也应该被视为报酬。过去，这会被看做将冗员清理出去，而现在，管理层需要积极地面对这些看法。

知识扩展

地位

社会地位指的是对一个人的尊重的程度。工作角色会给一个人带来威望，通过拥有诸如职位、办公室大小乃至办公桌颜色这样的特征，人们能够感到地位。

瑞士雀巢公司通过办公室空间、大小和办公桌颜色来显示地位。在一个开放的办公室里，一个下级拥有一个小的、棕色桌面的办公桌。晋升后桌面改成绿色。再晋升一次，办公桌就要变成更大的了，桌面仍然是棕色的。然后是绿

色的桌面，然后要换成一间小房间。最后换成有门的办公室。换办公室意味着这个人已经迈入高级管理层了。

地位象征可以看做是正向的刺激，但也具有分裂作用。管理者的就餐厅和预留的停车场会导致人们的愤恨。试图用共用餐厅的办法来消除地位差别经常受到一些员工的否定，这些员工会在大家共用一个餐厅的时候和领导划出明显的界线。这是因为谁是谁的上级是毫无疑问的，很多人都愿意让这些区分更加明晰。表面的办法会适得其反。一层油漆给人以质量的印象，但未必如此。

动机还是诱因——需要互相协调

所有在行为上进行的研究揭示，如果把诱因和动机联系起来，会比不考虑它的后果简单地使用诱因的威力更大。钱，就其本身而言，并不是很大的动机。这部分是因为钱意味着依赖环境和需求的大量不同的东西，而且还因为很多人是受钱所能带来的东西的激励，而不是金钱本身。

不是所有的激励都采取同一种方式。就像我们上面看到的那样，100 英镑的激励可以用来为一个人买一个 CD 播放器，为另外一个人买一副新钓鱼杆。我们同样明白，如果做得不好，管理者会显得具有操纵性而不是激励性。我们需要意识到，鼓励不仅仅限于诱因的使用，它还包括对成功的期望，对成就的追求和对很多东西的购买。

管理者需要了解、发现，在有意外收获的时候人们会如何工作，然后设计诱因来满足人们的需求。大部分情况中，并不需要直接用钱。一个周末的休息、当地商店的一张家具购物券会比单纯地采用金钱的方式更加有效。

优秀的管理者知道，当目标可以达到的时候，将诱因和动机相结合是最有效的方式。问得太多，个人反而不相信成功的可能性——也就不愿意努力做一个尝试。这只会导致士气的低落，而不是推进。

优秀的领导者了解并且关心团队中的每个人。他们不辞劳苦地为成就而工作，建立目标和控制系统。

当然也存在负面的诱因。人们可能会害怕。害怕是一种强有力的情感。好的管理者有错误的时候就需要改正——但是用一种正向的方式改正。批评是负向的和破坏性的。

彼德·德鲁克在他的《管理》一书中，提出有“大害怕”和“小害怕”。他说小害怕会导致怨恨而不是服从，大害怕则可以刺激相关的行动。他举了一个例子。每个人都知道酒精不会让人们停止喝酒，直到他/她喝倒——甚至那会儿还

不能停止喝酒。但是一个好的雇主会发现酒精可以让人们停止喝酒——而且是永久地——假如平淡地告诉他们喝酒就会遭到解雇，而新来的职员也会被告之。

评估

每一天的工作当中，管理者（记住，是管理者/领导者）需要意识到别人是如何感知他/她的职位的。当管理者从一个职位转到另一个职位——改变头衔——需要给出明确的信号，以使得团队中的成员知道管理者的头衔，这是很重要的。身体语言需要支持口头表达——人们是根据我们被观察到的行动来判断我们，而不是根据我们说的来判断。

◆管理头衔

每一个管理者需要随时扮演的角色包括：

<table>
<tr><td>决策者</td><td rowspan="5">总是在好的领导的背景之中，也就是说，每一项行动都要设计来鼓励和驱使个人和团队。</td></tr>
<tr><td>发动者</td></tr>
<tr><td>评估者</td></tr>
<tr><td>评定者</td></tr>
<tr><td>执行纪律者</td></tr>
</table>

我们已经知道，决策是管理的首要责任。发动行动要求将组织技能和授权相结合。这些领域在本书的前面部分已经涉及。

评估者和评定者的角色需要清晰描述，在评估中，管理者关注着个人的发展，而作为评定者，管理者检查特定绩效的有效性，很难将这两个活动完全分离，因为一个有效的评估之中总是有很多评定的要素。成功的关键是理解这两个过程的差异，并且作为两个独立的活动来完成。

这两个角色可以这么来总结：

- 评定者＝判断者
- 评估者＝帮忙者

“评估”这个词总是被组织用来（或者误用来）达到一系列的目的：

- 提高目前的绩效
- 提供反馈
- 促进激励
- 识别培训需求
- 识别潜力
- 告之个人对他的期望

- 关注职业发展
- 提高奖励工资
- 给人力资源管理提供信息
- 建立工作目标
- 评估选择程序的有效性
- 奖励或者惩罚

☞活动 6.3

评估还是评定？

仔细阅读上面使用“评估”的目的列表。加入你认为重要的其他内容。

- 记住评估最有效的用途在于个人发展，衡量每一个目的的有效性。用从 1（有益的）到 5（破坏性的）的尺度来评定等级
- 按照你的评价来将这个目的列表重新排序
- 最后，评估区分这两种活动的价值和需要

◆评估——基本原理

逻辑上最好这么列出来：

- 所有的管理者都需要不断地评估他们的职员
- 这是自动的、例行性的、必要的
- 首先关注的是“将这件工作完成”
- 很少有时间针对每个人修正他们的表现
- 相应地，个人得到的批评——当事情变得更糟——比表扬要多，因为很多事情都需要花时间
- 管理者对职员的看法一直是保密的，直到检查工资制度或者创造晋升机会的时候
- 管理者采取的行动可以在每一个人知觉的偏见的范围内进行解释——没有人真正知道决策的原因，但是肯定是有根据的

一个正式的评估系统会处理下列问题：

- 管理者的评估会被正式地记录，并且告之个人
- 焦点转移到通过人来完成工作任务上
- 通过和职员的碰面，为个人创造交流的时间
- 表扬和批评需要具有洞察力
- 每个人都可以将自己的观点记录下来
- 管理行为更为清晰——这就是为什么可以质疑特殊的决定的原因

一旦正式的评估系统发挥作用，它对每天的管理行为都要产生影响。一旦知道需要通过一道评估的程序，他们的行为能够而且需要被解释，他们就会在采取行动的时候，进行有效的沟通。

活动 6.4

好处

评估的三方——个人、经理和组织——都能够从有效的评估系统中得到很多重要的好处。从每一方的角度，列出他们可以从中得到的至少三个好处。

◆为什么是“一个正式的系统”?

很遗憾，虽然正式的评估系统对于个人、团队、管理层和组织都很有用，他们却总是抵制：

管理者：

- 真的找不到时间来进行这个过程
- 感觉他们没有时间
- 支吾搪塞，公司的外部需求更应该放到第一位
- 还不能应付面谈
- 担心他们的管理者会责备他们

个人更欢迎和支持评估系统。他们的关心来自于：

- 担心受批评
- 如果影响长远的前景，不愿意告知真相
- 不能应付面谈
- 认为这只是一个书面测试，没有什么特别的东西发生

因此，要使评估系统有效，它必须：

- 由高层管理者作为一项人事政策启动并且支持
- 仔细设计
- 内部营销，以保证得到接受
- 通过培训管理者和员工来支持，以保证这个过程的效果和效率
- 指定一个人力资源管理部门（或者拥有人力资源管理的职责）的管理者处理
- 完成后续工作，以确保行动产生成效

管理者还需要将评估的要加到工作描述之中——需要找出时间来进行这项活动。管理者对评估的投入也要成为他们的上级评估他们的一个因素。

一个正式的系统不可避免地要求采取一定的形式和达到时间目标。需要在最

小化的信息/组织和最大化的信息/控制之间寻求平衡。任何一方的极端都会使这个系统失败。它可能太松以至于被大家忽视，也可能太紧以至于被大家抵制。为了让大家都能看到对他们的好处，需要进行良好的设计和有效的内部营销。

◆管理承诺

更好的评估系统是按照父母和祖父的原则来运作的。“父母”指的是直接的上司；“祖父”指的是直线上再高一层的上司——管理者的管理者。

因为每一个评估都需要上司的签名，个人会确定他们得到了高层管理者的注意——可能是那些很少在团队或部门中看到的人。

知识扩展

用父母和祖父的类比是解释评估的标准方式——它并不意味着管理是家长式的。“父母角色”的管理时代已经早就过去了。

对评估和按照组织层次向上传递评估的承诺帮助确认公平，重要的是，正式的渠道可以帮助个人越过他们的直接上司。这样，如果他们感到有任何形式的歧视，无论什么原因，他们可以在评估中表达出来，并且交给高层管理人员审视。

因为每个管理者的表现都会被职员们在评估中不可避免地被提及并且评述。因此，管理者要想隐瞒他们的上司——人性鼓励人们这么做，变得越来越难了（见图 6.8）。

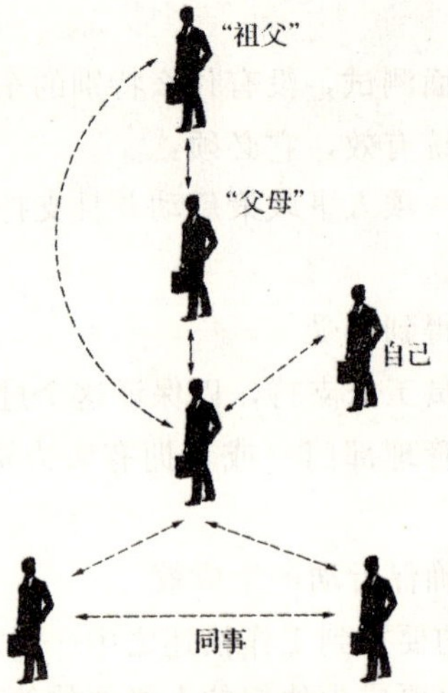

图 6.8 谁评价

评估——过程

◆同事

评估可以由同事（也就是他的工作伙伴）来做，这当然可以是整个团队或者团队中的一部分人。可以将管理者包含在内，或者排除在外。这些评估的报告可以反馈到系统之中，因此，对职员和组织发展具有相当大的价值。但是，这个过程没有被正式化，因此不能将结果用于人力资源管理的目的。

◆自己

自我评估对于整个系统的成功至关重要。因为这是一个双向的过程，所以个人应该准备好进行评估面谈。评估面谈中的关系更应该是同等的而不是上下级的关系。评估面谈不是经理们详细说明和评估绩效要素的场所——那是评定。

◆父母

管理者和个人讨论多种形式的关心和感兴趣的问题——按着一个预先确定的格式，但是考虑到个人需求而具有相当的灵活性。讨论的话题被记录，会议的末尾，管理者和个人都要在评估表格上签字。个人应该得到一个包含所有讨论话题的评述部分，特别应该包含任何没有达到一致意见的部分——这可能是管理者对一个特定事件或者形势的感知。

◆祖父

管理者的上司批阅这些评估表，将得到一致同意的行动计划写上批注，并且发表意见。在表格上签字后，复印件被传递给：

1. 个人——作为记录，确认做出的承诺。

2. 管理者——作为记录，提醒以确认承诺兑现。

3. 人力资源管理部门——关于承诺的行动和个人的记录。

注意：

1. 一个评估记录是机密文件。当人力资源管理部门使用评估作为管理发展的依据的时候，培训经理不能看到原始文件。任何一个培训经理必须知道他有必要培训一些人来达到特定的目标。他要设计让这些事情发生的路径。

2. 不幸的是，在残酷的商业现实社会中，评估系统不可能是毫无瑕疵的。个人显然把对自己有利的评估作为一种自信的表态，成功的评估记录提供了相当程度的工作安全性。

武断地解雇一个一贯被评估为优秀的人是不可能的。相反，一个不好的评估可以作为不好绩效的证据，一系列这样的评估可以作为解雇的必要的强有力的武器。

显然，好的管理不会出现仓促的或武断的解雇（除了另有原因，例如盗窃）。同样，不好的管理不会建立起评估的公正系统。那么，可能只有好的雇主才有好的评估系统？可能吧。

知识扩展

机械补救系统集团因为他们的人事政策而著名。他们只接受高质量的雇员，而发的薪水远远超出市场平均水平，再加上和公司绩效挂钩的大量奖金，他们特别关注职员的福利。

每年，每一个职员都会在任用他们的周年纪念的工作日左右接受评估。这意味着经理们需要在星期一从伦敦赶到巴思，星期二赶到牛津，然后星期三又赶回巴思。这可能有些过于热心，但这清楚地表明了人对于组织的重要性——这也是他们坚持进行周年面谈的主要目的。

人们已经认识到要关注保持好的雇员、管理方式的重要性及团队行为。因此，每一种努力，包括调换销售人员，都是保持好的雇员的行动，问题可能仅仅在于他们不能和特定的管理者很好地相处。

设计一个评估系统

评估是绩效管理系统的一部分（见图 6.9）。

- 个人的角色在工作描述中已经定义好了。工作描述也需要随着个人工作的发展不断更新以与之相适应
- 个人目标和行为规划建立在长期职业的自我发展和良好的工作绩效的双重需求之上
- 不停地由自己和上级对行动计划和工作结果进行回顾。在正式的评估程序之前，个人应该回顾从上一次评估开始的整个阶段，以准备下一个评估
- 评估监控进步、激发动机并且为相关各方建立新行动计划

● 个人表现得更好，有更好的前景，团体和组织也从中受益。

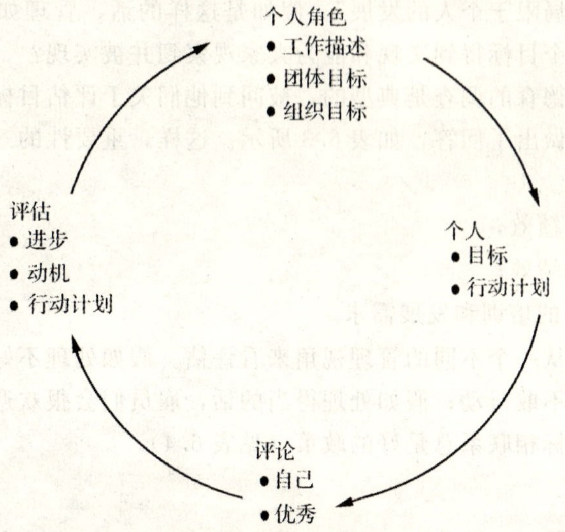

图 6.9 绩效管理系统

◆建立目标

像在管理中一样，需要明确目标。组织想在评估中获得什么？它会给相关各方带来什么好处？评估系统可以满足很多目标，因此，明晰目标很重要。

雇员对评估的态度趋向于欢迎，只要：

● 目标首先专注于雇员工作绩效。
● 培训和发展的需求被识别，以使得个人的职业前景得到提升。
● 参与是积极的——这个系统应该成为管理的一个重要通道。

表 6.3 主管在评估目标重要性上的观点

评估目标	重要性							加权
	1	2	3	4	5	6	7	
回顾过去的绩效	—	3	2	2	—	—	—	2.86
进行薪酬决策	2	—	1	1	—	1	2	4.14
提高未来绩效	4	2	1	—	—	—	—	2.14
加强沟通	—	—	1	2	3	1	—	4.57
识别雇员潜力	—	—	1	1	1	2	2	5.43
识别雇员的培训和发展需求	1	2	1	1	1	1	—	3.0
帮助后续规划	—	—	—	—	2	2	3	6.14

资料来源：选自艾维顿（Evenden）、安德森（ Anderson）的著作。

有很多混合性的关于评估是否和薪酬、晋升的条件和可能性相关联的观点。整个评定过程和评估是必然紧密相关的——这个问题也就变成了“评估的使用是否能够而且应该局限于个人的发展”。假如是这样的话，管理如何设计和监控评估机制以保证这个目标得到实现和能为大家观察到并被实现？

艾维顿和安德森的调查是典型的。被问到他们关于评估目标重要性的观点的时候，七个主管做出了回答，如表 6.3 所示。这样，重要性的三个主要方面看起来是：

- 提高未来绩效；
- 回顾过去绩效；
- 识别雇员的培训和发展需求。

雇员自然会从一个不同的管理视角来看评估。假如处理不好，这个过程会让他们失去动力和不敢行动；假如处理得当的话，雇员们会很欢迎并且得到充分激励。将激励和目标相联系总是好的政策（见表 6.4）。

活动 6.5

评估目标

假设在一个有效的评估机制后暗含着一系列的目标，考虑对于一个想维持低的雇员流动率的组织，哪种管理目标是最重要的和次重要的。

注意：不要忘记时间要素。

表 6.4　将动机和评估的目标相联系（摘自于艾维顿和安德森的著作）

评估的动机	目标帮助激励
目　的	讨论优先次级和适合的工作
对我的期望是什么	发现的机会
我是怎么做的	你会知道
挑　战	目标应该现实
成　就	持续的，特别是当目标是连续性的时候
工作满意度	能够增添乐趣
认　同	自尊和表扬的机会
责　任	增加
进　步	增加的机会和已知的绩效要求相连接

◆程序和文件

评估面谈是一个无论管理者还是雇员都不熟悉的特定活动。因此有必要建立一个尽可能直截了当和简单易懂的程序，并加以培训。一个设计良好的文本很必要，可以帮助每个人在相同的基础上工作，并且在过程中得到指导。

一个典型的机制会有：

- 指导和说明。这些应该标准化、公开，并且包含已经达成一致的目标，分发给每个人。
- 预评估文件。帮助管理者和雇员考虑他们将要评估的领域，并且准备好面谈。
- 评估文件。结束面谈的标准表格，要么使用多功能复写纸，要么简单地复印。

典型的预评估文件应该按照表 6.5 中的格式。

表 6.5　　预评估文件

ACME 保险有限公司职员评估

雇员提示

你必须和你的管理者进行一个简短的面谈。下面的要点会帮助你整理你的观点，以及帮你考虑下一年度你要达到的目标。同时也包含了你上次评估的复本。

你的管理者很想了解你关于工作和个人发展的观点——如果你回答下面的问题并且带到面谈中，这个表格将会很有用。

目标

你要达到什么样的工作和个人目标？你有多成功？你成功的主要原因是什么？你遇到的主要问题是什么？

控制

你可以控制哪些因素来帮助你达到目标？

你控制之外的哪些因素会阻碍你？

团队

你工作团队的有效性如何？

你对团队做出了何种贡献？结果如何？

个人

你在这个阶段最重要的三个贡献是什么？

最大的三个失望是什么？

未来

你的工作需要何种变化？为什么？

你认为你的未来在何方？

你希望你的职业生涯如何发展？

续表

为了提高团队/部门/组织的绩效，你有何建议？ 如你所知，评估机制是为了帮助我们将 ACME 保险公司变成一个良好的工作场所和在市场中具有更强大的地位而设计的。你进行的面谈对你的未来职业很重要，因此，对于公司也很重要。请放轻松并抓住机会为我们全面的成功做出贡献。

一个组织拥有良好的机制和有经验的人事政策，其使用的评估表格可以是一系列的简单问题，并且为描述性的答案留下空白空间。但是，经验证明一旦评估开始，职员需要一个更结构化的框架。虽然它带有绩效回顾的味道，但展示进行评级的表格可以帮助人们顺利地进入面谈。它提供了一个讨论的基础，如下所示：

经理："好的，约翰，让我们快看看我们是否能够在你整体的绩效上达成一致。你在客户联系上是如何评价你自己的？"

约翰："我估计是 C+。"

经理："好的，我同意。自从我们上次会面之后，你干得很不错。产品知识怎么样？"

约翰："B？我努力工作来掌握它们，因为这对于取得客户的信任至关重要。"

经理："绝对同意。干得不错。"

约翰："在电话交谈方式上我认为我也应该可以得到 B，或者 A。"

经理："噢，这里我们可能不一致。我给你 C 或者 C+。你为什么认为你应该更高呢？"

一旦处理了这些小的项目，并且识别了讨论的领域，那么面谈可以讨论更广泛的问题（见表 6.6）。

表 6.6 评估表格

ACME 保险有限公司职员评估

名字：

职位： 部门：

经理： 日期：

1. 描述工作主要目标：

2. 在下列每个方面评价成功程度并做必要的备注。

领域	A	B	C+	C	D	E	备注
客户联系							
产品知识							
处理电话的方式							
其 他							

3. 如果必要，进一步阐述 2 中的备注。

4. 识别每一个题目下的成就层次，说明为什么样么评论。

4.1 工作量：

4.2 工作质量：

4.3 团队参与：

4.4 守时：

4.5 依赖性：

4.6 创新：

5. 总体绩效。

对这段时间的总体绩效和贡献，用几句话进行总结

6. 行动规划。

列出你行动规划的主要方面，并具附带上完成这项任务的时间期限

7. 个人备注。

个人添加备注，然后签名，并写上日期

签名：职员： 日期：

经理： 日期：

检查经理的评论：

签名：职员： 日期：

评估面谈

评估面谈可能是直线经理必须参加的所有人事面谈中最难的。这是因为：

- 参加面谈的个人都怀着对工作和工作绩效的信心和安全感。他们不是申请工作，也不是为了晋升。他们不是来接受训诫的。在其他面谈中很明

显的权力，在这里消失了。权力的消失可能带来一部分自信的消失。

- 需要相当的人际技能来保持一个稳定的速度，同时合适地安排时间，并且鼓励职员参与。同时，要识别并且处理那些可能有争议的问题。
- 这个过程可能没有限制——特别是当职员和评估者的观点有很多不同的时候。这会导致延伸面谈，特别是那些只是部分完成而在其他时间需要继续的情况。（注意：对于一个职员，这样的情况不能超过一次。这只适用于那些刚刚引进评估的组织，那里的职员没有机会表达自己的情况。）
- 技能主要是在工作当中学习的。模拟的面谈会有所帮助，但不能有真正面谈一样的影响。使用视频或者观察员则否定了这个过程当中的机密性和个性。

作为一个总体指导，一次面谈最好是 90 分钟左右，这要求仔细准备。

◆准备

- 要回顾相对于工作描述、工作目标的工作绩效，并且要知道你为什么这么评价自己。要求确切的证据，而不是一般性的总结
- 考虑这个目标是否太难或者太容易
- 评价职员实际上采取了什么行动来促进或者阻碍成功
- 注意到绩效外部因素的影响
- 总结你感觉这个职员工作的如何，你看他/她走向何方，你要推荐的行动等
- 根据个人面谈时带来的证据，准备修正你的观点（你不能预测将要发生的事情，也不能预测职员会对情况产生什么反应）

◆参与

评估是一个参与的过程。其成功需要双方的投入（见图 6.10）。职员做好了准备时，更容易达成共识，而这是所有评估面谈的目标。按照大拇指法则，被评估者和评估者说话的比例大概保持在 70∶30 上。

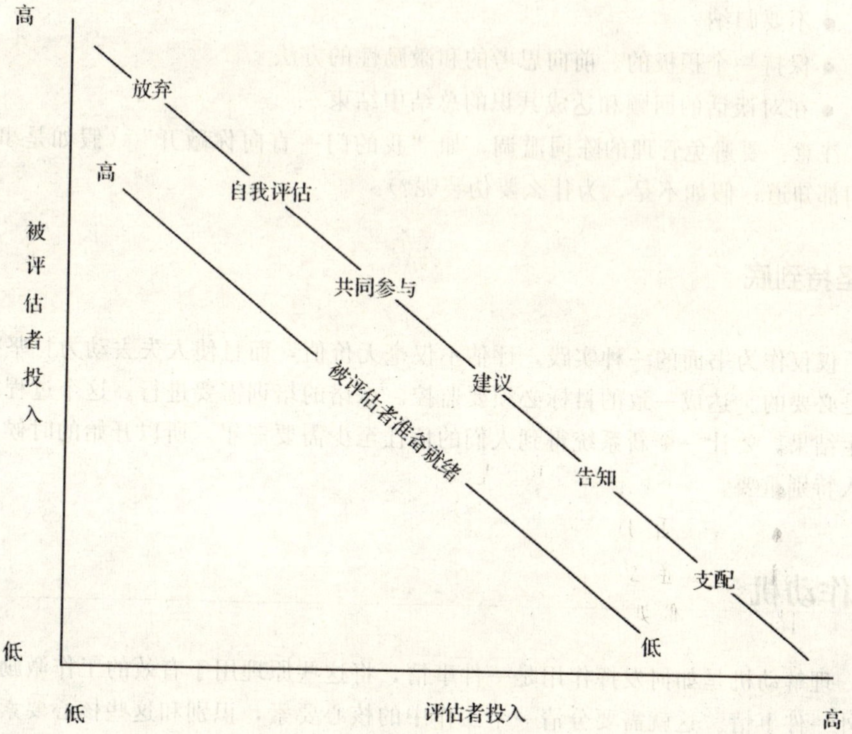

图 6.10 评估互动模型

◆面谈指南

评估面谈应该比其他类型的面谈更加轻松，但其前提是目的和框架已经决定的。作为一个普遍的规则，下面的方法被证明是有效的：

- 与日常事务绝对隔离，面谈不应该被打断
- 开始就要清晰阐明目标，规定好时间限度，检查职员已经准备好了必备的相关文件
- 努力让职员感觉到轻松，创造一种和谐的气氛
- 分享文件——这是一个共同努力的过程，管理者和职员需要同等程度地参与
- 将对话分成 70：30 的比例——开发使用开放问题的技能
- 鼓励职员扩展，特别是那些他们做得很好的领域——给你一个可以表扬的机会，以及那些他们遭受到了挫折的领域——让你可以提供帮助
- 倾听并且理解。在所有的面谈中，有必要利用倾听技巧以保证你能够理解所说的内容——无论是口头的还是非口头的（参见“沟通”这个单元）

- 不要归纳
- 保持一个积极的、前向思考的和激励性的方法
- 在对谈话的回顾和达成共识的总结中结束

注意：要避免管理的陈词滥调，如“我的门一直向你敞开”（假如是事实，他们都知道；假如不是，为什么要伪装呢?）。

◆坚持到底

仅仅作为书面的一种实践，评估不仅毫无价值，而且使人失去动力！坚持到底是必要的。达成一致的目标必须要监控。承诺的培训需要进行。这个过程需要产生结果。要让一个新系统得到人们的信任至少需要三年，所以开始的时候全力投入特别重要。

工作动机

理解动机是如何发挥作用是一件事情，将这些原理用于有效的工作激励又是另外一件事情。这就需要分清一个工作中的核心要素，识别和这些核心要素相应的心理状态，将这些和能够让职员满意和完成目标的个人或者工作结果相联系。

记住这些关键的激励要素，我们可以提供一个经理使用的选择系列：

- 多样性
- 责任
- 交互作用
- 目标和反馈
- 自治
- 挑战
- 工作重要性

◆工作设计

工作设计使用激励理论来构造工作，以满足那些适合完成它的人的心理需求。注意：不同的工作需要不同的技能和个性。激励销售订单检查员的方式和研发实验人员的方式肯定是不同的。

◆工作轮换

可能是最常见的增加多样性和兴趣的方式——可能因为它是最容易实施的方

式？它要求有一系列在本质上相近的工作，同时将职员进行工作轮换会得到附加的价值。

◆工作扩展

通过从一个中心任务进行扩充，工作扩展可以给职员授权并且让他们摆脱对别人工作绩效的依赖。这个依赖指的是，在一系列的工作链中，职员需要保持和他前面人一样的工作节奏。

工作扩展的批评者们争论说，这仅仅只是扩展了初始的工作。明茨伯格认为它只是增加了工作的无意义性。

◆工作丰富

水平式的丰富特别像工作扩展——工作丰富主要是从垂直式的工作丰富中获得益处的。垂直式的工作丰富增加了职员对组织和工作的投入。这有些“工作终止”的味道——职员可以看到这个工作对最终结果的影响，在整体活动中也不是一个可以忽略的环节（当然，这个任务是整体活动的一部分，但它本身是完整的）。

工作丰富可以应用到蓝领工人、白领工人和管理职位上。对管理者来说，它会和组织设计与结构相连；对其他人而言，它更多地与工作本身相连。

1968年，赫兹伯格在一个大公司中从事设计工作。这个公司中绩效和工作态度非常不好。他重新设计工作以增加责任心和个人的成就感与认同感（见表6.7）。与控制团队相比，赫兹伯格发现，工作丰富团队的绩效虽然在刚开始的时候有所下降，但是三个月后开始上升，六个月内绩效就超过了控制团队的绩效。工作丰富团队的态度也比控制团队的态度更加积极。

表6.7　工作丰富的原则和动机（据赫兹伯格，1968年）

任　务	工作丰富原则	其中的动机
专家直接回答质询，而不通过监督者	个人被分配了特定的工作就会促使他们变成专家	责任、增长、发展
职员被授权处理自己的信件	增加责任	责任和认同感
检查信件从100%降到10%，检查程序远离了监督者的办公桌	消除控制、保持责任	责任和个人成就
对期待工作数量的讨论减少，最终消除	个人增加了额外的权威	责任、成就与认同
外发的信件直接发到传达室，不通过监督者	保持责任的同时消除控制	责任和个人成就

续表

任　务	工作丰富原则	其中的动机
职员被鼓励亲自处理个人信件	允许职员和工作相连	责任、成就和认同感
个人对质量和他们信件的准确性有个人责任	发送的文件直接传达给职员而不通过监督者，以增加责任	内部认同，责任和认同

◆营销管理的重要性

营销经理应比其他所有人更能了解人的维度，以及花时间连接提供与人类需求所能够得到的好处。保持销售一个工作给职员的观点，是积极地将工作按照工人需求而设计的结论。

将工作看成是要销售的产品促使营销人员回到基本的出发点：

- 目标客户的需求、需要和欲望是什么？
- 目标客户是谁？
- 他们的需求、需要和欲望是什么？
- 我们如何生产能够满足那些需求、需要和欲望的产品？
- 我们如何包装和促销？
- 需要哪些售后服务？
- 需要研究什么来管理持续的进步并且当需要修正的时候如此提示？

人力资源管理人员从社会科学中获得这些知识。营销人员要有更为广泛的技能与教育的基础——因此，他们当然应该比其他部门的人更容易成为好的管理者—领导者。假如不能——为什么不能！

☞活动 6.6

这一单元的内容对于内部评估很有用，那些通过不断评估学习的人可以参与角色扮演的练习，这些练习可以帮助他们锻炼人际技能。他们可以扮演评估者和被评估者的角色，并且发现每个角色都有压力。有了经验他们就不需要，也不会感到压力。这有点像做陈述。每个人开始的时候都会紧张，但是通过实践都获得了信心。

自然，管理者有更多的实践，他有责任让面谈双方都感觉很舒适。这并不意味着他需要对此进行强有力的控制——他需要达到一种平衡，以使得被评估者感到舒适和放松。

那些要参加考试的人需要做的比从本书中学习的要多得多。人际沟通技巧只有通过实践才能够发展。因为，有必要使用动机和诱因在与你打交道的人身上进行实验。

假如你有工作，尝试一下真正的评估面谈。问一下别人在面谈前后的感受。发现是什么产生了你确定的感受。你必须向主考官表现你一定程度的同感——这是一个管理者特别是营销管理者必备的能力。

总结

在本单元中，我们学到了：

● 领导是一种指导和发展的动力，而管理是一种行政和控制活动。

● 今天的管理者—领导者关注激励——通过人来达到目标。他们意识到了需要识别那些为达到目的所需要依靠的人，并且和他们交往。任务的完成依赖于群体和个人的动机。

● 管理风格可以自己分类，从而可以预测和准备结果。只有通过自我意识和分类才能采取行动来促使变化或者强化一种令人满意的风格。

● 一个好的团队需要好的领导者和好的成员。角色很重要，因为一个群体或者时间内的领导又是另外一个群体或者时间内的成员。全面的领导总是由短期以领导为中心的任务来补充的。

● 动机是一个内部驱动因素，诱因可以与之相联系但是不能代替它。表扬是最有效的激励——但是人们总是使用批评。正向的对成功的激励比负向的对失败的反馈更加有效。

● 今天的扁平化组织中，人们更多地需要使用挑战和新机会来激励，而不是采用晋升。一个横向的转移必须被视做报酬。

● 管理者需要明白他们扮演的角色：决策者、发起者、评估者、评定者和执行纪律者。

● 评估是一个直线经理和职员都共同参与的过程，它能够发展个人的行动方案。管理者的上司需要检查评估的文件，以确保评估得到严肃地对待，并且在需要的时候为职员开辟一条越过直线经理的通道。

● 将工作看成是要销售的产品，让营销人员回到基本的出发点——目标客户（工作中的人或者期望承担这个工作的人）的需要、需求和欲望？怎么样的设计和包装工作使得它对目标职员真正具有吸引力？

应试技巧

假如看到那么多交上的可以说是有失体面的卷子，你也许会很吃惊——即使在对表述要求很高的营销考试中。所有的考试都是这样——所有的主考官都要破解书法。

这离现实并不远，尤其是在CIM考试中。一个资深的主考官、“案例分析”部分的主考官同意这个状况。他主要的评判标准是：“我需要给这个人一个工作吗？”

自我激励，想像你是在一个晋升的行列之中；另外还有一个热门的候选人；你的主考官将根据你的考卷来选择。像你的职业受到了危机那样来书写，这样你就可以引起主考官的注意。

考试练习

回答2001年6月份考卷的第4题。

第七单元　保持和发展团队的工具

学习目标

在这个单元，你将学习：

- 检查处理人际关系和进行团队合作中会出现问题的过程
- 理解在团队中管理人际关系的必要性
- 理解管理不同文化背景和职能的团队时所遇到的问题
- 理解建设、管理职员和团队建设项目的重要性
- 明白商谈和训诫的过程
- 检查提高营销团队绩效的战略

学完本单元，你将能够：

- 识别在团队合作、人际交往中的问题
- 管理一个由不同背景的个人组成的团队
- 发起和管理职员以及团队开发项目
- 计划和开展商谈及训诫
- 提高营销团队的绩效

学习指南

营销经理经常需要和来自不同背景和文化的人，大多是客户一起工作，但大部分情况下不能是远程进行的。随着人们越来越强调机会均等，社会的种族和文化构成要素的急剧变化以及商务活动中增加的国际化和全球化内容，不进行人与人之间的合作是不可能的。这就要求今天和明天的经理们，必须能够激励由不同文化背景的个人组成的团队。

在开始这一单元的学习之前，你需要花时间回顾那些你所了解的工作团队和与你有交往的个人。对他们每个人实际的工作绩效进行评估，考虑他们的背景并且进一步思考他们独特的背景和经历是如何影响他们的观念和绩效的。

假如你并不是行动不方便的人，花几个小时在轮椅上是一种有意义的经历。

不只是花 10 分钟，而是一整天！当你熟知了那些行动不便者需要面对的日常问题时，你对生命的认知将会改变。将心比心并不是一件容易的事情，但是一个有效的经理人必须对团队中个人有可能面临的问题很敏感。年老者会有一个不同于年轻同事的文化观点，一个从别的文化背景过来的新团队成员将会像一个外国游客一样不适应。

花 3 个小时来学习这一单元，然后再花 3 个小时来完成这些任务。

发展团队

大部分时候团队是已经存在的，它们要么已经存在，让一个经理来接管；要么被权威者指派经理人员的同时组成。最好的实践（但是并不总可能是这样）是先指派经理，再允许经理去选择并且任命团队成员，或者至少给经理在任命小组中一定的地位。

一旦就职，经理需要对团队的绩效负责，所以检查他将要领导的团队成员的详细背景是有道理的。一个经理必须在做出基于团队成员能力和潜力的决策之前了解这些员工——但是如果在接管团队的时候发现团队存在一些问题，在就任之前，经理需要用权威来进行一些必要的改变。

假如在就任团队管理职位之前，你拥有预先的知识和对特别个人的关注，这些需要记录下来——即使改变团队构成是不可能的。

◆团队成分

团队需要由拥有完成任务所需要的充足技能和经验足够的个人组成。假如不这样的话，团队很难成功。因此，经理需要考虑：

- 任务目标
- 需要的经验和技能
- 团队作为一个整体运行的时间

显然，一个多技能团队的长期目标，必然使人们在很长一段时间内进行密切的人际交往。完成一个短期任务不需要团队发展同等程度的人际交往。

理论上，专业人员应该能够在团队中进行运作，在他们的社会生活中脱离他们的专业知识。但是，人是社会动物，他们之间的化学作用是微妙并且普遍存在的。在一个短期团队中，专家是可能起作用的，但是在长期团队中，一个不能协调的人会很大程度地影响团队的绩效。没有不协调导致的会影响团队绩效的持续的紧张感，经理们将无事可做。

◆辅助角色

在“组建团队的工具”这个单元中，我们明白了团队是如何构成的，以及团队中辅助角色的必要性。

团队评估

结果是对团队有效性最底线的评估。假如一个团队及时、高效率并且有效地产生结果，团队应该被认为是成功的。在这样一个案例中，假如团队没有成功完成任务，只有管理模式之类的因素是相关的。但是事实是这样的吗？

考虑：

这个项目团队已经一起工作两年了。短暂的磨合之后工作良好。目标是按照时间制定的。团队同时产生新的项目，并且超脱他们的专业领域提出有价值的建议。经理充满热情。所有的外部信号都很良好。三个月后这个团队消失了。产品经理助理离开公司成了竞争者 NPD 的领导。调查显示，这个团队是驱动的，其他的人要么只是凑数，要么按照他的方向工作。经理一直自以为是在向成功进军，而无视长期目标。公司现在面临着在废墟上重建一个替代团队——并且得到教训，需要对团队绩效进行有效管理。

团队评估是长期团队成功必不可少的一部分，但是如果评估错误的话，将会给团队带来损害而不是发展。一个团队总是自动团结起来对付一个共同的敌人，所以一个拿着问卷和其他形式的评估工具的“外来者”总是会被排斥的，或者得到一个虚假的回答。提供团队领导者做这项工作的工具，并且花时间向团队成员解释他们将会从这个过程当中得到的个人好处。

一个典型的团队评估表采用李古特式的记分表，选择那些适应团队和组织需求的领域进行评估，如表 7.1 所示。这个工具是一个手段、一种技术，目标是揭示强势和弱势的领域，揭示出个人成功的方面以及需要克服的障碍。管理利用这些信息证明了这些工具的有效性。从这个意义上来说，它和营销调研是一样的。经理根据调研的信息作决策和采取行动。调研不是决策的替代品。

表 7.1 **团队评估表**

ACME 造船公司 NPD 团队

请花几分钟时间仔细考虑下列问题，并且在最能够代表你观点的数字上画圈，比如，第一个问题假如你认为团队目标非常清晰，你应该圈 6。假如你认为它们相当清晰，你可以选择圈 4。假如你认为它们不是非常清晰，你可以圈 2。

1. 团队目标
   你的团队目标有多清晰？
   不清晰 1 2 3 4 5 6 清晰
2. 可接受性
   它们被团队整体接受的程度有多大？
   忽视 1 2 3 4 5 6 完全接受
3. 团队合作
   团队在一起合作的状况怎么样？
   特别差 1 2 3 4 5 6 非常好
4. 一致性
   团队的一致性怎么样？
   根本不一致 1 2 3 4 5 6 完全一致
5. 标准
   这个团队确立了什么样的标准？
   非常低 1 2 3 4 5 6 非常高
6. 成就
   这个团队的工作经常契合它们的标准吗？
   一点也不 1 2 3 4 5 6 总是
7. 成员
   团队成员相处是否愉快？
   非常不愉快 1 2 3 4 5 6 非常愉快
8. 专业水准
   团队成员对所有团队成员的专业水准满意吗？
   不满意 1 2 3 4 5 6 非常满意
9. 发展
   这个团队发展了多少有创造性的思想？
   非常少 1 2 3 4 5 6 非常多
10. 交流
    团队交流思想是否开放？
    完全封闭 1 2 3 4 5 6 非常开放

活动 7.1

团队评估

作为 ACME 造船公司的培训经理，你已经处理了 NPD 团队评估表中得到的数据（见表 7.1），结果如下。你将和团队领导者在一个小时内会晤。你将会建议他采取哪些行动？

问题	加权结果
1. 团队目标　你的团队目标有多清晰?	3.5
2. 可接受性　它们被团队整体接受的程度有多大?	4.5
3. 团队合作　团队在一起合作的状况怎么样?	2.9
4. 一致性　团队的一致性怎么样?	3.0
5. 标准　这个团队确立了什么样的标准?	4.5
6. 成就　这个团队的工作经常契合它们的标准吗?	5.2
7. 成员　团队成员相处是否愉快?	5.1
8. 专业水准　团队成员对所有团队成员的专业水准满意吗?	3.8
9. 发展　这个团队发展了多少有创造性的思想?	2.3
10. 交流　团队交流思想是否开放?	2.9

知识扩展

Kaizen

这种管理技术已经在全世界的一些组织中运用了多年，但是刚刚在英国产生影响力。据称，它除了通过更高的效率和有效性实现成本的节约之外，还可以增强人们工作的动机。

Kaizen利用小型团队来快速解决特定的问题。一个Kaizen团队专注于特定的行政过程，或者如一个生产车间的布局等自我包含要素。这个过程是集中进行的，团队需要花一个星期的时间专注于这个问题。由高层支持来进行改变的这些专注的焦点，已经被证明是和动机高度相关的。

一个例子：TT集团的一个分支，AB电气启动了一个快速反应团队专注于商品的标签。一个星期的时间，这个团队发现了问题所在，通过花438英镑购买一个新的激光打印机，每年可以在23000英镑的标签成本中节省下来10000英镑。

平衡对于一个团队是很重要的，新鲜的视角和经验应该融合起来，并且需要的时候可以发动专家。培训也是至关重要的。特别重要的是快速反应过程要取得管理层的全力支持。通常需要保证成本的节约不会带来人员的裁减。

AB电气的主管强调说在一个快速反应团队解决问题之后，这些问题也不能被忽略。他引用了一个例子说第一个快速反应团队降低了25%的步行时间，降低了16%的转变时间。第二个快速反应团队使转变时间降低了2/3。第三个快速反应团队在这个基础上降低了16%。不仅提高了效率，而且使得这个部门的员工开展工作更加容易。

总结：Kaizen 对于持续的绩效改进作用看起来很大，但是需要仔细地按照不同组织的情况进行结构化，并且需要记住这只是工具箱中的一个工具而已。

资料来源：David Sumner Smith，Sunday Times，2000 年 1 月 16 日，第 15 页。

机会均等

每个社会中总会有一些团体因为预想和偏见被歧视。陈词滥调总是将那些满足特定标准的人分类并且很难在这种有害的和普遍深入的人类特性之间引入自由。这些团体很容易识别：

- 妇女
- 有其他种族背景的人
- 残疾人
- 老年人

每个团队中还潜伏着大量的子团队。英国广播公司的广播节目“他吃糖吗”?形象地说明了健康人总是倾向地认为残疾人失去了进行思考的能力。妇女被自动地认为应该去倒茶，像秘书一样工作。残疾人被排斥，老年人被轻视。

表面上，这些问题看起来并不严重。这些问题被承认，并且法律禁止歧视。大部分人认为每一个人都是平等的，但是问题本身没有得到一个逻辑的答案。逻辑层次应该是这样的：一切尽在掌握——面对问题——解决问题——改进现状。

在情感的层面上，经理面临实际的问题。那些号称歧视是邪恶的人往往通过诸如“他们能够做得和我们一样好”等表达方式揭示他们暗含的偏见。

有禁止歧视的法律，并且那些认为自己受到歧视的法律主体拥有追索权。这些都很好而且很适当。组织号称它们拥有机会均等的政策——但实际情况是，特定背景的人在现实世界中比那些适合已被接受标准的人拥有平等机会的可能性更小。

◆经理能够做些什么？

显然需要识别并面对人们的偏见。偏见不是一夜之间可以消除的，但是至少可以解决一些问题，并且取得进步。第一步是开始相信那些被揭露的事情。人们很容易忽视那些不好的和难以接受的方面，甚至说它们被夸大了。由于每一个国家都存在着有意无意地针对少数民族的暴力行为，“这样的事情在这里不可能发生”这样的自卫性表达方式被证明是错误的。

前面已经提到，严格地把你自己放到别人的角度来考虑是一种有用的技术。假如你处在你看到的这种情形你会有什么感觉，怎么反应；假如你的求职申请甚至都不被看一眼，你会怎么想；假如你的面试突然取消；假如晋升和特别的奖励经常给那些符合传统行为标准的人。

知识扩展

为什么经理们需要真正地关心这个问题？不是因为道德、法律或者基于均等机会的文化政策，而是只有这种方式是你可以在你的团队中容纳多样化技能和多元化背景的惟一途径。一个所有成员都来自于同一个年龄段、同样的阶级、同样的性别和种族的团队是不可能具备一个真正有效和具有创造性的团队所要求的多元化背景、技能和基本要素的。

和多样化的群体合作这一要素显然还没有渗透到标准的人力资源管理中来，但是这是今天的经理们必须意识到的问题。平等，并不意味着所有的人都应该同样地思考和行动。

机会均等可能会让经理们认为“既然每个人都是相同的，那么我们选择谁都一样”。这太天真了，也非常不准确。生活经历影响着每一个人。我们现在意识到很多女性经理拥有能够给整个组织带来价值的人际技巧。机会均等意味着了解每一个人并且按照他们独特的贡献进行工作评价——这也就是在平等的起点上给每个人平等的贡献机会。

虽然存在个人可以依赖的法律框架，但是，团队中的成员需要求助于法律，证明整个管理体系和经理的失败。经理们需要警惕团队中歧视的迹象并且采取正面的措施来防止他们再次发生，并且修补那些已经发生而给团队工作带来的损害。在这个领域，经理应该首当其冲。

它重要吗？

它不仅是保证不同个人和群体之间协调工作的重要维度，假如犯了错误，会带来很高的法律成本和声望名誉的损失。举例来说，一个爱尔兰工人打赢了一场不公平解雇的官司。他被解雇因为“他不适合”，他的错误在于不愿意为那些以爱尔兰人为代价的“爱尔兰笑话”发出笑声。法庭判决这是一个种族歧视行为，管理层需要很灵活地阻止这种行为的发生。

这个公司的一个经理，在和法官会面后抱怨说，这个判决是没有道理的，因为管理层不可能阻止工作时大家说笑话。但是作为经理，我们总是在影响人们的

行为。我们希望职员对客户彬彬有礼，在进入工作场所戴上安全帽等。有一些人会违反规定并不能成为不要这项规定的借口。这个例子中，这些规则当然是由法律规定的。

正向的行动

经理有很多正向的行动可以采取：

- 对团队成员和团队内外人们打交道的风格和语气保持敏感。非正式的沟通渠道和社会资源的积累更有代表性，能够反映人们本能的行为类型。
- 用例子进行领导。不要讲，也不要允许讲“主义的笑话——种族主义、年龄主义和妇女主义”，所有的“主义笑话”都要伤害一部分人。不要对被解释为攻击性的行为发表评论，并且记住攻击是从听者的角度来判断的。假如你不确定哪些是攻击性的，就一定要找出来。
- 努力建立友好的气氛。冒犯性的日程安排不被允许。事故主旨直接和立即被处理。职员需要明确哪些是可以接受的行为，哪些不是。他们必须明白不被接受的行为会带来责难。

知识扩展

艾森豪威尔将军在1944年被任命为攻打被占领的欧洲的联军总司令，他第一项规定就是当一个军官骂别人是一个“愚蠢的私生子”时，不允许他们提到“愚蠢的×××私生子”（这里的×××指的是人们种族、宗教、性别和肤色等方面的背景）。据说，一个高级司令员因为无视了这一规定，立即被撤职并遣送回家。

艾森豪威尔将军意识到了要领导一个多种族、多文化和多语言的最大的团队，应该基于人格和才干，而不是用人们的背景来评价人。

其他形式的跨文化团队

随着组织的边界超脱传统的职能界限，经理越来越需要和来自其他职能领域的团队一起工作。会计人员和营销部门的成员，或者生产部门以及人力资源专家都要经历相同的文化问题。他们专业之间本质的不同可以创造不同的文化。所用的语言不一样，工作规范和期望发生了改变，决策的参考基础也更加专业化。

当因为兼并或者合资导致来自不同组织的成员聚集在一起的时候，类似的差异也很明显。比如说，IBM 的着装要求很严格，很正式。而 Virgin Records 的职员着装很时髦，具有流行的特色。假如这两个公司一起建立一个合资企业，我们可以想像得到有多少坚冰需要打破！

当可以辨识出可能的文化差异时，团队领导者应该识别这些问题，并且在团队成立的早期做出特别的努力，来让每个团队成员理解并且能够相互妥协。

职员和团队发展

当一个群体一起工作的时候，它并不是一个团队。它是一个有能力组成一个团队的个人的集合。这时经理的工作资源就是个人。这个关键要素不能忘记，因为在任何时候，团队都是由那些因为个人原因对团队做出贡献和承诺的个人组成的。

因此，对于个人以及他们所属的团队，成功发展的关键在于懂得每个人应该被激发来加入团队，并且有动机保留下来。

影响群体组成方式的关键要素包括：

- 技术要素。比如说团队在组织层次中的地位，也就是说，可以感知到的群体对组织的重要性
- 群体动态性
- 成员的个性
- 领导力

很多专家已经观察了在发展成为一个有效的团队之前，群体需要经历的几个阶段。团队评价标准能够反映出团队有效性的层次——从高生产率和一致性到低生长率和分裂。总之，一开始就努力工作达到一个高水平的绩效显然更好。整体而言，对一个高度稳定和行为模式已经固化的群体进行某些改变将更难。

◆个人因素

个人可以接受命令来加入一个团队，并且在指定的时间出现在指定的位置上。问题是：他或她会用心和他们在一起工作吗？

团队领导者需要的不是肉体，他们需要那些愿意共享专业知识和全力投入的愿意做出承诺的个人。那些不能全力投入的个人将是团队需要面对的障碍。这当然会影响到团队整体上的绩效（Adair 已经强调了作为团队成员的个人对于完成任务的重要性）。

这就表明：

- 招聘很重要
- 选择很关键

- 需要识别动机并满足之
- 承诺和投入应该被奖励

营销需要进行的日常工作程序又一次给了营销人员内在的优势。从听众和消费者的角度来审视环境，对于发展营销的优势至关重要。达到可以用同样的方式获取团队成员。

活动 7.2

团队招聘

假设你需要招聘一个五个人的团队来进行一个至少为期一年的项目。每个星期都需要开会，同时，以团队成员之间经常性的会晤作为补充。

识别：

1. 你熟悉的项目——可能仅仅是你所在健身俱乐部的帐篷扩展工作；
2. 你的目标；
3. 你的团队成员必须拥有的技能和经验；
4. 你能够用来进行招聘活动的激励要素。

◆选择

理论上有一长串的人可供选择，从那些必须被拒绝加入的无能之人到那些特别令人满意的人——这些人往往手头上正忙着其他项目。有一些人愿意加入，但是技能不是很熟练。有一部分人可以用，但是他们却不愿意加入这个团队。技能经常能够从咨询顾问那里购买，但是这并不太合适并且可能太贵。

最后时刻必须从实际出发，组成他所能够组成的最好的组合。虽然经理不能预测一个群体会怎样适应新环境，但是拥有一个理想的组合的经理可以做得和其他全部由明星组成的团队一样好。

可能被争论说，明星们不是团队工作者，因为他们每个人都想主宰团队，从而影响到了总体的绩效——但这个争论是建立在明星是特殊的人的基础之上的。有些人是明星级的团队合作者，但他们自己独立工作起来并不是十分有效。经理想要招聘的明星除了因为他们拥有职能性、专家能力，还因为他们是在团队发展、合作和自我否定等领域拥有特殊技能的人。

◆承诺和投入

在选择过程中，当衡量每个人加入团队的价值时，总是有一系列的谈判。为了让他们能够加入进来，需要有一些特殊的调整——比如，适当调整工作量，给

他们一定的下班休息时间。

假如这些承诺成为现实的话，他们应该被奖励。在全部投入之前，直线经理需要给团队成员更大的自由度。给他们旅游的权利。但是要规定好必要的细节。

假如这些工作没有做的话，你会发现自己把这个团队带到了一个尴尬的境地。你将会发现有一些人参加了商务旅行社，而其他的参加了旅行家社。有一些人可以住四星级的宾馆，而其他的住二星级的宾馆。例如，这样的官僚区分需要被识别并且在他们成为问题之前进行解决。他们比任何团队内部的纷争都更损害团队精神和士气。

◆成员资格和权威

团队构建的过程在团队正式成立之前的很长时间就开始了。它开始于一个团队是必要的并且需要通过招聘和选择过程来发展团队的想法。当人们对“还有哪些人会存在于团队之中”发问的时候，分配团队角色的过程就开始了。这个决定谁进谁出、谁上谁下、谁近谁疏的过程已经被舒尔茨详细地描述过了。

大部分情况下，在群体举行第一次正式会议之前，成员之间就已经相互很了解了。有经验的团队领导人很了解这些，在团队规划阶段就对此做了充分的考虑。没有经验的团队领导人以为每个人需要等到团队存在的第一天才开始互相认识，他们犯了一个愚蠢的错误。

团队发展

我们在《构建团队的工具》这一单元中了解到，团队需要经历组建、规范、磨合和运作这四个阶段。为了更好地理解团队发展的过程，可以用一种略有不同的方式来进行描述。如表 7.2 所示。

表 7.2　团队发展

阶　段	过　程	需　求
聚　集	挑选成员，成员之间互相认识	社会交往
磨　合	确立正式和非正式的领导及权威 开发群体中其他人的技能、经验和信任	在团队不能有效控制时，允许某些重要问题推迟发布的强领导力
准　备	团队一致性开始形成 成员发展出了归属感	搓和团队的活动。任何小事情上的成功都很重要
出　发	团队开始独立运作 团队成员对共同的角色和相互之间的关系有了明确的认识	瞄准任务目标 领导者继续工作以维持团队的发展

不是每一个群体都必须要经历这些阶段才可以发展成为所有成员都产生归属感的运转良好的和有效的团队。没有意识到需要经历初始的阶段并且采取一致的努力来帮助团队取得进步，是不可能到达第四个阶段的。

注意：在群体中进行团队构建很重要。要从内部构建，外来者通过顾名思义所进行的工作不能分享团队的归属感。认识到团队归属感的意义很重要，这会加速团队的创建。

一些专家意识到了经历这些阶段的必要性并且要尽可能地让每一个阶段顺利没有波折，他们把领导者的角色比喻成为一个产婆。

知识扩展

在一个为期两年的兼职课程班开班的时候，大学商学院新吸收了 32 名研究生。他们之前各不相识。所有的人此前都没在此上过学。在商学院中他们被分为两组，一组 20 个人，一组 12 个人。

一个星期之后，开始上课，两个小组在不同的教室开始他们的第一堂课。90 分钟之后的休息时间，项目主管闯进来了——“对不起，我们遇到了一点小问题。由于我们的失误，两个班级的人数不一致。我们想让你们当中的 4 个人加入到另外一个班中去。”

花了很长时间，也没有哪一个班愿意：(1) 失去成员；(2) 加入一个新成员。结果是，两年中，这两个班的人数一直不一样。

发展团队

就像营销人员意识到任何一种沟通活动都是一种营销沟通，每种行为和交往都会产生结果，团队领导者也要意识到每一种与团队相关的交互活动和私人活动都会对团队产生影响：

- “报道上有乔治华，他是我们工作团队中的伙伴。”
- “玛丽很棒，她应该得到晋升。希望她能够留在团队。”
- “克里斯又振作起来了，就像我预料的一样，没有团队，他的想法不可能实现。”

团队领导人可以获得很多行为指南的实践和工具。任何一个好书店或者人力资源管理和培训都可以提供。

福特汽车公司和工业协会联手编写了一本活页书《变革的机会》，书中包含着在权变环境下 62 个团队发展的工具。详细介绍了每一个工具可以发挥的作用，

并且详细解释了每一个工具，使得培训者和经理能够有效地使用它们。

使用这些工具的一个例子是危机事件分析（见表 7.3）。选择这个工具是因为这个工具适合来自不同背景和拥有不同经验的人，也适合从成员介绍到开始搓和等团队动态发展过程的需要。

注意：行为工具看起来会很傻，或者很有趣，这取决于从哪个视角来看。它们都是为了某个特定的目的而开发的，假如它们能够存续下来，证明它们在满足开发目的方面确实有效。

当考虑使用这个工具时，记住：

- 你应该完全信任这个工具。假如你不信任，你的团队更不会信任
- 需要在正确的时间为了正确的目的而使用。关注和及时就是一切。只有在有时间来判断团队构成和团队情绪的情况下，一个有经验的培训者才可能携带三个以上的相似工具来参加会议并且决定采取哪一个工具
- 工具需要被理解。使用该工具所能带来的利益需要被识别。很多时候，工具都被肤浅地使用，但是一个有经验的使用者才可以洞悉其中的细节
- 经常演习这个新工具。如果可能的话，观察它们被使用的情况——经常演习很重要，哪怕是在家中和家人在一起的时候

表 7.3　　危机事件分析

危机事件指的是重要的非正常发生的事件。危机事件可以包含很多正面的和负面的因素，比如，适当的培训，对健康和安全法规的理解，很好的团队合作或者极差的沟通与工作关系，缺乏培训，安全问题，疲倦等。它可以是一个正面的事件，比如技术的突破；也可以是一个危机，比如销售员丢掉了一个大订单，但更多的是一种危机。这是一个灵活的技术，可以适应多种情形。

危机事件分析的用处

分析一个典型的例子，一个危机事件，是了解日常形势的一种途径。

逐步进行危机事件分析

1. 让每一个参与者花几分钟从他/她的亲身工作经历回忆一起危机事件——要么是一场危机，要么是一个转折点。

2. 让自愿者向团队描述他们所经历的危机事件。

3. 人们可以用发问来进一步澄清问题。

4. 询问其他人是否也经历过相同的或者类似的事件。如果有的话，让他们描述发生的事情。

5. 讨论该事件的关键要素和关键点，以及是否可以从中学到一些东西以为将来所用。

续表

好处 ● 这种事故的重要性和特性有助于培养洞察力。 ● 假如这是一种痛苦的经历的话，有助于帮助描述危机事件的参与者缓解痛苦。 ● 分享危机事件有助于在团队成员之间建立信任。 ● 其他的参与者也会注重这个问题。 ● 对于整个群体，有学习的意义。 局限 ● 假如事件很紧迫，一定要小心。 提示 ● 不要超速前进。整个会议只讨论一个事件比限制讨论更加重要。 ● 除非人们在团队中有安全感，否则不要用这种方法。 群体规模 不要超过 12 人。 时间 45 分钟到两个小时。

知识扩展

Betterware Brushes 是在英国的一家采用美国激励方法的上门推销公司。为了激发起销售人员的激情，公司让英国的销售员站在椅子上，用最大音量喊公司的口号。他们练习快速问答：我们是谁？——我们是最棒的……我们是谁？——我们是最棒的……我们是谁？——我们是最棒的!!! 他们编写了一本公司歌集，用像“约翰·布朗的身体”这样悦耳的音调来歌唱围绕 Betterware 写的歌词。这一切都失败了。英国人对待这些事情时显得太局促不安了。这些努力最终都浪费了。

最后一点：团队发展是一个永不停歇的持续过程。即使没有新成员融入到团队之中，随着时间的推移，技能、经验、资历的发展，团队成员的心理也会发生变化。团队领导要对团队发展的动态过程进行持续的管理，要时刻修正团队成员的个人态度和行为。可能的问题应立刻被识别并且早处理，以免发展得更加严重。

团队会议

会议可以发挥六个主要的功能：

- 团队定义——出席的属于团队，缺席的不属于团队。
- 强化——团队一致性得到加强，实现经验共享和知识更新。
- 焦点——团队关注的焦点在更新。
- 投入——达到个人对决策的投入，或者至少服从所做出的决策。
- 领导力——领导者的角色被确认。
- 地位——会议是体现地位的场合。在会议上的表现决定群体内部的相互地位。

会议可以是任意规模的：从几百个人的会议到3～10个人的会议。在会议规划和管理方面，任何会议都是类似的，但是在战术的细节方面存在差异。幸运的是，这本书中我们关注的是团队会议，所以我们只集中于此。

团队领导是团队会议的召集人，但会议可能是应团队成员的要求召集的。当有开会的动机时，团队领导人就会召集会议。太频繁的会议会浪费太多的时间——最重要的原则是，没有明确的目的就不要开会。

一个团队会因为各种原因召开的会议而聚集到一起。一个团队会议可以持续从几分钟到一个小时不等的时间。同样的，会议的目的决定会议的持续时间。

提示——召开简短的会议，它会促使结论快速做出。

◆确定目标

规划会议，并且如管理中经常运用的一样，确定书面的目标。安东尼·吉把会议的类型分为四类：

- 信息消化会议。包含诸如进展汇报、更新、回顾等已做出集体的决策和判断（注意：打印出来的背景信息应该在会议前发给员工）。
- 建设性—创造性会议。决定我们应该做什么。当希望人们参与到一个新的项目或者活动中去时，需要发挥他们的经验、判断和创造性。
- 执行职责。决定我们应该怎么做。为了保证行动的实施，需要对执行职责进行分类。
- 法律框架。考虑政策和法规方面的变化。

所有这些会议类型很自然地在一个会议中都有涉及，但是如果这样的话，领导人需要明确指出，会议目的的转移。

◆日程和文件

只有在极少数情况下，会议才需要秘密的日程安排。成员需要明确有关日程安排的信息之后才可能参加会议，并且需要花时间来研究背景并且对相关的议题进行考虑以形成观点。

因此，任何背景文件需要和日程表一起发放。

每一个日程安排需要单独准备。例行的会议会按照固定的模式来进行，没有必要列上日程条款，除非别人对此有建设性意见。空洞的日程条款会浪费太多的时间，却不能够引发实质性的讨论。

◆主持会议

一个团队会议一般都由团队领导者来主持，他需要将团队领导者的角色和会议主席的角色合二为一。这样的危害在于，团队成员不愿意提起或者支持那些不被他们的上司支持的议案——即使上司作为一个中立的主席很欢迎这种贡献。

当主持一个自己并不从属于其中的团队的会议时，人们会采取更为中立的态度。这样，他的任务在于保证每个参与会议的人都有机会为会议做贡献，并且按照会议日程快速地进行各项议程。这需要提前思考和提前计划，并且要求对会议过程有感性把握。这种情况下，最好有一个秘书来做笔记，让主席可以专心于主持会议。

当结论产生之后，总结每个条款，关注讨论并且告诉会议秘书需要记下来的关键点。

◆会议备忘录

会议备忘录应该包括会议召开的日期和时间、会议持续的时间、出席者、谁缺席，那些得出结论的议程（如果必要，主要的争论也可以包括）。还有行动要点，谁为行动负责，以及下一次会议的时间和地点。备忘录要尽快整理好并在与会者的记忆还清晰的时候发给他们。

◆评价

当会议备忘录已经基本完成，会议结束的第二天是评价会议是否达到目的的最佳时刻。所有的事情都计划好了吗？每个人都被激励去参加了吗？有人有抵制情绪吗？每个人都特别有进取心吗？在会议过程中有哪些可供学习的，哪些可以提高团队成员的工作绩效的？

咨询

注意在人力资源管理中，“咨询”一词主要指那些个人所关心的问题——比如说，撒马利亚慈善咨询中心（专为不幸者或想自杀的人提供电话咨询服务）就是顾问。直线经理最好不要参加人力资源管理咨询，相反他们应该给予个人一系列的建议。许多大型组织有他们自己专门的顾问，他们拥有组织成员充分的信任，在需要的时候就可以帮助组织成员解决个人问题。

在需要咨询的场合，需要记住以下关键点：

- 其他人的需求在于咨询而不是寻求建议
- 建议来自于你的个人经历并趋向于说明性
- 咨询帮助他们从自身的经历思考出解决方案
- 经常的需要是说——对问题开放性讨论的过程往往能够提供解决方案的思路
- 咨询的问题通常并不是可以立刻解决的——你一旦打开了这扇门，就准备好长期的咨询关系
- 咨询的关系局限于私人之间，可能会限制你作为一个直线经理的行为

假如着手建立了一种咨询的关系，需要：

- 保证隐私和充足的时间
- 保证得到人们的充分信任
- 表现出你对倾听的兴趣
- 一直保持沉着
- 不要建议
- 提出开放性的问题
- 把你的投入限制到最小
- 提供支持性的评论
- 允许持续一段时间的沉默
- 通过揭示一些自己亲身经历的事情表明你在思考
- 像一块传声板一样工作
- 不要轻易做出判断
- 不要接管问题
- 不要试图做出决定或者促成一项结论
- 摆出事实，识别各种选择
- 帮助每一个人找到自己的解决之道

培训和指导

训练和指导需要在工作和任务业绩方面帮助个人，所以是培训的一种。为了简洁，在这一段落中我们用“教练”这个词。

◆一对一

基本的要求是一对一地接触。在经理与职员之间需要建立起一种和谐亲善的关系，并使关系得到持续发展。

正式的培训可以很快结束，但是只有通过这种方式才可以达到有效工作所要求的态度、技能和知识的深度。这样，一个教练或者一个导师就很有用了。

教练可以系统地帮助别人得到技能和知识，也包含动机和态度等要素。一个教练和一被训练的人在一起，关键是知识和技能的传授。等级不一定相同。因此，可以给下级上级提供培训，平级之间也可以相互培训。有效的培训建立在共同的愿望基础之上——传授和学习的愿望。

一个好的培训关系对双方都有利：

● 学员：

1. 在一个有经验的教练的指导下学习，可以寻求到心理上的安全感。犯错误而不用害怕挨批评，他们可以从中学习到知识并且在错误酿成灾难之前修正。

2. 按照他们自己的节奏发展。随着经验和自信的发展，可以逐渐承担更多的责任。

3. 有教练作为反馈者，可以获得一种心理上的踏实感。

● 教练：

1. 为了使新手可以更好地理解工作，教练要把一项固定的工作分解，在这个过程中，教练学到更多。

2. 可以了解完成工作的新的和以往不同的解决方案。

3. 发展人际交往和沟通的技能。

4. 在管理者－领导者发展的道路上前进一步。

为了更有效，一个教练需要一系列的综合技能，并且需要通过正式的培训来把这些技能的作用发挥到极至（见表 7.4）。

表 7.4 教练的角色

计划者	识别需要发展的领域 设置目标 评价结果，如果需要则修改培训计划
工作伙伴	创造机会 支持、服务和提供资源 提供对解决问题必要的帮助
沟通者	创造良好的沟通气氛 建立学习型的关系 提供建议 清晰并且提供信息 给予正面的反馈
激励者	设置期望水平 鼓励 给予认可 提供挑战
保护者	提供心理安全 避免过度劳累：控制学习的流量 除非学员做好准备，不让他承担多余的责任

◆学习过程

学习者需要经历四个阶段：

- 无意识的不能——他们不知道自己哪里不懂
- 有意识的不能——他们知道自己哪里不懂
- 有意识的能——他们知道自己知道（集中精力可以做好工作）
- 无意识的能——他们不知道自己知道（日常性的就可以做好工作）

教练的任务是识别在这个连续阶段中学习者所处的位置，并且开发学习策略以帮助学习者达到“无意识的能”这一最高层次。

◆学习风格

如我们在“提高管理绩效”这一单元中所看到的一样，个人有学习方式的偏

好。群体教学的缺陷之一就是不能按照每个人的要求来因材施教。经常有人尝试着识别一个群体的学习风格，但是这一般不太可能成功。

"教练"关系，顾名思义，是一对一的，因此可以按照个人的具体情况因材施教，以使个人的学习能力发挥到极限。当然，这就要求一个教练有能力改变他或者她自己的教学风格。

人们有不同的技能和特长。这表明他们会进入"学习环"的不同阶段（见图7.1)，这一点我们在"提高管理绩效"中学习过。一个优秀的教练应该可以识别从哪里开始学习最合适以及采取哪种教学方式最适合。

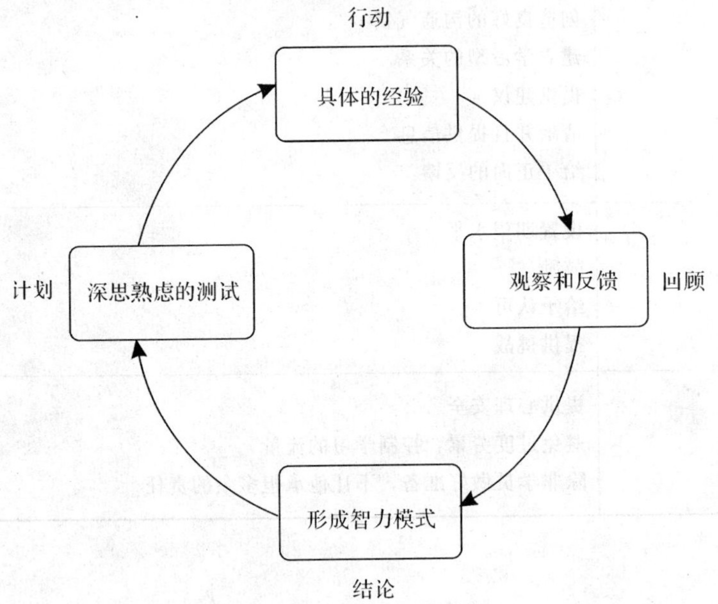

图 7.1 学习周期

活动 7.3

学习风格

在"提高管理绩效"这一单元中，你识别了四种学习风格。用它们作为框架，思考如果你要给一个新职员培训如何使用一种新设备或者一种你熟悉的计算机软件时，你可以采取哪些方法来进行。

知识扩展

这是一个古老的教练员的备忘录，它并不是描述教练的：

我正常做这件事情，

我慢慢做这件事情，

你跟着我做，

然后你独立去做。

“在内尔旁边坐着”——通过观察来学习——不是教练。它是一种使用了上千年的培训形式。它会有一些作用，但绝不是最有效的方式。

◆培训类型

培训要求在教练和受训者之间建立一种关系，这是一种双向的关系，双方都对学习活动做出贡献。有很多种形式的教练，应该选择最适合的教练方式：

- 经验型教练。当学员工作的时候，教练近距离观察并且与之分享心得。角色是鼓励，加强良好的行为，并指导他避免不好的行为。
- 反应型教练。教练指导学员经历一项活动的几个关键领域之后，促使回忆以加强活动。这对于提供新的见解和理解非常有效。
- 指南型教练。一段时间内，教练直接采取一种直接教学的方式。
- 尝试型教练。双方进行风险评估之后，学员尝试一种新的技能来作为对客观事物的测试。
- 准备型教练。假如一项正式的培训已经被安排，教练通过讲述将要发生的一些事情，并且通过奖励性要素来促使学习目标的完成，将更为有效。
- 加强型教练。新的学习需求将要被加强，并付诸实践。教练可以将此填补到结构性的学习计划之中。

◆培训风格

艾文登和安德森提出五种培训风格和人际角色相关（见表 7.5）。

表 7.5　　教练风格与人际角色（艾文登和安德森）

人际角色	培训风格	
裁判	强硬型	强力推动，挑战，提要求，批评
帮助者	保护型	小心不让人受伤害，仁慈，让人打消疑虑
思考者	计算型	沉着，冷静，合乎逻辑的，充满疑问的
寻求乐趣者	欢闹型	任何事情都是有趣的，创新性的，兴奋的
保护者	操纵型	使之振奋，煽动，揶揄，幽默

活动 7.4

培训风格

想想每一种风格对学员和学习效果的正面和负面的影响。

知识扩展

学习风格

“提高管理绩效”单元中提出了学习的四种风格：行动主义者、反射主义者、理论主义者和实用主义者。非常明显的是，教练应该识别哪种是最好的学习风格——这往往是四种风格当中两种的混合物。这样，你就应该准备你的教学，以使得这些学习内容以一种更容易为学员接受的方式来传授。

注意：有很多理由可以用来解释那些学员并不偏好的风格——假定它是为某一特定目的而设计。例如，一个反射型的学员在适应基础材料之后将从一种行动主义风格中获益匪浅。同样的，如果一个行动主义者参悟材料，并掌握了让这些行动成为可能的主要的理论和概念，也将受益匪浅。

准备当教练

当准备担当一个教练的角色的时候，有必要首先确认教练是否真的被需要并且确认短期的知识和技能输入是否足够。假如教练是必须的，那么有必要：

- 了解有关受教育学员的相关细节。
- 计划好长期和短期目标。
- 仔细复习与课程相关的领域，使得你有备而来。

- 列一个你的需求清单，比如说设备、支持等。
- 有空的时候，安排碰个头。
- 确信你掌握了所有必需的东西。
- 一开始要集中于构建一个良好的关系。
- 寻求对长期和短期目标的支持，保证承诺和投入。
- 确定下列基本的规则：

1. 你可以与之会面的时间。
2. 两个人应该怎么样联系。
3. 应该把重点放到学员的身上，但是两个人都会从中受惠。
4. 这不是正式的培训，不是在学校里。

- 确保第一次会面学员的能力有所提升，即使这种提升很微妙。
- 当第一次会面在记忆中还很鲜活的时候，回顾一下。
- 准备第二次会面——包括列出需求清单。

总之，目的是构建一个可以持续发展的长期关系，以使得学员可以依赖这种关系。

纪律

不幸的是，每一个经理都需要给学员规定纪律。没有人喜欢这样，但是经验一次又一次证明，当一件事情还很新鲜并且相对不重要的时候，就应该确定好规则，而不是等到这件事情发展成为一个大的问题的时候再确定规则。

最好的履行纪律的方法是限制赞扬。一个经理，作为员工工作的审查者，在他的职位上，有很多机会来赞扬员工，这一切都是必要的。一个经常受到赞扬的团队是一个开心的团队。这种情况下，限制赞扬给了团队成员一种来检查哪里出错的信号。他们开始修补关系，开始停止那些让团队、他们自己和经理感到不愉快的行为。注意这是一个小问题。强调这点的经理只是在运用一种威吓的技巧。

但是，假如事情发展到了每天的检查都不够充足的时候，我们就应进入一个正式的程序。

◆纪律需要被正式化

一旦需要纪律，必然不会是一次。一个违纪的活动需要当时就记下来，以避免将来忘记或者被曲解。

这并不是说这些违纪活动一定要正式地载入个人档案。但是记入经理的工作日记并不浪费时间。这样的记载，可以让问题在小范围内解决，随着时间的流逝，一切都会淡忘，也不会有同样的行为重复发生。

纪律可以是正式的或者非正式的。表 7.6 中的纪律表列出了这些阶段。这些阶段是清晰的并且可以自我解释。事实是至关重要的，在和违纪者的面谈中，只有事实才可以被引用。团队成员可能会引发感情因素——保持沉着和用事实说话是很重要的。不要用同样的感情来进行回应，也不要被个人的感觉掩盖了你的判断（说远比做容易得多——但这确实是很必要的）。

表 7.6　纪律表

	正式纪律	非正式纪律
不要提前判断	1	1
举证事实	2	2
倾听涉及的成员的想法	3	3
向自己的上司咨询	4	4
向人力资源部门咨询	5	—
举行一个纪律听证会，告知相关个人和代表	6	—
平心静气地倾听	7	—
与人力资源部门、上司进一步讨论	8	—
以行为为基础决策	9	5
告知、警告和记录	10	6

◆训诫程序

假如事态发展到了必须采取严厉警告的程度，需要检查组织的人事政策并且严格地执行。雇佣法律很复杂，也不是直线管理部门直接关注的问题。保险的程序需要和人力资源部门、公司秘书或者那些拥有正式人事责任的成员一起核对，并且遵照他们制定的程序。

对于纪律程序，有两个结论：要么解聘员工，要么员工改正。由于存在解聘的可能性，因此需要遵照法律程序并且寻求和工会与职员们达成一致意见。假如不按照程序来办，可能会损及组织和直线经理。先核对再遵照程序是至关重要的。

◆解雇

很多情况下，比如说盗窃，当事人需要被立刻解雇。在这种情况下，在采取行动之前，通知管理的下一层次是明智的。同时，遵照程序也很重要，因为解聘只会发生在很严重的违法活动中。当一个人被错误地谴责——或者错误地处置——毫无疑问会引起法律问题。

知识扩展

假如因为盗窃而解聘一名员工，要确认你拥有足够的证据。你应该看到盗窃行为，并且知道赃物放在何处，从盗窃行为的发生到警察到达这一段时间不应该将目光从嫌疑犯身上移开。

一个音像零售店的经理将一个盗窃犯锁在一个仓库中，直到警察到来。这是违法的，更糟糕的是，他把仓库当做“监狱”，里面有几百张磁带和唱片，当警察来的时候，他们不能识别哪一张是他们看到盗窃犯放到口袋中的。非法拘禁和指控给零售店带来昂贵的代价，小偷却高高兴兴地走了。

怀疑自己团队里有小偷的经理最好报警，并且和有经验的保安人员或者警察合作以获得必要的证据。

纪律程序

如果你不愿意进行非正式的程序，而想走正式的程序，这些步骤包括：

- 回顾那些有利于或者有害于当事者的证据
- 和你自己的上司取得沟通，确定他们支持你所提议的行为
- 检查并确认你和你的团队没有对这种行为推波助澜，你的所有程序都正确地进行，也就是说，确定你自己的行为是合乎程序的
- 和人力资源部门沟通（并且希望他们能够接管这件事情）
- 举行一个纪律听证会。你必须通知当事人和他/她的代表参加会议，并且将会议时间安排好，使得他们有时间来做准备。罪行成立后的每一项程序都要在法律的轨道上运行
- 正式听证会应远离当事人的工作场所
- 讲述案件并且陈述事实
- 倾听辩驳
- 为了进一步讨论这些事实，安排一次中间休息——并咨询你的顾问
- 决定采取的行为并且重新召集听证会
- 告知、警告和记录。假如提出了口头警告，这是正式的警告，需要记录在案。书面警告需要发放给当事人，同时也需要正式地做记录

注意：你的日记中关于这件事的任何记录都不是正式的警告，因此，都没有被正式地记录。正式的程序中，它们并不存在。

如果当事人采取申评程序或者将这件事情捅上行业法庭，事情就公开化了。

任何一种情况下，都需要组织中有相当经验的人来处理。经理当然需要作为证人被召唤并且正式的记录会作为证据。因此，以上这些行动都具有预防作用。

◆团队中的问题

一个理想的团队被刻画成为一个融洽、大家相互帮助、所有团队成员都相互尊重的组织。但假如理想的情况不存在呢？举例说，经理应该如何对待团队当中的冲突？这是否意味着错误地挑选了团队成员？冲突总是一件坏事情吗？

☞活动 7.5

关于冲突

花 10 分钟列出你认为在一个团队中，冲突的好处和坏处。用你自己在团队中工作的经验来帮助你判断。

团队领导应该控制冲突的水平，保证它不至于对组织产生破坏性的影响。假如冲突升级到了对组织产生破坏性作用的程度，需要花费相当大的精力来处理。由此得出来的教训是，经常进行监控，并且提前采取行动。

提高营销团队的绩效

这一单元中，我们考虑了任何一个团队领导者需要面对的问题和困惑。现在我们需要将注意力转向营销团队中的特殊问题。

营销经理更加关心提高营销团队的绩效。下面是他们所能够做的事情：

- 确定组织中的其他人理解营销的地位和角色。很多人把营销看成是进行促销和发展公共关系的组织职能。在战略的层次上，成功推行内部营销的经理将能够得到组织的支持和理解，而这一切对于一个团队成功的绩效是至关重要的
- 确定团队明确对它们的要求。这意味着量化目标的营销计划——团队绩效评价的标准需要清晰地描述并且告知所有相关的人。营销计划的框架需要被大家理解，让每一个团队成员参与到这个过程并且为此做出贡献。营销计划应该被分解，以使得每一个组织和个人都能够明确整体的战略以及自己需要对整体的成功做出的贡献
- 营销经理需要确信并且激发团队以使得确定的目标看上去可以达到。假如团队成员认为目标是不可能实现的，就不可能为此付出全部的努

力——这是一个自我实现预言的失败。经理们不仅仅需要提出计划，还需要让那些参与到其中的人认同计划

- 团队需要完成任务所需的资源。通过对所需资源和支持的主动判断，营销经理代表团队在外部寻求资源将有助于提高整个营销团队的绩效。
- 团队需要完成工作所必需的技能。一个了解自己团队的经理是一个杰出的处理以下状况者：

1. 评价手头上的工作；
2. 识别技能的缺口；
3. 采取行动，填补缺口。

要么进行培训，要么为了完成项目引进新的团队成员，对填补技能缺口都是同等有效的。一个有远见的经理会保证团队的绩效不会因为一个可以事先预测的"瓶颈"所限制。

- 对团队绩效的建设性的反馈是很重要的一个激励因素。要保持团队内部沟通渠道的通畅，那些在各个层次上积极寻求反馈的经理将会：

1. 更能预测可能的问题；
2. 能够尽早采取正确的行动；
3. 有利于在团队当中推广好的实践；
4. 通过更有效的计划来提高绩效的水平。

一个投入和专注的营销经理会很早就预见到可能的问题，并且在不幸的情况发生之前就采取恰当的行动。

最有效的营销团队必然是一个相互尊重彼此之间技能和专长的组织，并且分享共同的目标。他们需要拧成一股绳，同时能够接受别人的加入，能够灵活地同其他的职能部门和代理商一起工作。

没有一个魔法公式可以为经理所用来确保成功。和人打交道是复杂的和具有挑战性的，但是投入和专注会帮助任何一个经理有效掌控和提高一个团队的绩效。

活动 7.6

营销团队

花 10 分钟来识别：

- 营销团队的特性；
- 这些特性对营销经理的意义。

活动 7.7

花一些时间来考虑一下和你一起工作的团队。这会是一个营销或者销售团队，或者是一个不太正式的诸如大学里面的联合会。

你可以识别多少可以提高团队绩效的积极的活动？列出 5 个可以帮助提高团队绩效的活动。

总结

在这个单元中，我们学到了：

- 对偏见和歧视领域的自我审查，并采取行动来纠正或者否定它们。
- 围绕任务构建团队。
- 选择团队成员以形成完成任务的优良组合。
- 团队评估很重要，但是需要很好地控制。
- 识别和抵制一成不变。
- 把自己放到别人的角度来思考，以更好地理解别人的世界观。
- 冒犯是从被冒犯人的角度来判断的。
- 功能"烟囱"会带来文化差异。
- 管理例行工作。
- 充分思考之后，谨慎仔细地开展训导程序。
- 从团队形成那天起，就开始经历发展的阶段。
- 激励人们加入团队，激励人们在团队中努力工作。
- 招聘是必须的；选择是关键的；动机需要被识别并被满足；承诺和投入需要保持。
- 明星不一定能够成为好的团队成员。明星团队的成员自己独立行事并不一定会很有效。
- 顾问应该鼓励咨询的人思考问题——而不是提供建议。
- 培训是帮助别人获得技能或知识的系统性方法。
- 当营销被整个组织所理解，营销团队的绩效可以得到提升。
- 主考者会评价你判断团队成员的思维和行动模式的依据。同时，评价你所能够清楚表述出来的主动的行动。

应试技巧

小型案例会占总分值的40%。花时间掌握如何处理小案例并且锻炼技巧。

图7.2显示了近年来一些最为成功的CIM的参考者的解题顺序。成功的关键包括：

- 花大约40%的时间（72分钟）。
- 快速阅读案例以获得一个整体印象。不要做出判断，也不要恐慌——仅仅

获得一种感觉。

- 分析问题。主考者问的究竟是什么?
- 在问题的指引下分析案例。忽略所有不相关的事实。把关键要点写在草稿纸上。把空话和不相干的话都去掉。
- 评价那些你可以采取的可能的行动。考虑使它们有效的控制措施。提出你的建议。
- 用标准的模板清楚地写出你的报告。清楚地标出你从问题中发掘的每个要点。

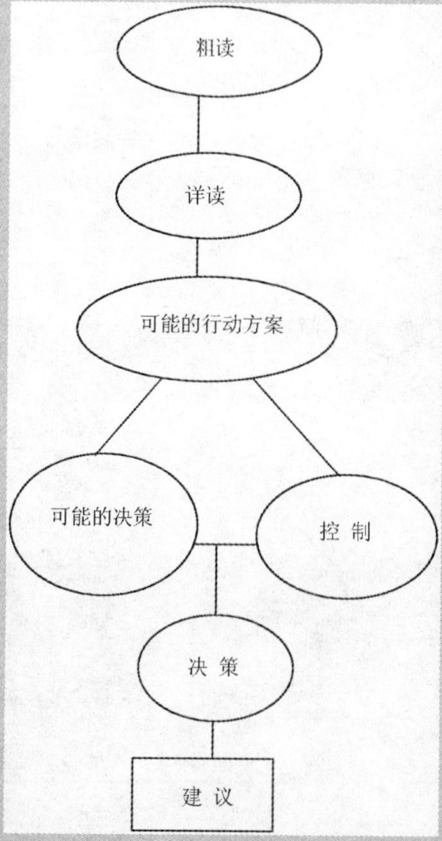

图 7.2　成功答题的顺序

粗读
迅速从整体上把握小案例，找到感觉。检查后面的段落是否有影响上文的因素。

详细阅读
对第一个问题和案例进行详细的逐句阅读，找出与所提问题相关的要点。

可能的行动方案、决策和控制
这三个因素相互连接。必须识别可能的行动方案，以及可以操作的决策。同时，检查它们是否可被控制。
假如一个决策不能被控制，它仍然可以做出决定——前提是，提议一个新的控制系统。

实际决策和建议
把你做的决策表达成为清晰的建议书。你必须获得及尽快把管理决策用清晰的模板表述出来的能力……只有你拥有这些能力，这才有效。

记住：有些参考者在小案例上花费了太多的时间，只有优先发展应试技巧并且进行严格的时间管理，你才可能在考题的两个部分都获得最好的成绩。

考试练习

为了完善处理小案例的技巧，完成2001年6月份考卷的第1题中的小案例的粗读和详读。

指南在本书后面的补充部分。要获得一个参考答案，可以登录www.marketingonline.co.uk或者www.bh.com/marketing，以获得资深专家的建议。

第八单元 客户关系

学习目标

在这个单元，你将学习：

- 检查关系营销的地位和重要性
- 识别营销经理在保持和构建客户忠诚度方面的角色
- 回顾提升客户关系的工具和技巧
- 熟悉有效谈判的技巧
- 当试图在变化的环境中保持客户关系的时候，思考面临的挑战

学完本单元，你将能够：

- 了解供应商的需求以及关系营销的益处
- 掌握管理客户忠诚度和客户满意度的技巧
- 规划有效的营销访问
- 能计划和参与与客户的谈判
- 识别可能存在的客户问题并且就可以提升客户和厂家关系的行动提出建议

学习指南

组织中的经理们需要意识到，当前的客户基础代表着公司在构建良好的客户关系方面所做出的巨大投资。所以完全有理由通过构建和保持优秀的客户关系，将重点放在使投资最大化收益的战略。

因为对消费者利益负有责任，营销经理在这项活动中扮演着关键的角色。因为关系到和外部顾客的沟通以及合同的谈判，在“有效营销管理”这门考试中你会经常遇到有关构建客户关系的试题。

你需要一个经常在你的组织和客户之间发生的沟通案例。经常收集信件、新闻稿、客户指南、时事通讯、手册和那些最近常用的广告。同样，从一个消费者的角度出发，也可以进行类似的收集，比如，收集你的银行给你的私人公关信件

以及他们的公关文档，如传单、媒介广告等。

花两个小时来完成该单元，再花两个小时来完成活动。

供应商和中间商

在满足消费者需求的工作中，大部分组织并不是独自作战。一系列其他组织直接地或者间接地被包含在内。

- 厂商使用零售商来提供商品信息、分销以及对消费者的售后服务
- 服务公司使用中间商提供的建议和预订服务
- 厂商依赖第三方保证产品的质量以及诸如发动机、传送带以及头灯等零部件的供应

发展关系营销有助于经理们认识到组织之间的共同利益，也有助于认识到建设长期关系所带来的利益与价值，这种长期关系是建立在共同解决客户问题和开发新的商业机会的基础之上的。要使这项工作更加有效，就要识别双方的需求并且在新型合作方式中加以满足。

一个寻求降低库存和增加生产弹性的厂商可以和零部件供应商建立长期的关系，以保证零部件的适时供应。要想获得这种好处，要求供应商仓库改址甚至改变生产地点，以使得供应品更容易获得。大部分情况下，双方应该毗邻。

☞活动 8.1

使命陈述

供应商的角色——合作伙伴还是竞争对手？

与供应商建立合作伙伴的关系，在你看来有哪些好处，又有哪些坏处？用下面的表格来帮助你。

与供应商作为伙伴的	好处	坏处
供应商		
购买者		
最终使用者		

像你可能意识到的那样，关系营销这一概念如果可以恰当地发展并且管理，将会为相关的各方创造利益。

供应商和质量

我们开始考虑关系营销，是因为供应商实质上是组织内部顾客的拓展。我们在下一单元将会研究内部营销的重要性以及在组织内部鼓励创造性和推动变化。但是，为什么这些关系对于有效的营销经理是重要的？为什么这些材料会包括在CIM的课程提纲里面？

我们可以看到，对于经理，挑战是最有效地利用各种可获得的资源——创造各种投入要素的最大增值（由顾客来决定）。随着市场越来越成熟和技术的发展，产品属性之间的功能性差别越来越少了。这会促使客户更多地采用诸如客户关怀、售后服务和可获得性等标准。组织的职员和供应商雇用的员工对于在这些领域客户所感知到的质量有着至关重要的影响。

知识扩展

你的组织和你的供应商之间的关系是什么样的？用下面的问题作为你在这个方面进行自我调查的基础。假如业务复杂，就选出一个产品领域来调查。和购买者、产品生产人员交谈，这是一个了解组织当中其他人活动的好机会。

注意：服务提供者总是被卷入有形的和无形的因素之中：需要的清洁合同，备办宴会的人需要食品、饮料、纺织品和洗熨等以保证他们可以提供这些服务。他们服务的价值主要依赖于提供给他们的产品和服务的质量。

就你熟悉的组织，看看诸如清洁合同、原材料供应商的情况。

1. 这个组织产品和服务的关键供应商是谁？

2. 他们占用多大比例的成本？

3. 和他们之间的合同是怎样被通过的？

（1）由谁通过？

（2）多长时间通过一次？

（3）其他人完成多少？

4. 最近一次变换供应商是什么时候？

5. 那些使用者或者对供应商负责的人关注：

（1）质量？

（2）可靠性？

（3）可获得性？

（4）他们得到的服务？

（5）价格？

6. 自从更加关注质量和关系营销之后，公司是否改变了和供应商的关系的观点？

7. 在组织和供应商之间，有哪些例子可以证明文化方面的互相理解和互相调节？在选择可能的供应商的时候，是否有文化偏好或者文化忌讳方面的例子？

8. 有没有清晰的标准帮助管理层评价供应商的表现？

9. 关系营销等观念方面的改变如何惠及组织？

你可以用你的分析结果作为向上司汇报的基础。假如这样的话，要强调好的方面，也要指出那些你所发现的不好的方面。

假如你和别人一起工作，比较不同部门之间的经验。努力找出成功运用关系营销原则的案例。

关系营销和内部营销是组织寻求让投入的人力资源创造价值的过程中所乐于采用的技巧。既能提高质量，又能赢得并且保持顾客（见图 8.1），由此，关键的管理目标就是更有效果并且更有效率地满足客户需求：

- 更有效果意味着与竞争者相比，客户更偏好他们的产品或者服务，这会帮助他们赢得市场份额。
- 更有效率要求以更少的资源创造竞争优势以提高盈利性，让股东满意。

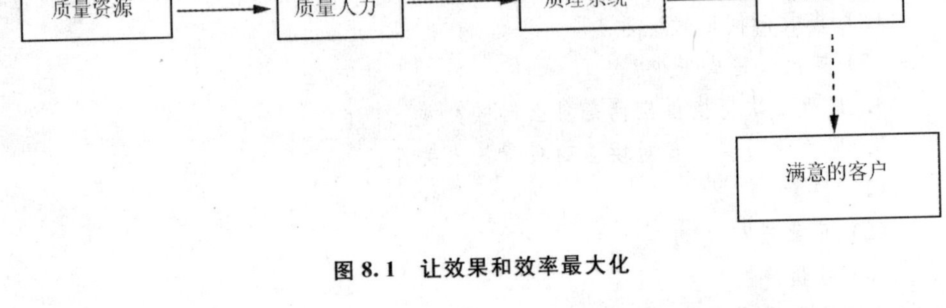

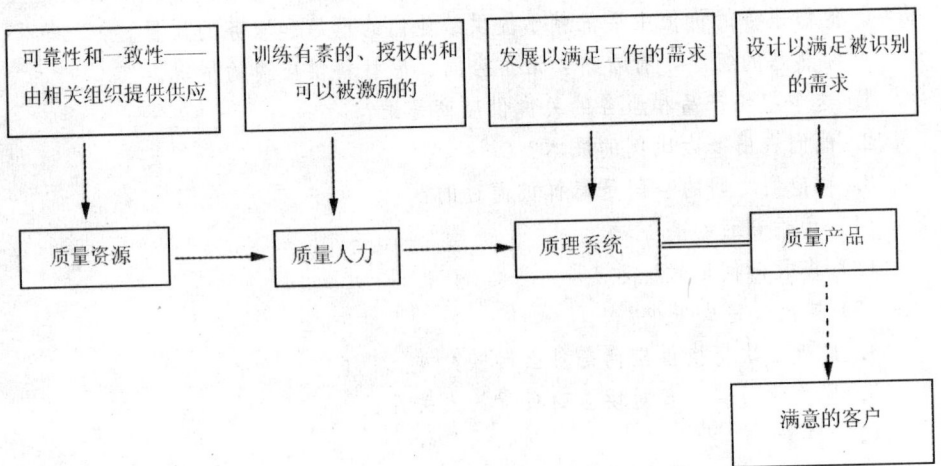

图 8.1　让效果和效率最大化

只有双方都满意，组织才可能存续下去。营销经理追求的就是这种“双赢”

的目标。

◆新顾客还是老顾客?

客户基础是年复一年投资的结果。和其他的投资一样，这项投资需要保值增值。不要认为客户是永久的——除非他们继续得到好的服务，否则他们就会更换供应商。

在保持和发展客户基础方面，关系营销扮演着关键的角色。这一次它是以供应商的身份来寻求在客户、顾客——并且通过它们和最终消费者建立长期的关系。图 8.2 表明了将质量、客户服务和营销进行整合的目标。

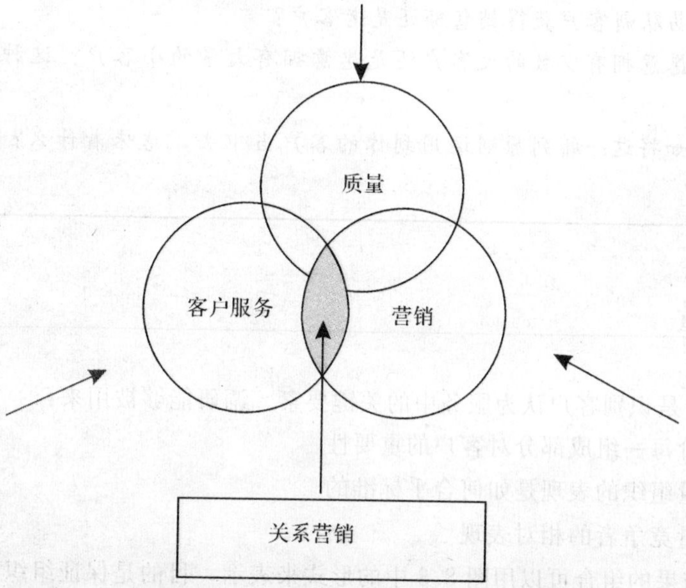

图 8.2　关系营销导向——整合客户服务、质量和营销

关系营销的提倡者认为，传统的营销人员太注重吸引新客户而忽视了保持已经存在的客户的关键工作。关系营销接受赢得客户和保持客户的双向挑战。

审计

像在管理活动中一样，第一步就是对目前的状况作一审计。营销人员需要回答下列问题：

- 当前的客户是谁
- 每一个占有多大比重的业务

- 谁是购买者
- 他们的需求得到了满足了吗
- 我们的服务如何才能提升

活动 8.2

客户价值

下面的问题将帮助你思考。

1. 所有的客户对组织都是同等重要的吗?

2. 一个低价值的小客户是不是应比一个已经稳定的高价值客户赋予较低的优先次序?

3. 容易从新客户获得销售额还是老客户?

4. 你愿意拥有少数的大客户还是愿意拥有大量的小客户? 这种选择意味着什么?

5. 假如将这一排列原则运用到你的客户当中去, 意味着什么? 它会对你有帮助吗?

质量测量

第一步是识别客户认为服务中的关键要素。调研能够被用来:

- 评价每一组成部分对客户的重要性
- 测量组织的表现是如何合乎标准的
- 测量竞争者的相对表现

测量结果的组合可以用图 8.3 中的形式来表示，目的是保证组织的表现可以满足消费者的偏好。和竞争者在这些领域中的相对优势构成了竞争优势的基础。

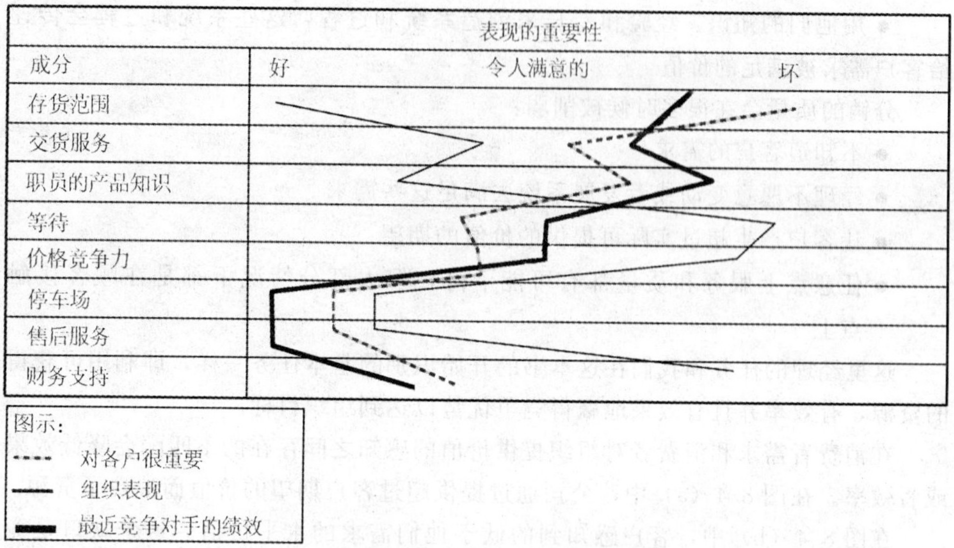

图 8.3 决定消费者偏好和组织表现匹配程度的曲线

组织需要注意：不要在消费者认为并不重要的领域大量投资以提高绩效。那些最能影响客户的领域需要赋予优先次序。相对长处和竞争优势要成为定位和促销活动的焦点。和竞争者相比的缺点代表组织的弱势领域，这显然是可以用来提升客户服务水平的领域。

评估客户感知

一旦经理明确了客户是谁，他或她就会形成并且审视有关组织产品和服务质量的观点。这要求营销调研以及已经形成的系统来检测服务质量，更重要的是，来监测客户对服务质量的感知。

质量和客户关心的重要性

质量是使得公司留在客户偏爱的供应商范围的机制。它对一个组织在当今激烈竞争的市场中的持续成功有着至关重要的作用。

营销经理在他们的广泛活动中确保质量是重要的。任何消费者的需求和他们在你的产品中获得的价值之间的偏差，就代表着你活动质量方面的不足——需要继续提高质量和增强竞争地位，这种不足的状况需要被分析并且修正。

质量和客户服务是营销这一概念的核心，它要求经理们：

- 识别客户需求

- 用他们的知识、经验和专长来创造系统和过程，这些系统和过程会传递给客户需求被满足的价值

分销的质量会在很多时候被削弱：

- 不知道客户的需求
- 经理不愿意变动或者发展系统去满足这些需求
- 让客户产生超过实际可提供的价值的期望
- 任意点上服务和质量都有可能下降，但大部分情况下都是在顾客接触点上

这里经理的任务和我们在这本书的开始识别的基本任务一样，即利用可获得的资源，有效率并且有效果地赢得竞争优势以达到组织目标。

在消费者需求和消费者对组织提供价值的感知之间存在的不匹配会降低效果或者效率。在图 8.4（a）中，公司通过提供超过客户期望的价值而浪费了资源。

在图 8.4（b）中，客户感知到的低于他们需求的水平价值。这个缺口是竞争者的机会，同时也代表着对资源的无效使用——生产不能满足客户需求的产品。只有当需求和感知价值都匹配的时候［见图 8.4（c）］，经理才达到了满足需求和顾客期望的目标。

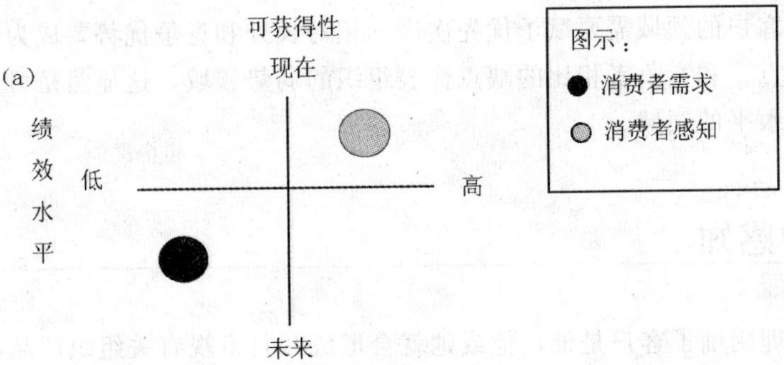

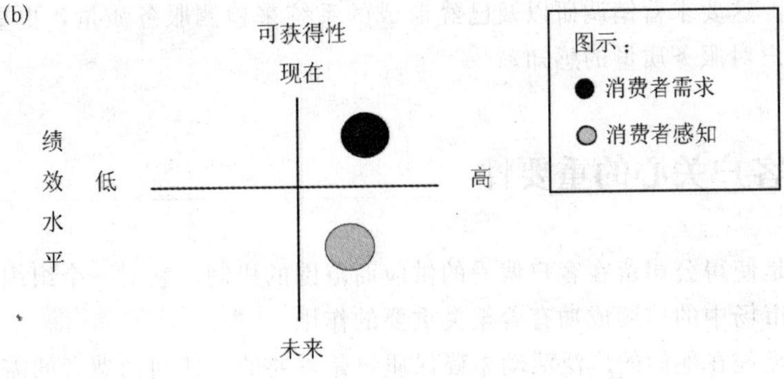

(c)

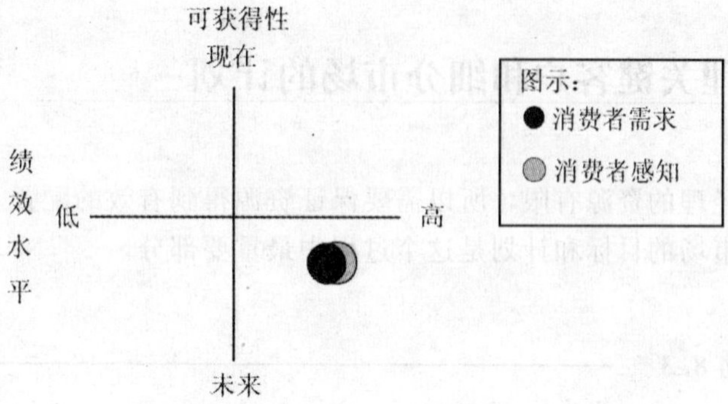

图 8.4 消费者需求和消费者利益感知的匹配

但即使这样，事情也并没有结束。正如我们所知道的那样，市场在不停地变动，消费者需求也在不停地变动。高效的经理需要前瞻性地预测这些变化，并且灵活地改变组织活动来适应这些变化。

客户的重要性

我们用客户服务水平来聚焦消费者接触点。起点是识别哪一类职员和顾客直接接触。这个清单会让你吃惊的。除了销售团队、招待员和办公室工作人员，还有保安人员、停车场的服务人员、门房、搬运工，服务部门的操作工人，如清洁工、侍者和护士。这个团队比我们起初所想像的要广泛得多。

正是这些人对客户和潜在的客户有着长远的影响。消费者偏好掌握在他们手中。这些职员是组织活动的前线。如果想要赢得并且保持住客户，组织中的其他人员需要给这些人必要的支持和帮助。

提高客户服务水平

像我们所看到的那样，提高客户服务水平的过程是相对直接的。对有效营销计划的执行更加重要。

- 审查现状。进行调查以确认目前的客户感受水平并且识别市场上客户评价感知水平的标准
- 建立基准，作为行动的目标和管理提升活动的基础
- 给相关的职员进行充足的培训和支持，使他们能够令人满意地工作
- 设置一套机制，授权和鼓励这些群体有效地工作
- 管理过程并且修正系统，以使得提升质量的过程一旦启动就不要停止在

质量的道路上，只有前进——没有终点！

发展管理关键客户和细分市场的计划

营销经理的资源有限，所以需要保证资源得到有效的配置。建立针对核心客户和目标市场的目标和计划是这个过程中最重要部分。

活动 8.3

客户生命周期

客户生命周期是一种有用的计划工具，它可以用在很多地方。图 8.5 中标有一个组织的客户在他们生命周期中的位置。

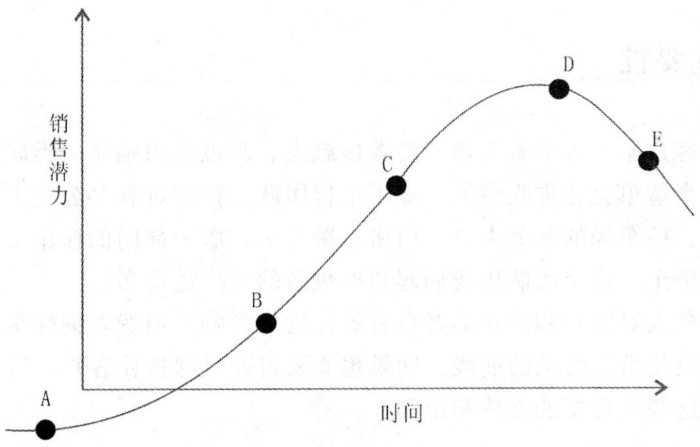

图 8.5　客户生命周期

1. 你怎样描述曲线上标的为从 A 到 E 的每一个客户群？你认为他们目前和组织的业务关系是什么样的？

2. 你为客户 B 和 D 确定哪种目标？理由何在？

3. 客户 E 对公司再也没有价值了吗？

4. 为什么一个销售员处理客户 A 是有效的，但是对待客户 D 是无效的？

◆计划一次关键客户访问

步骤1：了解客户

第一步工作包含审查和调研。你知道客户的一些什么信息呢？

- 他们和你做生意的时间有多长了？
- 他们订购了何种产品？订购量有多大？多长时间订一次货？
- 他们谈判的合同细节是什么？
- 他们业务中的关键人物是谁？谁是我们主要接触的人员？
- 我们哪些职员和他们经常接触？他们都做了些什么？
- 目前的业务地位怎么样？

1. 订单突出？
2. 发货单突出？
3. 发货单争端？

- 他们业务的实质是什么？他们的关键客户是谁？他们未来的计划怎么样？
- 我们知道他们是如何评价我们的吗？我们如何来提高这一评价？他们还用了其他什么供应商？为什么？
- 这个客户反映了我们业务的多大比例？

1. 营业额比重？
2. 利润比重？
3. 产品销售比重？
4. 管理时间比重？

- 这个客户位于生命周期中的哪个阶段？
- 提高和这个客户的业务量的好处和风险何在？
- 对这个客户做一个SWOT分析，即分析该客户关系的优势和劣势，以及所面临的机会和问题。

步骤2：确定目标

在对目前情况全面分析的基础上，可以为这个客户设立一个目标。假如目标有价值的话，它必须是量化的、现实可行的并且可以随着时间的发展而发展。

注意：盈利性的影响。营销经理需要认识到他们的目标和行为直接影响到公司的盈利性。价格这个P是惟一可以给公司带来收入的P，其他的P需要花费成本。因此，营销人员需要追求投入回报率。自然，增加的利润要超过增加的成本……任何计划的行动如果不能达到这一基本要求，则是行不通的。

可能的变化来自于下列领域：

- 促销花费
- 折扣量

- 产品销售组合
- 客户组合

1. 从整体上而言，低价值的客户花费服务的成本低；

2. 同等的销售额大客户产生的利润更低，因为大客户会要求折扣和更高水平的服务。

当特殊的折扣可以产生特殊的、可测量的利益时，可以妥协。

与一个客户群体的业务量增加可能会影响产品销售的平衡性。一个建筑商会努力向管厂促销以卖更多的铜管，而建筑商的业务增加会带来更多水泥的销售。钢管的边际利润和水泥的不一样，体积也没那么大，但需要不同的库存方式。懂得了这个，营销人员需要根据盈利性来为不同的目标市场设定目标，而不是根据数量大小。

步骤 3：战略

决策应建立在怎样达到目标的基础上。无论你是想提供折扣还是增加价值来吸引更多的业务，你都需要谈判的基础。

- 一个 FMCG 的生产者会提供自有品牌商品来交换更多摆放货架的位置
- 假如被确认为是每年都开会的地址，则某一个会议中心会为春季销售会议提供一个特别的价格

步骤 4：策略

这有关你计划的细节。策略规划确定谁负责行动的内容和行动的时间。这可以变为一个有关特定客户的活动时间表，同时作为控制的基础也很有用（见图 8.6）。

◆预算

为了实现计划，需要进行有关职员时间和额外成本的预算。这些成本需要随你的目标而调整。

◆控制

通过信息系统你可以监测计划依据时间表和目标的执行情况，同时可以提供下列反馈：

- 订单数量
- 订单价值
- 订货数量
- 付款历史
- 投诉
- 总体盈利性……

只有当你知道所处的位置和你的目标的时候，你才能识别机会和危机。

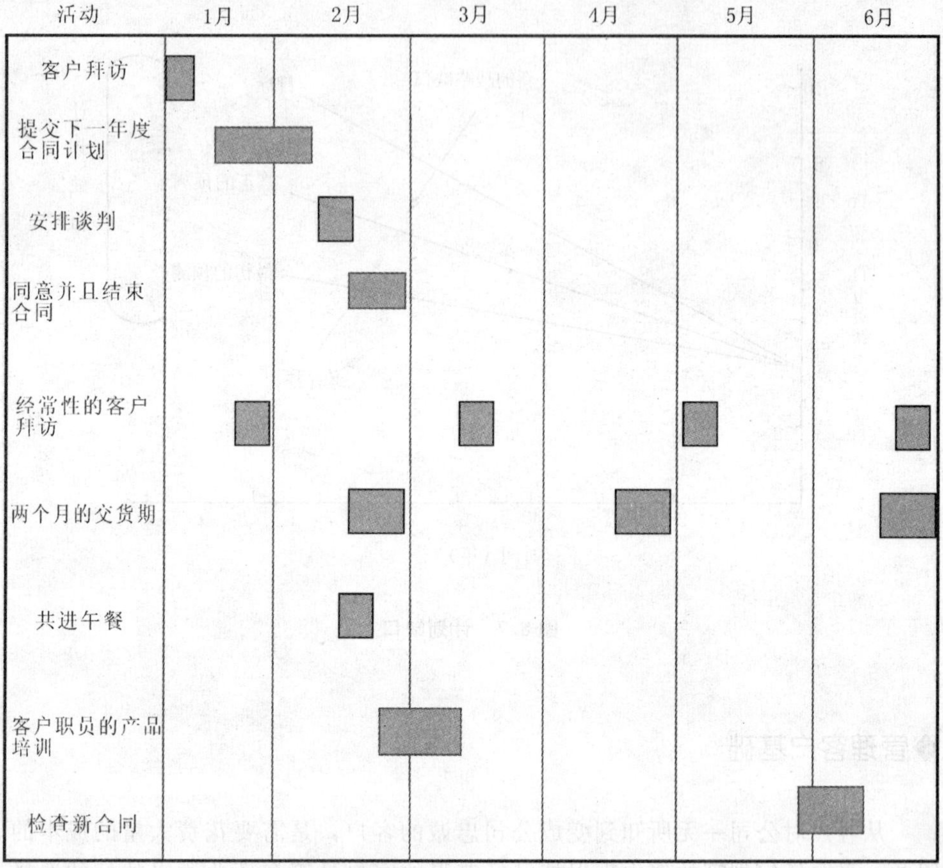

图 8.6　策略性计划时间表

◆计划缺口

你可以按照预算和计划来计算实际绩效。反馈将帮助你监测进步和修正达到目标的可能方法（见图 8.7）

为了识别一个计划缺口：

1. 决定你的位置。

2. 假如目前的情况不变，预测一段时间内你将在何处。

3. 将该预测和你的公司目标决定你应该在何处进行比较。

4. 假如没有差距，继续目前的计划。

5. 假如有差距，考虑可以采取哪些策略性改变以及这些策略性改变的结果，这显示出了运作缺口。

6. 假如这还不够的话，你就需要进行战略变化以填补战略缺口。

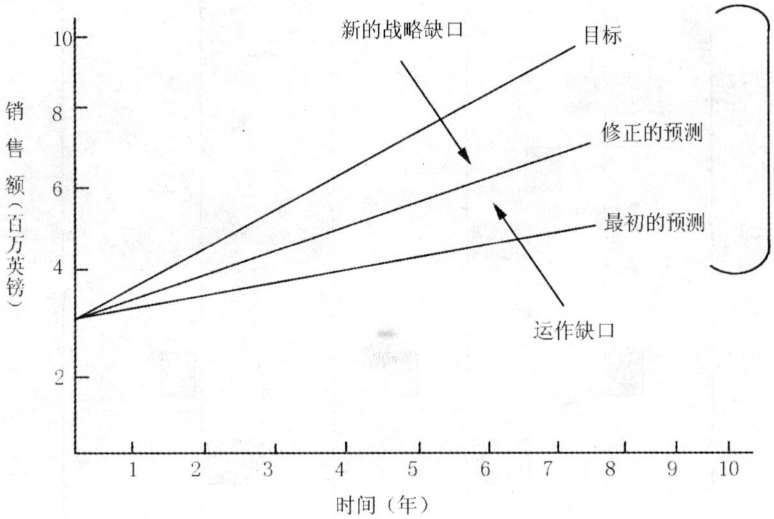

图 8.7 计划缺口

◆管理客户基础

从客户对公司一无所知到变成公司忠诚的客户，是需要花费大量的成本的。因此，采取任何划算的努力来保持已经获得的客户是符合商业逻辑的好的选择。当然，保持客户比获得客户花费的成本更少。

营销经理应该将发展和客户有直接接触的职员的支持系统放在工作的重要位置。这种安排会带来：

- 更多的重复购买
- 和客户更近的工作关系……更多的反馈
- 口碑推荐
- 更加稳定和可预测的业务收入

知识扩展

你的组织中消费者的记录是如何保管的？花时间找出保管这些记录的人以及这些数据的共享方式。

- 销售团队保管他们的信息和记录吗？
- 财务部门是采取何种手段来保持有关订单价值和付款记录的？
- 继续收集一个特定客户的信息以作为下列决定的基础：

1. 你的信息系统的优势和劣势是什么？
2. 哪些信息是不可获得的？
3. 那些数据是否被整合而且更容易集中地获得？

准备一个简短的报告，提出完善你的客户数据库的3个建议。

保持有效客户沟通

沟通是任何关系的关键。如果有沟通，误解可以消除，问题会得到解决。生产和销售导向的公司有一个问题就是，他们是好的讲演者，但不是好的倾听者。因此，沟通就变得更片面了。在一个卖方市场中，告诉客户有关产品的特性和业务的一些条款，公司需要谈判的东西就很少了。重要的是，他根本不知道如何来提高他的表现，因此总是在不知觉中被别人超越。

由于买方市场数量增加导致的竞争加剧，改变了营销的本质。消费者有更大的议价能力以及对自己权利的更多的知识，在和供应商打交道的过程中，不同行业中的客户声音都越来越大。

- 超市会要求生产商和他们一起参与新的促销，而促销会导致平均成本增加
- 英国的公共服务部门制定了客户宪章，给予使用者更大的权力
- 关注环境的消费者成功地让很多部门的厂商改变产品和产品包装

识别沟通选择

有效的沟通有很多形式，经理需要有一个完整的可供选择的工具箱。

活动 8.4

沟通……怎样沟通？

花 10 分钟产生一个心灵地图，识别组织可以采取的方法：

- 向客户传递信息；
- 从客户那儿获得信息。

像例子中的一样，你的心灵地图可能显示出沟通行为中的不均衡。它很容易显示出为什么从公司发出的强烈的信号会引起市场的反应。

营销调研是公司可使用的了解客户的最明显的工具，但是市场会对调研做出反应。个人会被问及和面临那些并不是他们最关注领域中的问题。其他的选择反应了客户可以控制的方法，所以具有前摄性的效果。然而，他们仍然依赖于倾听经理的安排。

投诉和赞美

投诉和赞美是与客户沟通的有价值的方式。然而，经理们如果想要听到投诉和赞美需要付出努力：

- 它们经常被反应到那些客户所接触的操作性的工人那儿，总是在那个层次被处理
- 很少有客户实际投诉（或者赞美），它们只是不再与你做生意（或者回头购买更多）
- 经理们理解投诉者的时候会产生偏见，所以信息会按照被忽视的价值来解码

为了克服这些障碍，经理们需要做一系列的事情：

- 建立报告所有投诉和赞美的系统，特别是那些口头的信息
- 通过问卷、建议和与客户交谈、倾听他们所说的话来正面获取反馈
- 严肃对待所有的客户信息。真正欢迎将评价作为反馈的机会——而不是自动防御
- 建立客户小组和用户团体，特别挑选以提供主动的反应

在组织和客户之间沟通的频率和程度会依赖下列因素：

- 业务的数量和重要性
- 关系的经历和已经建立关系的时间。日常客户的重复性购买可能需要很少的讨论，也不需要谈判
- 未来业务的潜在价值
- 交易活动的复杂性

● 业务部门变化的程度

有效的沟通并不是每天都要联系。关键是提供充足的交互活动以使得客户感到被知晓和被尊重。打交道的程度需要加以计划——可能采取打电话的形式，或者采取简报、分类信件、促销活动和社交活动等。

☞活动 8.5

在“沟通”这个单元中，你检查了一系列的沟通方式。用这个练习完成你对这个问题的看法并且修正你以前对此的理解。

采取下列每个沟通方式并且识别：

● 它的优势和劣势

何时应该使用的例子：

1. 客户/使用者通讯
2. 陈述
3. 电话销售
4. 发起活动的邀请
5. 分发，比如日历和工作笔记

通过有效的沟通建立良好的关系

沟通是建立实用业务关系的基础。因此，毫不奇怪，它应该用心考虑和计划。和其他大部分关系一样，相互信任是重要的。误导或者掩盖问题的沟通会降低短期的压力，但是在长期关系上会付出很大代价。

保持有效沟通的提示和技巧

1. 从一开始就确定和客户接触的频率和程度，按照客户的偏好来更新。经常回顾这些活动。

2. 确保客户拥有一个他们知晓的沟通渠道，可以用来处理任何方面的业务关系。

3. 涉及细节时，避免误解。避免含糊的诸如“这个产品不是很重”的描述，而改为更清楚的描述：“这个产品重 3000 克以下”。

4. 不要忽略问题，问题不会自动解决。前瞻性地处理意外事故，如果需要的话，和客户讨论问题，能够帮助你获得他或她的帮助。

5. 不要假设事情已经发生了——检查它。例如，在电话上安装一个新的装

置以保证电话运行良好能够接受到反馈。

6. 给予客户和你沟通的机会并且积极地倾听他们的声音。

7. 立刻反应。

8. 召开回顾过去的业务活动并且从整体上讨论未来可能的活动的会议。用你和他们的交往来想像和他们进行业务活动的前景，来识别涌现出来的机会和可能的威胁。当然，是指对所有方面的可能的机会和威胁。

客户的地位

沟通是一个双向的过程，当和消费者沟通的时候，你要保证它是有效的。

1. 明晰你的目标和要求。

2. 要信任供应商、代理人和中间商。他们应该获得对他们有价值的背景信息。比如，不要让你的广告代理商进行你已经进行过的调研。向他们提供你最近相关调研的结果。

3. 给供应商提供关于订单波动、突发订单和订单取消的预警。让他们知道这些信息。

4. 和客户进行指定的接触时，直接迅速地处理相关的投诉和问题。给他们一个修正的机会。注意：假如没有自动提供，则要求一个指定的接触。

5. 迅速付款。节省几天的利息花费不能弥补你未来想要的融洽气氛。

谈判

和客户与供应商最直接沟通的一种方式是谈判。可以直接对要进行的购买活动或者其他工作的细节进行谈判，通过复杂的谈判可以订立合同，而这是双方合作关系的基础。

谈判构建了关系的基础，所以如果想要支持不断增长的交易额，就需要一个坚实的基础。不幸的是，因为涉及双方的需求和目标，谈判过程很容易陷入困境。不要认为谈判是一项战斗或者竞争，其中只能产生一个赢家。谈判作为交易的基础——如果不是共赢的，它就会是短命的承诺（见图 8.8）。

只有当双方都认识到“双赢”谈判的长期利益，才能够确保谈判达到一个完美的结果，使得双方对自己的需求和目标都很满意。在买方和卖方之间存在力量不均等的时候，这个更加重要。

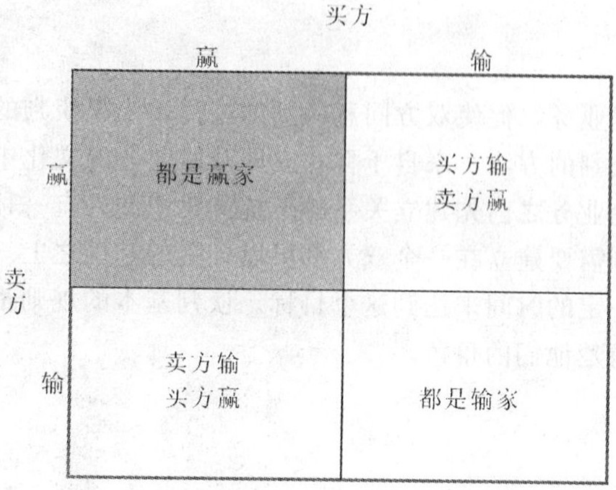

图 8.8 买方/卖方谈判

谈判规划

一次成功的谈判需要遵循几个阶段：

1. 确定场地
2. 开始谈判
3. 谈判
   - 探测
   - 创造性的解决方案
   - 设计交易
   - 出价
   - 议价
4. 结束谈判
5. 后续工作

◆确定场地

进行谈判的环境需要仔细地准备。参与者应感到轻松舒适。假如谈判开始前他们有机会会晤，将有助于谈判。打破坚冰的阶段很重要，因为在这个阶段可以建立一个共同合作的模式进入下面的程序。

记住要考虑到文化方面的需求。阿拉伯文化中的人喜欢与人比较亲近；盎格鲁撒克逊人喜欢彼此坐得比较远；日本人避免面对面，也不会互相冲撞——很难创造出一个使来自于不同文化背景的人感觉都很舒服的环境。

◆开始谈判

开始认真考虑业务，促使双方同意谈判的过程，确立谈判的目标，安排出一个谈判时间表和谈判的方法。来自于喜欢立即开始业务的文化中的人，面对那些来自于在开始讨论业务之前先建立关系的传统文化中的人有一种挫折感。这没有办法。成功的谈判需要建立在一个双方都可以接受的基础之上——即使这需要预先的策划和花费一定的时间来达到这个目标。谈判基本的规则都得到认可，介绍相关的人员，弄清楚他们的角色。

◆谈判

谈判有很多阶段：

- 探测。是调研的过程。它确保参加的每个人对形式都有一个基本相同的理解。通常，双方都会提出他们的立场、利益、偏好和态度。这个过程当中，清晰和简洁是很重要的。倾听的时候，不要争论或反对。如果不清晰，可以要求对方说明清楚。
- 创造性的解决方案。双方的目标是识别创造性的解决方案——产生一系列可以将谈判往前推动的主意。显然，假如想产生一个灵活的方法和宽广的思路，谈判中经理们的个性很重要。
- 设计交易。这包含于广泛的可确定的解决方案中——它明确了交易的基础，使得双方都可以评价相对的成本和收益。因为双方都需要在出价之前了解它们出价的合同的价值，所以这很重要。交易当中会有很多需要通过谈判解决的细节问题。在他们产生协议的时候，双方都需要对协议和交易的进展有一个清晰的预测。
- 出价。传统上，出价都很高，代表着谈判的最高限，此后的价格不可能再比这个高了。这应该是现实可行的，否则就有可能冒犯另一方。回价传统而言比较低——构建了谈判的最低限。在这两个限度之中，双方需要进行谈判以达成一个协议。谈判前周密的准备在这里就收到了回报，因为经理会知晓谈判对手的偏好和兴趣。这些在这个过程中可以得到利用。也许会产生一个新的提议，或者这个交易的协议不断地来回修改。
- 交易。谈判者必须为这个阶段进行简短而充分的准备。他或她需要知道他们能够让步的底线。过多的让步也许会很快达成协议，但从长期来说，如果公司没有能力履行协议，则对双方来说就没有意义。
- 结束谈判。一旦完成谈判，就需要加以总结。检验双方对已达成协议的理解。这个协议需要写成书面的形式或者写成正式的合同文本以进行确认。

- 后续工作。不管双方是独自的还是集体的，都需要管理好协议以确保它按照规划的方式进行。

知识扩展

黄金规则

- 没有对方的让步作为回报，不要让步。
- 通过提示这样一种可能性来达成协议："假如我们……你们会提供……"
- 对那些对你的客户重要，但是对你不重要的地方做出让步。例如，低价格对你可能成本高昂，但是尽快交货会给客户带来价值，而对于你来说成本并不高。

内部磋商

大部分初级的营销人员的管理等级比较低，他们需要与营销主管一起工作。这要求他们经常和其他部门职位很高的人员进行谈判。大部分情况下，初级的营销人员都是作为一个推动者，所以谈判技巧很重要。

内部磋商需要和上面所述的一样的基本原理。有时的情形和面对一个外部客户一样——当和一个不愿意改变自己生产计划的生产经理磋商改变生产的时间表时。其他情况下，磋商会和一个人或多个人进行，他们都来自于一个团队。费舍尔和厄里用了四个原则来指导谈判：

- 把人和问题区分开。关注形势，而不是关注个人的人格冲突和自我主义。
- 关注利益，而不是地位。避免被地位所困，经常寻找其他的可能性。
- 共同把蛋糕做大。超越"对手"所想。提出那些对你成本低而对他具有高价值的建议（比如，地位、机会等）。
- 用目标作为标准。避免情感性的语言。确保双方都可以衡量每个行动的合理性。

知识扩展

我们的生活中到处都有谈判。从孩子们对他们的睡觉时间和他们所获得的零花钱发问开始，他们就开始学习谈判的艺术。

识别那些在家庭和工作中的谈判机会并且锻炼你的谈判技巧。可能你需要和你的孩子们谈判来收拾他们的屋子，或者和一个经理谈判来支持你参加一个培训项目的申请。

你是否做好充分的准备并且记住考虑到别人的需求。交易当中你提供了什么？目标是实现“双赢”，不要滥用你的权利（父母和孩子都有权利——父母有控制的权利，孩子有反抗的权利）。

花时间回顾你的进步并且识别可以提高你谈判技巧的方法。

管理问题

当一切进展顺利的时候，人们会说，保持一个良好的关系是顺理成章的。当问题存在，经理们需要处理危机或者灾祸的时候，挑战就出现了。关系营销指的是双方共同工作开发机会和解决问题。这种合作关系要求相关各方共同努力。

尽早发现问题

有效的沟通渠道会产生利润，因为你可以尽早意识到存在的问题，从而有最大的机会找到解决问题的方法并且保持消费者的忠诚。

- 运转良好的信息系统会提供早期预报，以提醒经理们对可能的问题产生警觉。管理团队需要识别一个特殊分销渠道销售额的减少或者来自于一个客户订单的减少这样的问题，并且做出反应。
- 经理们需要对那些导致他们自己的环境和客户的环境产生问题的变化保持警觉。经济衰退、需求低迷、高利率、可支配收入减少会影响到所有的人，但是有时候特定的市场变化会影响到一些人，而其他的人不会被影响。注意并且对这些变化做出反应对发展关系和短期、长期的盈利性至关重要。创造性的公司会运用经济手段，比如租赁契约和信用计划来帮助他们的客户渡过难关。
- 经理们需要知道他们的行动如何导致问题。一个主要客户经理的变更、

一个改变的交付和管理程序、一个产品的停产或者尺寸方面的变化会给客户带来问题，需要加以前瞻性地预测和处理。

☞活动 8.6

什么时候供应短缺

在你的核心生产基地的一场火灾会带来灾难。存货烧毁，估计要过三个月才能重新开始生产。短期租赁的工厂的生产能力以及在第二分厂采用的轮换制会帮助你提供80%的订单产量。你建议采取什么样的行动？

解决问题的策略

在本单元前面已经说过，诚实和公开的沟通对保持信任是必要的。

组织很容易把眼光局限在组织内部，而意识不到他们的行为对客户的影响。上面提到的火灾很显然对客户有影响，然而同样有问题而且更加频繁的可能是主要联系职员的变更。

假如变更是因为公司内部的晋升，客户不会受到影响，反而会为联系职员而高兴。平滑地过渡到一个新的联系职员不是一件困难的事情。假如联系的职员变更，雇主会面临客户重新选择供应商的风险。

对于客户来说，重要的是要记住那些关键的联系职员代表的是整个组织。组织内部的关系经常个人化。组织频繁的职位调整这样的人事变动政策，会经常忽视这对他们客户的影响。

解决职员变动

1. 经理们不应该试图蒙蔽客户说变化没有发生。他们简洁地告诉客户这个变动以及新的交接人员。

2. 可能的话，需要安排一个交接仪式，把新的联系人员介绍给客户。

3. 销售经理在将信息不露痕迹地由一个人传递到另外一个人的时候发挥着重要作用。他们应该特别注意客户对新交接人员的反应以及检查客户对新安排满意与否。

经理们只要拥有远见、策略、创造性、信息和好的沟通系统，他们就能够保持有效的关系，即使是在最困难的时期。

营销经理——与他人的合作者

营销是运营的终端，需要广泛地处理和客户以及其他外部股东的关系。像我们所看到的那样，营销者的专长主要是帮助制定营销计划并且鼓励组织中的职员。

营销的职责是按照需求供应——保证组织的输出有客户。它通过提供客户所需的物品和价值来实现。营销打开了客户和公司之间沟通的渠道。

听起来很简单，但是在大组织中有很多人参与到这个让客户满意的过程当中。通过计划，营销将这些人安排在一起合作。一个良好沟通、贯彻在整个运营过程中的清晰计划意味着每个人：

- 明白自己对消费者满意程度的贡献
- 称职并且有相关的目标
- 有管理工作绩效和质量的基准
- 授予了必要的权利来对消费者需求做出反应
- 被激励来关心消费者满意程度
- 有时候工作的必要技能

营销计划在保证营销和销售层面的充分合作中处于中心的位置。

营销处于和客户亲密接触并且影响到组织的战略决定这样一个独特的地位，它有责任来保证组织的稀缺资源得到合理配置以创造客户需要的价值。

经理的工具和技能以及营销人员的专长在保证有效率地和有效果地达到以上目标，是很必要的。

总结

在这个单元中，我们学到了：

- 你需要复习你的学习笔记。
- 通过揭示成功营销关系的交互式的和持续性的本质，扩展了营销的概念。
- 对于一个组织和相关个人而言，拥有关于和谁构建关系的详细信息是很重要的。
- 质量为消费者的感知所评判。
- 保持客户比吸引客户成本更低。
- 识别每个客户的价值是一项很重要的工作，但是小客户不应该被轻视。

- 客户的服务水平需要被所有职员理解、认同。
- 客户信息是一项值得令人关心的投资。
- 客户信息如果没有保存在中心数据库中，就很难管理。
- 有效的沟通对于发展关系是至关重要的。
- 只有从调研阶段就加以理解和贯彻，谈判才能够被规划。
- 谈判者应该追求“双赢”。
- 对那些对别人有价值但是对你相对偏低的变量让步。
- 为了获得互利的交易，营销人员在将组织和客户联系到一起的过程中，发挥着关键的作用。

应试技巧

CIM 的考官需要了解你知道该做什么以及怎样做。一定要提出你的建议以及让这些建议成为有效的后续工作。也就是说，这项工作应该可以被控制，否则，就没有办法评价成功与否。注意控制得适当或者推荐那些需要的工作。考官经常问他自已“这个意味着……”和“这个怎么创造价值……”和“为什么必须做这个……”最好的参考者提供了答案。

考试练习

回答 2001 年 6 月考卷的第 2 题。

第九单元 管理变革

学习目标

在这个单元，你将学习：

- 检查变革对于当今管理者的重要性
- 回顾处理变革的过程
- 识别内部营销计划的基本要素

学完本单元，你将能够：

- 认识到对待变革采取积极态度的重要性
- 懂得管理变革过程的复杂性和挑战性
- 掌握保持激励和在人们之间推动变革的技巧
- 能够产生并执行一个内部营销计划

学习指南

变革并不是经常发生的，我们处理未知的事物总是不如已知的来得从容。营销人员总是站在可以为了整个组织识别新机会和方向的变革活动的领导边缘。需要采用营销技巧来让内部客户知晓变革，以使得变革真正有效。因此，这一话题作为有效营销管理课程的重要内容并不奇怪。变革往往是直接或间接地出现，会影响到你处理问题的方式并且让你在特定的情况下提出建议。

例如，你需要在面临关心、怨恨甚至敌意的情况下，提供组织再造、引入质量标准，或者更广泛的职员培训的建议的时候，认识到这些很重要。

主考官想找到能够推销你的建议的证据，同时你需要在这些证据中提出满足了你要沟通的受众的相关利益。

花两个小时完成这个单元的学习，再花两个小时进行相关的活动。

“这就是我们做事的方法……”

在“文化与管理”这一单元中，这个词组表示关注于一个组织过去的习惯和实践。这些单词可以平息变革的声音和扼杀变革的思想。直接说出来或者在行动上予以表示，能特别有效地让新来的职员安静下来。让他们留在适当的位置直至被灌输老的做事方法。但是，这些被尝试和被信任的做事方法是正确的吗？

为什么变革是必需的，假如它是人们想要的，为什么我们对它有抵抗情绪？我们需要变革吗？

变革是不可避免的，它是生活的本质。变革没有什么新鲜的，只有我们对这个过程的感觉以及变革的速度在当前是独一无二的。从组织的角度，变革总是在外部环境中突然发生。它产生于法律或者技术的变更，或者源于由于消费者人口或者文化方面的变革或者竞争者活动而导致的需求的变革。

为了生存，组织必须变革，在环境的压力下发展。假如它们不能根据环境的改变而变革，它们就有可能在抵抗性的低生产率的活动中浪费资源，或者试图支持和维持那些旧的和不适当的结构和系统。组织要在当今竞争激烈的商业环境中生存必须保持动态。从这个意义上，变革可以被看成是不可避免的，即使是不令人欢迎的活动，也有很多正面的特点。

变革可以激发创造性，它会使人精神振作。作为个人，这意味着在一个不同的国家待上两个星期，以及和假期联系在一起的新的经历和活动。新的经历让我们重新组合我们的能量。引入新方法，重新安排系统和组织人员可以提高生产率和让一个成熟的组织永葆青春。它可以重新定位一个组织，增加它的竞争优势，给它一个更大的增长机会。

☞活动 9.1

为什么我们抵制变化？

在“文化与管理”这一单元中我们看到了复杂的因素是如何构成文化并且对人们和人们做事情的方式产生持久影响的。现在我们可以仔细看一下文化中的哪些因素可以为一个经理用来激发变革。不要回头看这个单元——至少在你已经让这个活动做了一个全面的尝试之前不要这样做。

假如组织变革是不可避免的而且可能是有利的，为什么人们会抵制变革？花 15 分钟列出人们反对变革的原因。吸收你自己生活中的变革的经验以及这本书中提到的知识。

注意：用“混和”这个短语描写态度是不够的，为什么有这样一种特别的态度？它是一个简单的、一维的态度，还是一个由多种态度、感情和信仰组成的复杂的组合？

识别人们抵制变革的原因是激发变革的第一步。通常我们需要熟悉别人的观点从而开展工作。懂得为什么采取某种行动（抵制就是一种行动）是达到一个正面结果的途径。至少人们可以直接努力而不是试图隐蔽起来。

这并不仅仅是一个动机的问题。我们知道动机需要和激励联系到一起，但是假如抵制的动机是根深蒂固的——假如这是个信仰，就更坏了——变革的过程需要延长。实际上它是不可能达到的。最后的办法就是进行人员的调整。

☞活动 9.2

文化和组织文化的要素越来越重要。主考官会在这些领域考得更有深度。花时间找出文化变革的案例，以及不成功的案例。考虑其中的原因并且用已经学习到的知识来表明你拥有相关的知识和探询的学习态度。

什么创造变化的合适环境？

识别那些个人不喜欢变革的因素，就有可能列出那些可以创造一个来激发并且鼓励对待变革积极态度环境的因素。

◆态度

这些关键因素中最重要的是态度。我们已经强调了态度的重要性，并且认识到了高层管理团队的态度处于组织文化的核心。管理者必须创造变革的气氛，愿意寻求新主意和做事的方法，并且鼓励那些拥有创新精神的职员。

组织必须建立能够对变革持肯定和高兴态度的文化。这意味着变成一个“学习型组织”。一个学习型组织中，每个人都希望能够不断地学习并且发现新技能，这些技能不是为他们准备现在的工作——他们需要能够胜任现在的工作——而是为他们明天可能会获得的工作。这个过程要求所有的管理者持续不断地审查现有的技能、预测未来的需求，并且发展出一个连续性的计划。发展是一个持续不断的填补缺口的过程。所有的系统和过程都要被回顾并且修正，以作为发展和学习过程的一部分。

在那些认识到变革的不可避免性和渴望进行变革的组织中，经理们能够对变革持积极的态度。前瞻性的非反应型的反应意味着可以管理变革的速度和方向，这样就可以避免对变革的担心。

◆鼓励创新和变革的系统

反馈系统、建议方案和创造性的会议，比如“头脑风暴”可以激发职员们来贡献自己的思想，以提高运作的效果和效率。思想产生的实际过程不是鼓励人们接受现实，而是鼓励人们不断地回顾、发问并且寻求变化。

活动 9.3

主意……主意……主意……

想想被要求建立一个你的公司或者学员的建议系统。花 20 分钟列出让这个系统成功的重要因素。

◆奖赏

为了鼓励变革，需要给予奖赏，以克服大家对变革的抵制并且补偿他们在变革中的痛苦和风险。奖赏不一定是金钱，它们可以是提高技能、更有趣地工作、更有责任心和实现个人或者公司的期望等形式。

◆灵活性

前瞻性的组织认识到了对变革的需求和变革可能发生的频率，它们不断地寻求可以使组织更灵活的方法。雇用为临时合同工作的职员；以小型的中心服务为核心，组织更偏向于灵活的矩阵结构和变革团队。像查尔斯·汉迪这样的管理学家预测，顾问和自我雇用的外部工作者会越来越多，它们可以在需要的时候被召入公司。

行政性事务有一个进行工作变更的习惯和实践的广泛基础。一个就职于交通策划的职员会发现他下一年应接受的教育。这种经常性的变化会激发职员的灵活性，而且可以避免让一个部门私人化。另一方面，会有人争论说，没有长期规划的职员会采取短期行为。这就要求仔细的管理控制。

◆参与

没有人喜欢强加的变革。假如管理人员将变革强加给职员，他们会反感。变革涵盖了所有人，从主意的产生到执行，只有在人们充满激情的时候才会被接受。变革的有效内部营销会帮助人们实现这一点。我们会在本单元的后面揭示怎

么发展内部的营销计划。

变革的催化剂

营销经理需要参与到管理大小规模的变革中去，也需要参与管理那些可以在组织内外激发变革的因素。

◆外部催化剂

法规中的变化会驱使变革，虽然这可能是一个非常小的变革。例如，新的储藏新鲜食品的规定要求零售商改变他们的储藏设备，要求营销人员检查他们的商品战略。放松星期天贸易的法规或者解除金融服务部门的管制会带来更大的变化。

组织总是积极地进行反对变革的游说，比如英国的啤酒酿造商面对垄断和合并委员会的限制时，假如他们不能影响政治家，他们就必须适应这一变化。营销经理需要在执行变革中发挥相应的作用。

同样的，客户、供应商和中间商的活动也可以激发一个组织的变革。英国的零售超市通过改变品牌和竞争战略给生产厂家增加压力。消费者在强夺市场份额的品牌战争中获益很少，但是不用增加总体花费。

消费者对环境问题的关注在鼓励审视从开发、测试到包装和陈述的整个过程的产品政策中成为了一个重要的催化剂。消费解体已经引起了标签和促销活动的变化。

导致变革的监测发展的信息系统给了组织可能变革的预警，也使得游说变革计划的时间最大化。因此，需要引入一个有这个功效的 MIS 系统，或者改变当前的信息系统，以使得它可以及时提供有价值的信息。一个有效的 MIS 系统是预警性的。

◆内部催化剂

变革催化剂的第二个来源在组织内部，它产生于组织寻求保持与获得竞争优势的活动之中。例如，当对一个新认识到的市场做出反应或者利用新技术带来成本节约的机会时，变革就是需要的。这些变革更加具有预警性，对它们的抵制——至少从高层管理者而言——也会更少。通常，它们由一个主要的拥护者发起，这个拥护者可能是新的管理主管或者营销主管。新的高层团队的任命不会受到“这不是我们做事情的方式”的争论的影响。更多的低层工作人员会发现他们的热情被拥有限制主动性权力的直线经理们限制了。他们可能需要一

个资深的经理来正面地识别和处理这些问题。假如在一个部门中职员流动性很高，很有可能就是这个原因。

◆变革的硬系统模型

以系统工程学、组织调研和项目管理为基础，变革的硬系统模型主要关注手段和结果。它利用一系列严格和系统的方法来设定目标，这也就决定了达到目标的过程。从表 9.1 可以看到，相关方面的投入是在最后一个阶段——这个模型不是一个以人为中心的模型。

表 9.1 变革硬系统模型的阶段

状 态	阶 段	行 为
描述	1. 形势总结 2. 识别目标和限制因素 3. 识别绩效测量方法	认识到变革的需求 测试别人的是否需要变革的观点 用适当的诊断方法来确认复杂程度和困难程度 设定利益系统的目标 识别达到目标的限制因素 决定如何评价目标的实现情况
选择	4. 产生选择方案 5. 编辑方案和发展被选择方案 6. 按照标准评价选择方案	为了达到目标，将变革的思想发展成为清晰的选择方案 考虑一系列的可能性 将最可能的选择方案描述得更加具体 决定每一个解决方案的相关人员、投入要素和运行的方式 按照第三个阶段的绩效标准来评价选择行为的绩效
执行	7. 发展执行的阶段 8. 贯彻计划的变革	选择偏好的行为并且计划如何实施 相关人员的投入 分配责任 进展监控

◆变革的软系统模型

很多变革的情况，因为它们的复杂性和特点，要求用软系统模型而不是硬系统模型。首先，组织发展是高度关注个人的，这是一个以 Y 理论为核心的系统。

组织发展的过程推动着从人员投入到实现变革的整个过程。它们可能不决定是否需要变革，但它们在决定如何达到变革的过程中发挥着主要的作用。从1951年起李文的思想一直被认为很重要并且被广泛使用。他的模型包含三个阶段：解冻、移动和重新固化。

1. 解冻。需要震撼人们的思想，加强他们对变革需求的感知。这个阶段中需要广泛的咨询。

2. 移动。将变革转变为实际的行动。在新的战略和业务流程中确立新的行为。

3. 重新固化。新的形势稳定下来并且成为标准。需要采取有效的控制以防止倒退并且保证随着计划的变革，形势更加稳定。

管理变革的过程

变革不能随意发生，如果想要有效地执行，就需要加以管理。

注意：管理总是要求控制活动。变革管理强调对过程的控制。管理变革需要一个具体的计划，我们可以使用熟悉的计划框架来回顾那些影响变革过程的要素。

- 背景。我们为什么需要变革？对当前的形势做一个分析，识别促使变革的催化剂，并且对任何抵制变革的因素作一审查。
- 目标。我们希望通过变革获得什么？我们的目标应该包含管理层对变革的愿景。像所有的目标一样，它们应该很精确。

活动 9.4

一个变革的目标

回顾变革目标的列表。评价每一个的价值。

1. 尽快为公司获得质量的回报如BS5750。

2. 下年年末将客户的投诉数量由10‰降到2‰。

3. 6个月内引入一个新的计算机系统来管理客户记录。

4. 下一年度执行一个预警性的同等机会的政策。

5. 3年内，将公司雇用的残疾人比例由5%增加到15%。

6. 通过新的职员建议系统，在最初的12个月内，吸引每个职员平均提供3个建议。

7. 在12个月内，提高我们的客户满意水平，从50%到超过70%。

8. 在4个星期之内，完成销售和营销团队的整合。

战略

一旦确立了变革的目标，管理的任务就是确定适当的变革战略。选择的标准是能够确定选择方案，同样应该是最适合组织优点和哲学的方法。

主要的变化，像将一个组织的文化由产品导向转变为消费者导向，将要求在相当长的时间内采取组合性的战略。这可能包括对运营的再造、公司内部客户服务的培训以及像达到BS5750这样的质量标准。

◆策略

假如想有效执行变革，就需要特别的行动规划。这需要认识到应该做些什么，谁来做和什么时候做。很多变革都是由组织外部的咨询专家管理的，比如组织发展或者组织再造方面的变革。这个时候，需要考虑变革的内部营销并且发展一个内部的营销计划。

◆执行

所有的计划都必须执行以获得结果。在《内部营销》部分看如何进行变革的营销。

◆控制

控制阶段是必需的，它包含预算、特定的时间表和促使经理们管理变革的执行情况和影响的反馈系统。

例如，一个零售经理和助理的奖金系统需要这样来控制：

每个礼拜支付的奖金总额。

- 店面营业额的变动
- 职员流动率的变动
- 旷工的变动
- 客户对服务水平的赞美/投诉

虽然他们提议的变革可能没有组织层次的变革那么重要，但营销经理们仍需要知道他们可以很大程度上影响到职员的安全感以及团队中角色的变化。那些改变办公环境、发展一个新的报告系统或者引入一个新的评价系统的计划可能会遇到很多抵制。所有的变革都需要严肃地对待、考虑周全地规划和执行。

知识扩展

变革对于成功的组织是基础性的，它成为很多管理书籍的研究课题。这些书并不是传统的教科书，而是像《我怎么做》这样写法的书，或者是一系列的案例。在课程结束之前在这些书中挑选一本。大部分书可以在图书馆或者路边的书店找到。下面的短列表只是一个起点，你会发现更多的案例并且发现更多有趣的和令人愉快的阅读材料。

- 《追求卓越》，Tomer Peters 和 E. H. ，Waterman，Harper Collins，1995
- 《变化大师》，Touchstone 丛书，1985
- 《当巨人学跳舞的时候》，Rosabeth Moss Kanter，Fontana，1993
- 《让它发生》，John Harvey Jones，Harper Collins，1994
- 《组织之上》，Robert Townsend

变革的营销

只有在传统的命令风格的组织结构和实行科学管理的组织中，你可以期待将变革强加给职员。惟一的例外可能是危机时刻，这已经没有时间进行决策和长期规划的内部营销。随着知识的扩展，以及组织结构的扁平化，人们意识到更加非正式的和反应型的领导者，管理者风格更加有效，所以让员工参与到计划的变革中和对他们进行变革的营销将会变得越来越重要。在这种背景下，营销人员需要运用技能来发展内部和外部的计划。

内部营销

营销人员的技能和组织与消费者/客户之间的界面息息相关。但是管理也需要和组织内部的人员——以及相关的股东进行沟通。如果一个组织的管理计划不被他们认可，就很难真正成功。这需要建立在共同的文化基础上，因此战略和策略的目标必须被理解和接受。

首要的营销技能是沟通——营销人员是识别目标受众、评估需求和管理沟通计划的专家。需要将雇员看做客户，将这些技巧在内部运用，避免管理计划的片面宣传，用以客户为中心的方式来代替。

最好支持一个营销人员，或者营销团队进入公司的战略规划团队，而不是围绕营销主管进行内部营销。重要的是，不要被别人认为工作是为了追求自己的利

益（或者被怀疑这么做）。

☞活动 9.5

想想你的组织最近经历的变革。你能说它的内部营销有效吗？

用下面的空格帮助你回顾这些活动。

变革是什么？________________

变革对团队和组织的重要性有多大？（用 1～10 的尺度）________________

参与的职员认为它有多重要？（用 1～10 的尺度）________________

这个变革是怎样提出和进行内部营销的？________________

这个方法在哪些方面是有效的？________________

这些方法如何进一步完善？________________

列出一个清单帮助你来给你的团队介绍变革。

内部营销规划

内部营销要求和外部营销同样的专业技术。这些专业的技术可以用一个修正的沟通计划来发展（见图 9.1）。

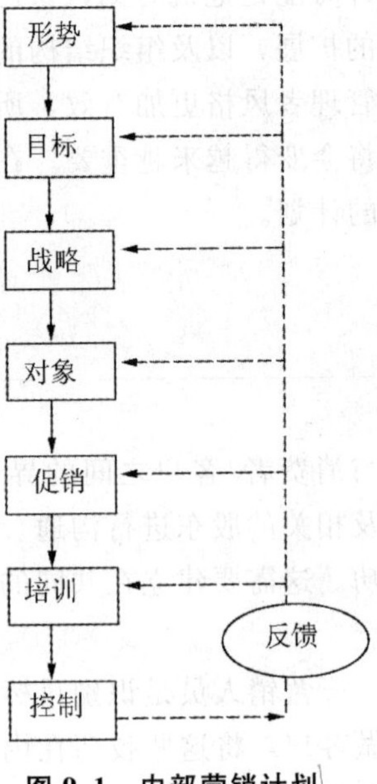

图 9.1 内部营销计划

◆形势

一个内部营销审查需要识别谁是目标受众以及他们的需求。需要识别沟通的渠道——正式的和非正式的。进行营销审查时，需要回答同样的问题，并且采用同样的调研技术。当然，主要的差别是要影响人们接受变革并且投入到变革之中。回报将是用承诺而不是现金的形式。

◆目标

目标应该制定得合适，但是要用对待变革的行为而不是用市场份额的增长来表达。

◆战略

建立一个变革的战略需要用长期的眼光。什么是长期的需求？什么是短期的问题？

在长期的战略目标中，可以是一个需要引入新产品或者改变运作程序的短期需求等。新产品引入不一定被看做内部问题——但是内部职员需要在外界认知新产品前知道并且熟悉新产品（新产品发布后几个小时内电话就会响起，内部职员不能这样反应“那是我们的产品？我不知道”）。

◆对象

就像营销沟通一样，识别目标受众也是需要的。这包含从内部的群体，如个人、团队、部门等，到外部的相关利益者，如组织的股东、银行家、律师、代理商、顾问等。一个内部营销沟通计划比推销一个产品更为复杂，因为目标受众更为多样化。

◆促销

双向沟通允许目标受众参与到变革中，这不仅仅是供外部营销人员使用的领域，当作用发挥到最大程度的时候，它还会带来更多的好处。例如，培训会提供沟通独特的机会，但它们需要详细地规划、仔细地筹备并且有效地陈述。

内部沟通媒介包括会议、新闻稿和留言板，但是灵敏的营销人员需要让它们发挥作用。仅仅宣布变革的细节是不够的……它们还需要有效的营销。

◆培训

像刚才所说的，培训提供了内部营销人员一个独特的学习机会。能够使用的包括在职培训、教室培训（短长期）、远程教育、网络学习、借调和人员调整等。

◆控制

像所有的管理活动一样，确立清晰的目标并且设定评价的方法很重要。除非过程得到有效控制，不然不可能测量达到目标的成功程度，也不可能证明预算的正确性。

知识扩展

一个当地政府机关的人事部门面临分权的挑战。他们需要运用营销来促销他们的目标，并将他们角色的利益传递给内部客户。

审查阶段发现，虽然人事部门的职员经常被认为是友好、乐于助人和易于接近的，但是他们的效率和效果并没有得到好的评价。一个中心的问题是，和一个新职员签合同所花费的时间。几个星期的延误引发的关注、焦虑，从而给人留下一个不好的第一印象。

绩效不佳被归咎于资源削减和人手不足，但是要让这个群体的产品——雇佣合同——交付更快是不可能的。营销提议人事部门考虑他们目标受众——当地政府部门的员工——的真正需求。

显然，职员们要的不是合同。他们的需求是确保他们在这个职位、接受合同的条款以及准备拿薪水。有人建议在程序上采取一点改变。在相关的公文到达人事部门的时候，发出一封标准的信笺。这封信欢迎新加入的职员、解释合同的程序以及可能的延误，并且给他们提供一个联系人员。

人事部门职员对此的第一反应是否定的——更多的公文只会让人感到更加延误这个团队的工作并且增加新的工作。描绘出的新收益使得他们采用了这个新系统。

结果让人印象深刻。信件让新职员打消了疑虑，提高了部门的形象。要求苛刻的合同的电话一下子少了很多——让职员们有时间来处理公文。短短的几个月内，从订货至交货的时间缩减了一半。更少的询问和更少的电话改善了工作环境。

这个变革让所有的人受益，但是首先需要包装好并且让这个团队确定：购买！

内部营销的 7Ps

当营销人员在内部运用营销的时候，理解 7Ps 中的每一个 P，就可以清楚地懂得要达到的目标。

◆产品

把这个看做是一个利益的集合。这个角度上它就和任何组织售卖的有形产品一致了。记住，我们卖的不是烤鱼排，我们卖的是激情。同样，需要按照每种目标受众的需求来“推销”利益。

◆价格

内部受众的价格可以用不方便、过度工作、面对不熟悉的情况等来衡量。“为什么烦恼”需要有答案，并且是很好的答案。

活动 9.6

建立价格起点

看下面提议的变革。你认为对于相关人员而言，这个“变革”的价值有多大？

1. 将我们的办公室由伦敦中心区迁移到伦敦外的绿地。

2. 引入“在家上班”——员工用 IT 互联，只是在有重要会议的时候才来办公室。

3. 发展一个新的销售奖金计划，提高营销团队的总体报酬。

4. 关闭独立的经理餐厅，促进公司内部的交流。

5. 在你的团队中任命一个新的营销经理。

6. 引入一个正式的职员评价系统。

7. 开展一个“月度雇员”的活动。

8. 将目前的“开放时间”推广到诸如零售、教育等服务部门。

为价格提供价值。

列出每一项变革可以给职员带来的利益。

◆地点

对于客户而言，地点就是可获得性。对于内部营销人员而言，地点意味着何时、何地引入和执行变革。一个新的计算机系统在淡季引入比旺季引入更好，一个新的工作实践最好是慢慢引入，而不是在全球突然引入。

时间也很重要。星期一开会比星期五更好吗？变革被完全执行的时间允许有多长？

◆促销

像上面已经提到的，向目标受众推广他们的利益。

◆过程

即将发生的事情是通过筹划、试验、评价、修正、再试验、监督等阶段进行的。一旦引入就需要发挥作用。它应该减轻适应变革的负担，如果可能，应该简化职员的工作。

同样，引入的程序应该被列入时间表并且得到有效管理，以使得宣布的事情按照预想的时间和方式发生。为了消除不可避免的小的波折，每天的控制也是必要的。

知识扩展

考虑现实的时间安排。对于一个拥有500名职员的组织而言，如果要参加为期一个星期的消费者服务水平培训项目，并且一期只能培训25人，那么至少需要20个星期。假如要想保持公司的基本运营，不可能让大量的职员都去参加培训，因此，这个项目需要超过25个星期的时间。

但是这就需要考虑每期课程的人数了。25个人对于有效的学习太多了吗？假如18个人是有效学习的人数的话，则需要超过28个星期的时间。

为了取得平衡，我们需要考虑让职员长期培训所带来的问题。理论上那些经过培训的会走在那些没有经过培训的前面，但是又需要和没有经过培训的职员一起工作。他们行为变化的有效程度如何？

可能按照单个部门、团队、单元来组织培训并且在一个更短的时间内会更加有效？

为了让计划得到修正并且在需要的时候可以采取行动，衡量和监督在行为及态度方面导致的变化是必要的。

◆有形的证据

一旦采取了变革，就需要全心全意地执行，特别是那些拥有影响力的人更要如此。直线经理、监管人员和决策人员应该成为沟通的目标，好让他们支持变革并且从第一天起就适应变革。很多情况下监管是必要的，为了保证新系统真正发挥作用——没有一个人继续按照以前的方式做事。

◆参与者

所有参与者，从高层管理人员到低层职员，都需要采取同样的程序。假如一个高层经理不遵守它，其他人就不可能遵守它。例如，一个大学管理层为了减低影印费用，通过一个内部邮件发布 40 页的监考者的安排，一张表就包含了所有老师需要的信息——他/她要监考的考试。这带来了愤怒，却没有降低影印的量。

向高层销售计划

当面临向高层管理人员销售主意和建议的时候，需要采用同样的过程。但是管理团队和股东的需求应该被考虑，像提高利润这样的利益需要能够量化并且得到有效沟通。

知识扩展

变革很长时间以来被认为是积极行动的替代品。这个引用语来自于公元1世纪的罗马军团——在罗马帝国衰退的时候。

我们努力培训……

但是每次我们组成团队的时候，我们都需要重新组织。

生活中我们将要面对新的情况，我们要通过重新组织来学习；当产生混乱、效率低下和士气松懈的时候，重新组织是创造良好发展气氛的方法。

总结

在这个单元中，我们学到了：

- 变革是环境的一个自然组成部分，但是很少受欢迎，总是被抵制。
- 环境变革不可避免地会带来组织变革——要么是反应性的，要么是预见性的。
- 组织需要建立变革的文化——为处理变革做准备。
- 一个学习型组织希望每一个人为明天的工作做好准备。
- 回报、灵活性和参与是变革的关键性激励要素。
- 变革作为一个过程可以并且应该被管理。像其他的过程一样，这也是管理计划和控制的一个课题。
- 所有的变革都需要严格对待并且仔细计划和执行。
- 经理们应培养外向性的、挑战性的观点，并且鼓励职员这么做。
- 商业组织通常面临的主要变革是由产品或者服务导向转变为营销和客户导向，从国内市场导向转变为国际市场导向。
- 为了有效地达到变革的最佳结果，内部营销非常关键。
- 内部营销最好从公司的层面开展，通过营销人员支持这个目标。
- 像营销中经常做的，关键是从区分出的目标受众角度来评价变革，并且努力工作来满足他们的需求。
- 变革通常需要支付一个价格。小部分是资源，大部分是人力的形式。
- 往高层销售计划是必要的，同时要求识别和考虑到高层管理人员和股东的不同需求。

应试技巧

主考官喜欢答案中有例子。两个原因：会加强理解；避免了一次又一次的同一答案的重复（主考官也是人，同样适应和参考人一样的动机）。

但是，不要用教科书的例子。养成引用现有事件例子的习惯。给人印象深刻的是从考试当日的报纸上抽取一个例子。当然在目前的促销活动和新故事中抽取例子并不难。

考试练习

回答 2000 年 6 月考卷的第 2 题。

第十单元　充分利用时间

学习目标

在这个单元，你将学习：

- 检查时间管理对于经理个人有效性的重要性
- 考虑优先次序和授权的需求
- 调查在计划或者项目的背景下进行时间管理的技巧

学完本单元，你将能够：

- 分析你是怎么使用你的时间的，并且识别提高你时间管理有效性的机会
- 认识别人管理时间面临困难的症状
- 向那些希望和需要提高时间管理效率的人推荐战略
- 理解优先次序和工作安排的技巧
- 有效地将工作授权给他人
- 规划一个工作活动或项目，并且就这个信息和他人沟通
- 理解并且能够解释时间管理和营销任务之间的关系

学习指南

在所有的CIM考试中，你要意识到你的时间管理技能要被测试到。你的主考官希望看到你可以有效地管理时间，以使得你有足够的时间来进行规划、充分回答每一个问题并且有一定的剩余时间进行检查。例如，没有回答最后一道题，被认为是时间管理的失败（也就是你的个人管理）。

在有效营销管理的考试中，你需要进行时间的自我管理——但是你也会遇到有关时间管理的问题。你会被问到怎么来安排工作的时间，怎么样帮助别人管理他们的时间，或者如何控制时间。

特别地，你会发现这一单元有10个活动，这是因为时间管理是一项很重要

的个人技能，你应该抓住每一个机会来发展你的个人技巧，以便你能够在考场上很好地回答问题。

花 3 个小时来学习这一单元，大约再花 4 个小时来完成这些活动。

当你学习这一单元的时候，完成一个完整星期的个人时间记录。这个记录会构成你在时间管理领域进行个人发展的基础。

个人发展计划

发展包括增强、形成、发展和提高现有的技能。我们在一个发展的连续的周期中——但是对很多人这是一个偶然的过程。我们的学习和成长发生在我们生活和工作的环境中。我们有环境因素的限制。因此，识别和试图控制影响我们发展的因素是很重要的。假如我们就能够做这件事情，我们就能够影响我们发展的方向。

把我们自己想像成自己的经理，并且将常规的管理技巧运用到个人需求之中会有所帮助。像营销人员一样，我们确定目标，并且发展战略和策略计划来达到目标。当然，我们也要进行控制，来评估达到目标的进展程度。同样的过程应该运用到我们的个人发展之中。

假如发展我们的“软”技能：理解、自知之明、学习、自信和自我形象，我们成功的机会会大增。这些个人技巧的发展对动机、承诺和能力有直接和肯定的影响。这会提高识别计划和做出决策选择的能力。

这本书中的活动是设计来帮助你提高个人技能以作为提高管理能力的基础。花时间来进行一项完整的个人审查，并且发展一个你生涯中的个人发展计划。

最大限度地利用时间

管理时间不仅是稀缺资源，它还是一种很昂贵的资源。目前在组织管理结构中的变革让一小部分高层经理们为组织中发生的所有活动负责。

管理作家查尔斯·哈迪强调了管理时间的变革压力以及经理们变革的需求。他预测到有一半的经理们将能够做两倍的工作并且能够领到三倍的薪水——一个很吸引人的预测。

每一个人的时间是有限的。一天只有 24 个小时，一个星期只有 168 个小时。经理们在工作生涯和工作周中只有那么多时间。达到更大生产率的方法就是有效利用现有的时间。经理们对他们自己和他们团队中成员的时间负有责任，所以研究时间管理意义重大。

很差的时间管理是导致经理压力的一个最大原因。一个拥有很差的时间管理技能的经理感觉到的压力会导致很差的工作绩效、个人身体健康受损乃导致崩

溃。担心不能达到底线或者预期，会导致经理们产生压力，这会导致绩效更差并且增加压力——除非采取行动来避免，下滑的螺旋性状态会永远保持。

不幸的是，那些陷入这个螺旋中的人没有意识到发生的事情，因此到寻求帮助的时候已经太晚了。直线经理们需要对他们团队中的工作任务和压力保持紧密关注——特别是对那些尽责的员工，因为他们往往承担太多的压力。

从人道主义者的角度，好的时间管理显然很重要，从实效的角度它也得到了证明。人力方面的投资和其他的投资一样应该得到回报。压力下的人不能很好地表现，一个生病的员工是组织的成本。努力工作是一码事，工作过度是另一码事。在过度使用后机器会崩溃，因此我们在机器上标记了安全工作负荷。但是很多人没有意识到他们和他们的职员，也有一个安全工作负荷。通常有一个错误的观点认为，那些在压力下崩溃的人是某种程度上有缺陷的人，所以人们更加努力，压力也就越来越大。我们不会让这件事情发生在机器之上——为什么要让它发生在更重要的人力资源上？

组织中的每一个经理都有责任保证他们团队中的职员不会因为很弱的时间管理技能或者缺乏时间管理技能而导致压力。

CIM 强调时间管理的重要性一点都不奇怪，这是一个关键的管理领域，会影响到：

- 职员个人的效率
- 组织中团队的绩效
- 一个管理团队的整体有效性
- 组织的整体效率

这样，CIM 的课程中，时间管理就很重要。但是比帮助你准备考试更重要的是，这一单元中的思想对帮助你提高个人绩效和长期健康有直接的影响。

活动 10.1

你是怎么使用时间的？

建一个标准工作周中你的活动表。你的表中会包括你访问客户的等待时间、会议、写信和报告等。保证这个表足够全面。

将你的活动和报告中典型的工作活动相比较。

你的表里也应该包括你在非工作时间的活动，因为一项活动不能和另外一项活动截然分开。就像你可以在食品、饮料和娱乐上花钱一样，你也可以花费你的时间。无论是用来买公车票还是用来买巧克力棒，硬币都不发生变化。你的时间并不会因为你的使用而改变。

你的表会让你了解你是如何平衡工作、家庭和自己的时间这三个因素的（见图 10.1）。

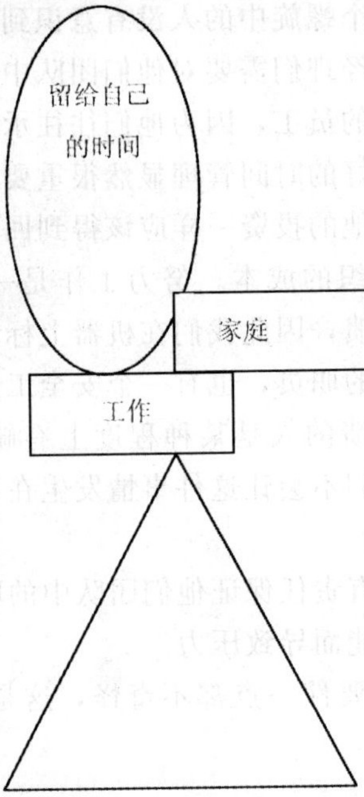

图 10.1　需要在工作时间、家庭时间和自我时间之间取得平衡

活动 10.2

时间审计

更有效利用资源的惟一方法就是知道当前哪些资源可以获得并且它们是如何使用的。在管理你的时间的过程中，你可以对一段时间的活动做一个详细的记录。你需要知道哪种活动真正占用你的时间。你为上一个练习准备的列表会帮助你为这个活动提供一个基础。你需要回顾你做的事情以及所花的时间。

这个经理的时间样表（见表 10.1）能够用来管理一个星期的活动。用这项活动作为你这个星期活动记录的基础。如果可能的话，让别人做同样的练习以帮助你比较结果（最好每天做一页，每天晚上对原因进行总结）。

整个星期都把时间表带在身边，当你做某件事情的时候就把它记录下来。不要依赖于记忆来完成这个表格。

- 用从 1～10 的数字来评价你认为每一项活动对于你的重要程度。
- 想到别人是否能够将这件事情做得一样好，并且在表中记录是谁这么做的。

- 同样用从1～10的数字来评价你认为这项活动对于别人（可能是那些在一个会议上显得对你毫无价值的人）、对于别的部门的重要性。
- 重要的是，在进行每一项活动的时候，记载下那些打断、电话和干扰。努力记下的不仅仅包括它们的次数还包括它们持续的时间。
- 最后一项记下当你分析特定活动上所花费的时间时，可以帮助你的一些特殊的方面。这可能和时间的有效性相关或者所花的时间相关，也就是说，它花费的时间比你预想的多还是少，比预想的得到的多还是少。当你下一阶段分析你的时间使用时，会发现这项内容很有用。

表10.2和表10.3都是自我解释的，它们是帮助你进行个人时间规划的必要工具。

表10.1 经理的时间表

工作日：________ 星期：________

时间	活动	有多重要（1～10）	别人能做吗？	对别人的价值？（1～10）	打断和电话？（没有，以及持续时间）	评论
7：00						
7：30						
8：00						
8：30						
9：00						
9：30						
10：00						
10：30						
11：00						
11：30						
12：00						
12：30						
13：00						
13：30						
14：00						
14：30						
15：00						
15：30						
16：00						
16：30						
17：00						
17：30						
18：00						
18：30						
19：00						
19：30						

☞活动 10.3

时间分析

当你完成了一个星期的时间表，你就开始分析你怎么花费你的大部分时间的。用工作分析图表（见表 10.2）来检查工作的本质，你在那些活动上花费多少时间以及分析特定活动的时间占整个星期时间的百分比。在表中添加适合你的活动。

一旦这个任务完成，你可以问一下关于你如何花时间的相关问题。对于每一项记入日子中的活动，你会问：

- 假如我不做这类事情的话，会发生什么？
- 假如这件事情根本不做，会发生什么？
- 我在这件事情上花费了太多的时间吗？
- 这件事情限制我完成更重要的任务了吗？
- 对于这件事情，别人会做得和我一样好吗？
- 我有效地做这件事情了吗？

排列原理是否适用？

- 你是否在 20%的事情上花了 80%的时间？
- 可能你 80%的有生产力的工作是在 20%的时间内完成的？
- 20%的职员（或者客户）是否占用了你 80%的时间？

用排列原理帮助你识别重新安排工作优先次序的问题和机会（当然不要希望恰好发现 80：20 的区隔。偶尔可能是 70：30——让人惊讶的是，甚至是 90：10）。

表 10.2 工作分析表 工作分析：每天花费的时间

工作类型	星期一	星期二	星期三	星期四	星期五	周末	%总体
会议							
通信							
电话							
等待							

表 10.3 月和日计划工具

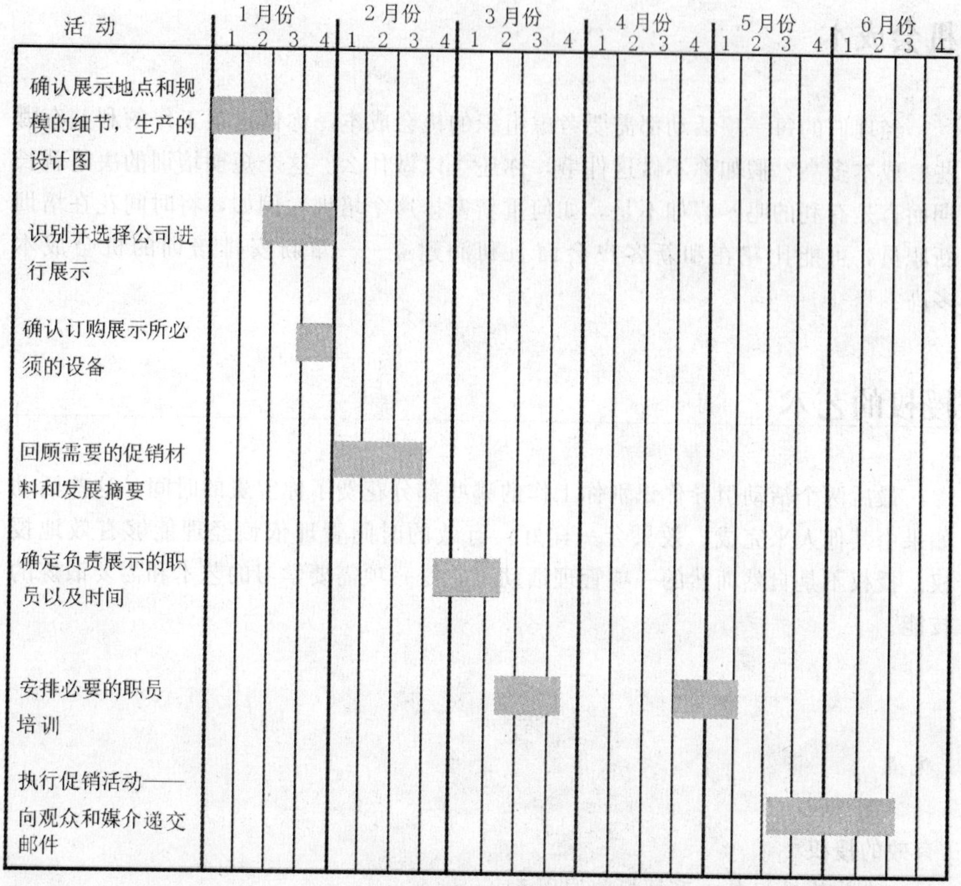
活 动
1月份
2月份
3月份
4月份
5月份
6月份
1 2 3 4
确认展示地点和规模的细节，生产的设计图
识别并选择公司进行展示
确认订购展示所必须的设备
回顾需要的促销材料和发展摘要
确定负责展示的职员以及时间
安排必要的职员培训
执行促销活动——向观众和媒介递交邮件

日计划工具

星期一，3 月 9 日

9：00

10：00

11：00

12：00

13：00

14：00

15：00

16：00

17：00

18：00

明天要做的事情

授权的事情

机会成本

经理们的每一项活动都需要考虑组织的机会成本。你做这项工作的利益有哪些？成本多高？假如你不做这件事，你还可以做什么？这个短期培训的决策就长期而言是有利的吗？假如不是，如何重新安排这个培训？例如，将时间花在培训新职员，可能比花在和新客户会面上利润建立——重新安排培训的机会成本多高？

授权的艺术

最后两个活动引导你识别你工作的哪些部分花费了你宝贵的时间，这些活动如果由其他人来完成，效果会一样好。有效的时间管理依赖经理能够有效地授权。授权不是自然而然的一项管理活动，它是一项需要学习的艺术和需要锻炼的技能。

观点

有效的授权

有效的授权要求理解相关的因素：

1. 个人承担工作的责任。即使这些工作任务授权给他人，他们仍然承担这项工作的责任。这样，首席执行官要为他组织中雇员的行动负责。

2. 赋予一个人行动的权力。虽然相对年轻，初级的品牌经理能得到相当大的权力，因为他们得到了营销主管的授权。假如他撤销支持，权力就失效了，个人就回归到初级经理的权力层次。

3. 责任是完成该项工作的义务。这样，授权需要针对一项要达到的特定任务（用目标的形式），同时需要伴随必要的行动权力。

◆为什么授权？

假如你经常发现自己时间不够用，经常处于救火的状态，忙于家中和工作中要求你的各项任务，你可能才意识到授权的可能的好处。授权对于一个组织的有效运营是必需的，这取决于几个原因：

- 在大的和复杂的组织中，经理们不能自己完成所有的任务。
- 授权让高层管理者拥有进行高层管理任务的时间。
- 低层团队成员在完成被授权任务的责任中获益。
- 授权带来好处，因此在团队其他成员中，也是一项重要的激励因素。

赫兹伯格引导我们认识到了激励因素对长期的士气非常重要。有效的授权是一项主要的激励因素，对于高层管理者而言，他们不用忙于琐事；而对于底层工作人员，有助于帮助他们完成任务和为更高层的职位做好准备。

◆为什么不愿意授权?

新提升或者新任命的经理经常发现他们很难将自己手头上进行的工作授权给别人。部分是担心失去控制，部分是相信他们能够做得比其他人好，部分是为了证明他们能够处理好新的责任。

有经验的经理也经常不愿意授权。这可能有几个原因。

- 对职员的能力没有信心。假如经理发现做好工作的惟一办法就是自己来做这件事情，那么这个趋势就是不授权。新的职员如果没有学习的机会，将永远不能有效地完成工作，这样经理的感觉就变成一种自我实现的预言。
- 害怕失败。责任和义务不能够被授权，所以经理可能感觉短期成功的需要超过发展职员的长期需要。
- 阻碍。授权可能被高层管理者认为是逃避工作而不是一项好的管理政策。
- 很差的控制。没有好的控制和沟通系统，授权是很困难的。在一个高度结构化的组织比如军队中授权是一项常规任务，因为在组织的框架内构建的控制和命令系统非常清晰。
- 团队成员的身份。积极地参与到群体的日复一日的运营活动中，让经理感到他们仍然是小男孩或者小女孩。当一个人获得提升，这是具有决定意义的一步，走出工作群体之外——但不在团队之外。
- 满意。与为团队、部门和组织长期发展进行的战略规划相比较，处理日复一日的工作要求能够立即得到回报并且令人满意。

◆解决问题

授权中存在的问题需要一系列的积极行动：

- 承诺。高层管理者需要为授权做出承诺。他们需要自身做出榜样，并且表示他们明白需要一定的时间来获取授权的经验。
- 职员口径。新雇用的和提升的职员需要一个统一的口径以促使他们能够完

成指定的工作，否则他们必须在达到某一标准之前，得到有效的培训。

- 控制和沟通。有效率的和有效果的系统应该保证每一个人都懂得应该做什么，要达到的绩效期望明确。控制内含的要求就是反馈要及时，并且要指向负责的经理人员。例外的报告制度要成为有效管理的积极的帮助。
- 权力。职员要有采取行动的权力。工作指导应该明确。一个新任命的经理需要有权力来处理 100 英镑乃至延伸到 250 英镑……1000 英镑……5000 英镑……的业务。同样，需要明确在何种情况下，一件事情需要提交给更高层。

◆侧面授权

通常我们认为授权是一个自上而下的活动。但是没有原因解释为什么一个经理不能够向他想的其他方向授权。向上授权当然不正常——但是当你邀请你已经来到销售办公室的老板检查工作的时候，你不是在授权吗？想一想，授权给同事同时作为回报接受同事的授权是很正常的。很多时候我们称为“帮一个忙”，但是这实际上是纯粹的授权。

活动 10.4

什么时候授权？什么时候不授权？

列出你认为适合进行授权的原因和场合，同时列出你认为不应该进行授权的原因和场合。花 15 分钟进行这项活动，并且把你的列表和报告进行比较。

◆有效的授权——关键点

- 识别。选择拥有合适技能、经验和素质的人来有效完成这项任务。
- 资源。确认为了有效完成任务，所有必需的资源都已经就绪。

简要命令。保证个人能够：

1. 理解要求的任务。
2. 懂得用来判断活动有效性的绩效水平和指示状态。
3. 在被授权的范围内，愿意完成任务并且接受责任。
4. 知道什么时候上报。

- 保持距离。不要干预，不要添乱。回应寻求帮助的要求，但是不要接管这项任务。允许缺乏经验的职员花费更多的时间。
- 客观对待。允许工作可以被不同的人做。按照结果而不是过程来进行评价。极少采取一个固定的程序。
- 监督。保持接触，不要干预。通过反馈和报告系统进行评价。

- 回顾。回顾每个人的进步。用回顾会议来提高而不是批评。

紧急还是重要

区分优先次序的能力是一个有效的时间管理者的必备技能。因为紧急，很多经理经常不能抽时间来做重要的事情。他们总是花时间来救火。救火经理从一个紧急情况跑到另外一个紧急情况。未经计划和期望发生的事情让管理专注于运营和策略性的问题。当然，事业中和生活中一样，不是所有事情都可以规划好的。生产线上的危机，订单的问题，外汇汇率的变化，供应商没有供应一种必要的原材料，职员总是生病等都是不可预知的影响经理进行日常工作规划的事情。经理需要确信那些要求立刻引起注意的显得很紧急的活动，对组织长期的绩效是否真正重要。

当仔细分析和考虑之后，很紧急的事情往往并不重要。紧急的事情经常让经理转移关注的焦点，影响有效地处理重要的问题。

紧急的事情往往比重要的事情更容易授权。只需要花一点时间确保授权是有效的，如果比做这项工作花的时间要短，那么时间就很好地得到了分配。经理需要学习给工作分配优先次序。这开始于对需要做的事情进行详细的分析，以及对它们重要性和紧急性进行分析。

活动 10.5

公文格练习

离开办公室进行为期一周的时间管理培训之后，你回来发现你的公文格包含下面列的项目。花 20 分钟分析你要做的工作，分析你的有效次序，然后完成表 10.3 中的日计划表。

假设你的角色是营销主管，今天是星期一，3 月 9 日，你所在的是英国设备有限公司。你的私人助理是珍妮·劳伦。

1. 备忘录

至：营销主管

来自：管理主管

战略回顾会议

请注意我已经重新安排了这次会议的时间，时间由 3 月 18 日改到 3 月 11 日的下午 2 点。我希望你能够在那段时间之前准备好你的战略回顾的陈述。

2. 注意

人事主管将在上午 11 点打电话过来讨论新的销售代表职位的工作要求。皮特，销售经理。

3. 电话信息（3 月 5 日，4：30）

北方销售经理今天下午将过来，带领史密斯公司的采购负责人和管理主管参观公司的工作场地。为了赢得他们的订单，她已经工作了 3 个月，希望你能够在 1：00～2：00 的时候参加她们的午宴。珍妮·劳伦。

4. 竞争者分析

月度报告——执行总结

● 上一个月主要的竞争对手已经很有效地运用了价格促销。估计我们将因此而丧失 3%的市场份额。

● 据预测他们将持续对利润施加压力——我们必须要尽快行动。销售团队需要在星期三之前听取折扣参数的汇报以进行这个月的销售活动。

5. 求助！

星期五我们从一个新客户那里得到了一个价值 1 万英镑的紧急订单。生产部门说如果我们接受这个订单，强生公司的订单将不能够按时交货。那个订单价值 7 万英镑。销售代表认为这个新客户将给我们带来持续的大订单。生产部门想在上午 9：30 之前知道你让他们怎么做。珍妮·劳伦。

6. 提示……

新手册的样稿需要检查并且在今晚反馈给印刷商，假如我们想在下个月的展览会上用到新手册。珍妮·劳伦。

7. 通知（3 月 8 日，8：25）

管理主管邀请你和他共进午餐讨论战略回顾会议的相关事情。他认为这件事情很重要。请出席。珍妮·劳伦。

8. 机密

至：营销主管，英国机器有限公司

亲爱的……

我们成为英国机器有限公司的经常性客户已经 6 年了，我很遗憾地告诉你，你们的客户部门武断地将我们的信用期从 60 日缩短到 30 日。

我对你们客户服务人员和我们职员打交道的方式很失望。我很遗憾地告诉你我们要重新考虑我们之间的合同。

A. B 史密斯

管理主管

9. 机密备忘录

来自：人事主管

至：营销主管 日期：3 月 4 日

裁判：B. 琼斯，晋升经理

你上个星期不在的时候，我至少两次发现布莱恩（Brian）在酒吧进午餐。一天下午他错过了一个重要的会议。你知道在工作日喝酒严重违反了公司的规定。我相信你会尽快处理这件事情。

区分优先次序

紧急和重要的工作都需要做。高优先级和低优先级的工作都需要做，否则低优先级的工作会在一定的时间变得紧急或者重要。当经理试图既做紧急的又做重要的工作时，他们同时做了太多的工作，从而不能有效地完成其中任何一项工作。他们需要做的工作不再是具体工作了。他们需要的是注意。经理的灵活性取决于给任务分配多大程度的优先次序。换句话说，有授权的可能性，同时包括如何将每件任务安排到日常工作中。

成功的经理在一定的时间专注于一件事情从而可以处理一系列的任务和项目。这有助于他们减少注意力的分散，提高专注程度，帮助他们提高工作效率和效果。无论被赋予的高优先级的工作有多困难，它们都需要先做。企图将困难的工作留在后面并不能让困难消失——它的存在总会分散注意力！

ABC 优先级的方法鼓励经理们将工作任务分类。

- A 类——对计划、决策制定和控制等管理职能最重要的
- B 类——那些经理需要自己来做，或者只能部分授权的
- C 类——应授权的工作。每一项工作都不需要太多的时间，但是总体的时间投资会很高

除此之外，有很多常规和日常的工作仅仅是维持现状所必要的。例如，和物业接触，修好漏水的窗户。时间分配需要由具体的环境决定。有代表性的一天中，经理可以花时间来完成一件或者两件 A 类的任务，用一个小时来进行 B 类的任务，一个小时来进行 C 类的任务。在干扰和分散注意力最少的时候，经理们可以最有效的方式来处理 A 类任务。进行适当的规划，可以在时间表里将工作规划得很清楚，将电话委托给值得信任的副手来接听，从而摆脱干扰。

好的时间管理经理将每一天分成几块——一些与职员在一起，一些做自己的私人事情。人们不需要太长时间就会明白，可以在特定的时间找到经理，并且在那时候不是将所有事情而是将真正紧急和重要的事情呈报给经理。

意外规划

经理不能总是对不可预测的事情毫无准备。一个人不能准备没有想到的——但是可以准备那些可以想像到的事情。意外规划是否划算是一项管理决策。但是意外规划需要经常进行是没有问题的。很多事情是可以预测的，所以意外规划需要恰当并且经常更新。

因为缺乏意外规划导致公司崩溃最著名的案例可能是《自由企业预告》中的

这个例子。一个滚装的汽车轮渡在泽布勒赫港口沉没，带来严重的生命财产损失。这件灾难的起因是船员在启航之前没有开启水密门——一个完全可以预测的变故。因为没有进行意外规划，船主完全没有做任何准备。他们在保证旅客生命安全上的无能为力以及没有很好地处理这个事故的公共关系，导致了这个曾经被认为最成功的公司的崩溃。

我们要习惯准备意外：

- 你计划在公园搞一个聚会，但是为预防天气不好，最好订当地的会堂。
- 开车去希腊你可能需要带上工具箱、零件和备用燃料箱。

工作的时候我们同样需要预防：

- 因为预测到可能的财政预算的变化，需要按照不同的赋税水平计算出修正的价格表。
- 新闻发布会需要提前规划以使得每一个可能的结果都被加以考虑。

有效的优先次序——清单

- 组织。你必须清晰地知道你需要处理的工作以及它们的截止日期。你必须能够识别那些即将要处理的工作，那些需要处理的信件以及其他经理的要求。
- 从容进行。每天花时间来评定你要完成的工作——对这些工作进行分类和分配优先次序。规划哪些类型的活动需要紧急处理。对每一项活动建立绩效目标。将一天中的任务分成A～C类。
- 授权。强迫自己把一些任务授权给那些拥有恰当技能和专长的人。确信他们拥有资源来处理这些任务并且存在一个有效的反馈系统。
- 回顾。每天结束后花时间来回顾你的进步。识别那些没有完成的工作并且做好标记以在第二天多加注意。

活动 10.6

评价你自己的时间管理

现在花一些时间回顾你在本单元开始的时候对你个人时间管理的评价。

进行你自己时间管理活动的SWOT分析。

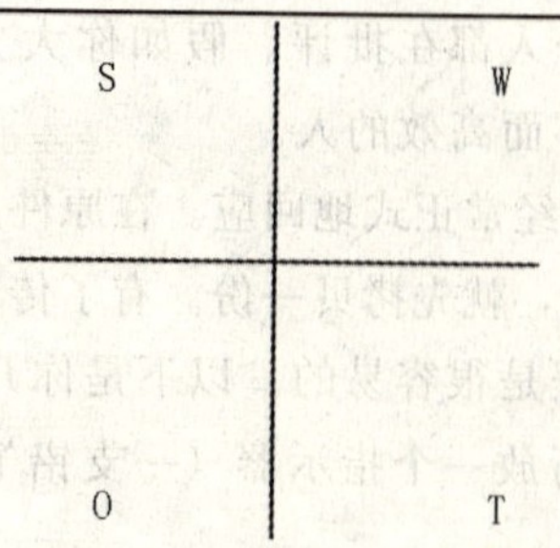

图 10.2 SWOT 图

现在用 SWOT 来帮助你确定两个定量的目标，以帮助你提高时间管理的能力。

1. ______________________________

____

2. ______________________________

____

时间管理的提示和技巧

有很多方法可以帮助你提高对时间的管理。有些只是节省了一点点时间，但有的节省了很多时间。总体上，仅仅是通过少量的自我训练就可以节省大量的时间。你会发现下面的列表很有用。

◆个人问题

- 授权。强迫你自己证明你不能授权，而不是你能
- 控制你自己的时间。登记约会和指定时间。“我们从上午 10 时起开 20 分钟的会”
- 不要害怕放开。工作会找到最有效的经理，所以不要担心如果授权你会被排除在这项工作之外
- 不要有占有性。你不是惟一，或最好的做这个特定工作的人
- 不要恐慌。很少有事情重要得连延误一个小时都不行
- 一次处理。发展完成一项工作的信心。不要让它经手两次
- 信息。让信息在源头就得到转化。销售人员按照你要求的格式提供数据比你自己进行转化要容易得多

- 大方地赞扬。大部分人都在批评。假如你大方并且真诚地赞扬别人，你会发现周围都是开心而高效的人。
- 有效地回应。不需要经常正式地回应。在原件上直接回复并且返回发件人。假如你需要保留记录，就先拷贝一份。有了传真机这个方法更有效。
- 快速阅读。这个过程是很容易的。以下是你开始时的几个关键原则：

1. 总是在你阅读的那行放一个指示器（一支铅笔就可以）。它会提高你50%的速度。
2. 阅读摘要。浏览剩下的部分。
3. 从一本书的索引开始来判断它是有相关性的、可读的和有价值的。
4. 课本是用来参考的，不是用来阅读的。
5. 管理主管要求做的事情并不都是紧急的。假如有疑问的话，向他/她的秘书咨询。

- 当参观者，不要当主人。参观别人的办公室你可以更好地控制你自己的时间。

◆团队问题

- 提前索要大纲。会议前索要会议的简要大纲。
- 避免冗员。这会导致当职员水平下降，工作创新、创造的工作很难完成。
- 找出浪费时间的地方。

1. 如果在工作过程当中一直保持压力，可以避免到期限时赶时间。
2. 那些浪费时间的个人应该聪明地安置掉。

- 参加别人的会议

1. 仔细准备，这样你可以直截了当地达到你的目标。
2. 假如不是必须，就不要离开。
3. 假如你没有什么可说的，就不要发言。
4. 不要抱怨并且消极对抗。

- 自己主持会议

1. 尽可能避免这种会议。
2. 假如没有什么可以讨论的，取消日常的会议。
3. 为每次会议创造一个独创的议程。
4. 只邀请需要邀请的人。
5. 将会议记录迅速发给那些需要的人——无论是在会上还是在会外。
6. 按时开始，按时结束。

- 激励。鼓励职员们思考问题以节省时间。对“对，我们有一个问题——你认为我们应该对此做些什么”这样的问题做出回应。如果需要的话，

问别人“我能做些什么来帮助你呢”？

- 组织

1. 不要对着一个开着的门——容易分散注意力！
2. 保持桌面清洁。
3. 列出清晰的工作列表。

- 建立时间篱笆。培训团队的门卫问别人“我应该进去打扰他们吗”？而不允许突然地闯入。
- 站立。假如与会者都站着，会议将会缩短。
- 替代。你需要亲自去吗？为什么不是你团队中的其他人。

活动 10.7

在上面的列表中加入你自己的技巧。你会发现它们很有价值。

其他人的时间管理

经理们需要保证他们的团队以最有效率和最有效果的方法运作，并且充分利用他们的工作时间，就采取一个及时回应的方法。

团队在一起工作的状态处于两个极端中间：

- 团队成员以个体的方式开展工作——很少共享工作、责任，很少进行团队工作，因此没有协同作用。
- 在所有的时间，团队都作为一个集体共同作战。

没有协同，一个团队会浪费很多宝贵的资源，但是为了获得一致的决定，进行太多的讨论和争论也是没有意义和浪费时间的。管理的工作就是保证团队在两个极端之间运作，也就是鼓励个人活动和承担责任，同时在合作有好处的时候，鼓励和驱使团队一起有效地工作

知识扩展

作为一个培训练习，两个团队被分配了同样的工作：决定用何种颜色来装饰它们的培训屋。团队 3 个月中每星期开一次会。来自商业部门的经理在第三个星期就拥有了一个新鲜粉刷的屋子，而来自教育和社会服务部的经理们还没有决定好他们需要的颜色。

活动 10.8

识别时间管理的问题

花15分钟来完成从下图开始的心灵地图。识别在你的团队或者团队成员中没有很好地管理时间的症状和特点。

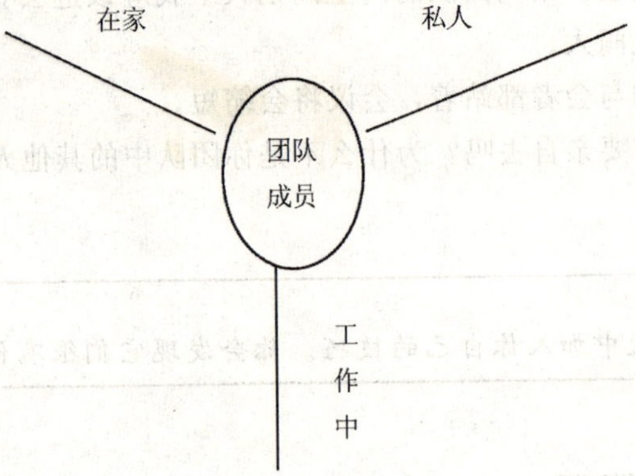

图 10.3 心灵地图

活动 10.9

审查一个工作群体的时间管理技能

阶段1（60分钟）

给高层经理准备一个简短的报告，列出你对一个特定团队和工作群体就时间的有效利用做出回顾和分析之后的建议。考虑那些可供选择的活动和搜集信息的方法，以帮助你：

- 评价时间管理技能的质量
  1. 群体作为一个整体；
  2. 群体内的个人。
- 识别有缺点的领域
- 提出提高时间有效性的建议。

你的报告应该详细地列出搜集信息的可供选择的方法，以尽可能地得到完整的描述。

阶段2（花你自己认为足够的时间，但是不能太多）

找出一个特定的群体，这个群体可能是你的工作团队或者你在社会上和闲暇时的工作群体。通过时间审查，努力执行你报告中推荐的活动。准备一个基于你的发现结果的报告。

当你在进行这项活动的时候，一定要识别最有效的搜集信息的方法并且识别完成这项活动时有问题的领域。这个信息会为你在考试中提供有用的例子。

管理一项计划的时间维度

考试中，当你回答特定的提供建议的问题的时候，你需要提供该项建议的一个粗略的时间表。经理们需要意识到，有效的计划需要建立在可以用时间表达的可定量化的目标之上。这里对控制和绩效测量的框架的限定有两个方面。你会发现对活动的时间表或者进度表的要求在你的其他课 CIM 考试中同样适用——在整个考试中，它们都需要，主考官不会向你提示他们的要求。

完成一个时间表的步骤包括：

1. 你现在在何处，时间期限是什么时候？

2. 需要做些什么？

Ⅰ. 在时间期限之前，分清需要完成的步骤。

Ⅱ. 将任务分解成包含在过程当中的要素，例如，一个新的宣传手册需要包含寻找和选择广告代理商，以及对该项目的创意、加工、认可、样张和分发的所有阶段。

3. 最好的顺序是什么？

Ⅰ. 将这些步骤按顺序排好，按预测的时间分配时间份额。

Ⅱ. 识别哪些活动可以：

- 同时完成。
- 依赖于前一项活动的结果。
- 授权给他人。

Ⅲ. 计划每一步骤可能超出可用的时间——记住给偶发事件留出富余或冗余时间。

4. 回顾：

Ⅰ. 这个时间表能发挥作用吗？

Ⅱ. 关键的要点是什么？

Ⅲ. 有什么节省时间的机会吗？

Ⅳ. 你可以用来监测过程的控制要点是什么？

你的时间表或者进度表应该是为了在时间期限之前完成任务，对必须经历的阶段的逻辑性安排。要向所有参与这项活动的职员提供可行的时间框架和充足的注意力，以帮助他们有效地管理工作任务。

甘特图

甘特图可以对一个进度表进行视觉呈现，这对经理特别有用，因为使用甘特

图很容易向团队中的其他成员沟通阶段和时间框架。在考试中，这也很有用，因为它可以将关键的信息迅速地呈现给主考官。

为了制造甘特图，需要：

- 识别一项完整进度表的时间框架。
- 识别在进度表中所必须完成的活动。
- 估算每一项活动：

1. 需要花费的时间。
2. 必须完成的时间。
3. 什么时候能够/必须开始。

注意：可能的开始时间、持续时间和要求的时间期限之间的区别要加以识别，并且要知道如何协调它们之间的关系。

创造一个平面的条形图来按照时间安排活动。一个完整的甘特图如图 10.4 所示。

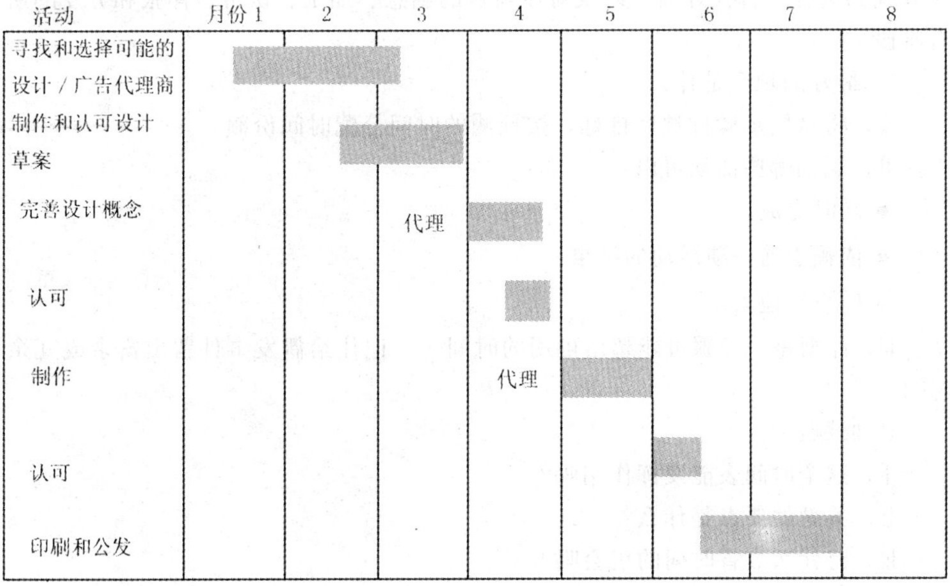

图 10.4　甘特图：创作公司新宣传手册的活动时间表

活动 10.10

规划

你要负责一项重要的全国性展览的准备活动。这个展览为期 4 个工作日，并将在 6 个月内开幕。展览的地点已经预订，同时已经安排好了要参加展览员工的食宿。为了保证该项展览成功，请准备一个各项组成活动的时间表。

◆网络分析

当问题很复杂以致用甘特图不能解决问题的时候，需要用网络分析。关键路径方法（CPM）和项目规划与回顾技术（PERT）就是为了满足所谓“大量工程时代”的需要而发展的两种网络技术。它们是为了管理高度复杂的项目而设计的，现在个人电脑的使用者也可以使用这两个工具。

在这两个工具的价值被证明之后，从 1959 年开始被人们广泛使用。PERT 由美国海军开发，首次用在潜艇发展领域。CPM 由杜邦（DuPont）发明，也首次在美国用于减少工厂的延迟时间。

运用网络分析的方法来进行计划和控制，需要具备四个条件：

- 有一个可以清楚识别的终点（目标）。某种类型的项目，比如建设铁路中转站，就很适用
- 有一系列的可以清楚识别的活动，它们是相互独立但是相关联的，通过它们来实现最终目标
- 每一项活动的时间都确定了
- 有一个清晰的时间起点——合同上约定的日期是最理想的。

在项目规划中，有必要识别：

- 组成项目的活动
- 这些活动的顺序
- 每一项活动的时间
- 每一阶段所需要的资源

一个项目网络包含由箭头记号联系起来的一系列的节点。每一项活动由一个箭头来表示。每一个节点代表活动开始和结束的时间点。箭头只是代表关系——长度不代表时间。

箭头代表先后关系，只有完成前一项活动，后一项活动才能启动。

通过识别每一项确保项目完成的活动来开始这个过程。识别它们前面所必须完成的活动。识别所需要的时间，将这些结果列在一个表中（见表 10.4）。

表 10.4

活 动	取决于	持续时间（天）
A	特点	2
B	A	3
C	A	5
D	C	8
E	D	10
F	E和L	16
G	B	10
H	G	5
I	H	22
J	A	7
K	J	11
L	K	5

现在就可以画一个网络来表现各项活动之间的相互依赖关系，以及每一项随后活动完成的累积时间（见图 10.5）。

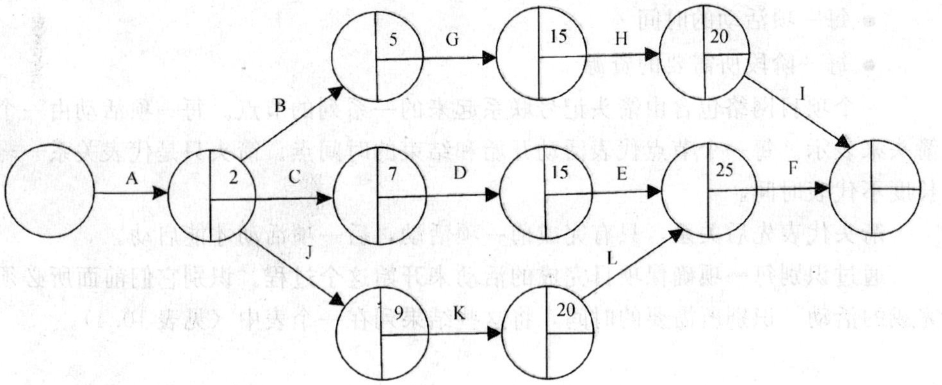

图 10.5 项目网络分析

例如，活动B，会在A活动两天后和B活动3天后结束——一共有5天。假如A和B可以缩短，则那条活动树上的每一个随后的活动完成的时间都可以缩短。

图 10.5 的网络中有三条主要的活动树，总体的计划时间持续增加，但是最后的圆圈仍然保持空白。从图中可以看出预测的总体时间是 42 天（20 天，再加

上活动 I)。但是如果活动 I 可以提前两天结束，总体规划的时间将会是 41 天(25 天，再加上活动 F)。

第一个例子中，关键的路线是 A—B—G—H—I。当管理层想节省时间，关键的路线变成 A—C—D—E—F。

PERT 与 CPM 的不同在于程度上，而不是类别上。两者有相同的优点：

- 一个高水平的规划强调管理，产生的计划是目标性、结构化和灵活的。
- 关键路径将注意少放在那些目前很重要的活动上。
- 与其他的管理工具相比，更清晰地表明了相互之间的依赖关系。

总结

在这个单元，我们学到了：

- 对于个人和组织而言，时间都是一项宝贵、关键和有限的资源。
- 组织结构的发展意味着将来的经理将比过去的经理承担更多的职责。因此时间管理是一项关键的成功要素。
- 就单个经理而言，分配优先次序的能力和通过一种计划和协调的方法进行授权，对于有效的时间管理是基础性的
- 经理们需要保证他/她的团队有效利用时间资源。经理们需要能够识别个人和团队中不良时间管理的迹象，并且能够提供建议和采取行动来改善
- 项目和计划需要在一个特定的时间期限内完成。为了保证在期限前完成任务，需要仔细规划进度。这是经理们时间管理的另一个重要维度
- 考试中：

1. 将时间管理理论和实际的营销背景相结合。
2. 管理你的个人时间。

应试技巧

记住实际上一张考卷有两次考试，因为回答小案例的方法和回答三个问题的方法是不一样的。你采用什么样的顺序来回答问题并不重要。但是一定要在开始另一部分之前，将这部分完成。

那样，你就可以不把主考官弄糊涂。你可以先准备你的第一部分，中途休息一会儿再准备第二部分。

因此，你的时间可以按照下面这样来计划：

A 部分	分钟	总体时间
整张卷子的快速阅读	5	5
小案例的略看和详看	20	25
规划答案（所有问题）	8	33
书写答案	30	63
检查	5	68
休息——清理思路	4	72
B 部分		
通读并选择要回答的问题	5	77
规划答案（对所有的三个问题）	20	97
书写第一个答案	25	122
书写第二个答案	25	147
休息，让手指放松	3	150
书写第三个答案	25	175
检查	5	180

考试练习

回答 2000 年 6 月份考卷的第 6 题。

附录一　考试准备指南

准备你的考试

现在接近你学习的最后阶段，该开始准备考试了。

在你的学习过程中，你习惯了吸收大量的信息。你必须理解并且运用那些对你而言很新鲜的知识，虽然其中有些信息你很熟悉。你可能已经完成了书中广泛存在的“活动”，这些活动将帮助你在实际情况中运用学习的知识。但是无论你的知识和理解的状态如何，都不要认为你已经知道得足够多，理解得足够多，或者更坏的情形。就当它们每天都会来临一样，用一颗平常心来对待它。

不要低估 CIM 考试的压力。

给你准备这篇文章的目的就是确保你不要认为这个考试很容易，确保你不会只是刚刚准备了 3 个小时就匆匆忙忙地上考场。

有一件事情是确定的：没有快车道，没有捷径，不可能挥舞一根魔棍就发现你什么都懂了。

无论你是独自学习，是在一个 CIM 学习中心，或者通过远程学习，你需要确保你学习过程的最后一个阶段得到有效管理，是高度结构化和目的性的。

作为参考者，你需要让资深的主考官相信你。你需要向主考官证明，你可以承担营销中一系列的挑战，你能够抓住机会并且在有挑战的情况下应付自如。

你需要向资深的主考官证明你可以运用知识，做出决策，响应环境并且解决问题。

我们待会儿将探讨一些考试技巧，以及时间管理的一些问题，并且鼓励你发展并执行你自己的准备计划。但是在此之前，我们先来看看资深主考官的作用。

关于资深主考官

也许你不信，但是虽然主考官看起来是“永不停息的问题主人”，他们实际上却希望你能够回答这些问题并且通过考试！实际上，从那些失败的参考者那里他们不能得到任何的好处；恰恰相反，他们制作课程提纲和考卷是为了让你能够学习并且有效地运用这些知识以便通过考试。过去很多主考官曾经说过，让学生不通过比让他们通过在心理上更难受。

这个附录中的很多提示和技巧就是由资深主考官和指南章节的作者建议的，因此，你需要仔细学习它们，并且尽可能地运用这些推荐的技巧。

皇家营销学会在考试中心有一系列的过程和系统，以保证在不同主考官团队中的公平性和一贯性，并且确保维持学术标准和职业标准。通过这么做，CIM 确保那些得到 CIM 证书、高级证书和硕士文凭的人员符合任职资格，同时无论是他们的实际能力还是潜力都得到雇主的认同。

考试中你需要做到“友好地参考”——意味着你需要确保主考官的问题得到了恰当的回答。这样会让现场对你和他们都变得轻松。

“友好地参考”行动有如下提示和技巧：

- 向他们展示你理解这个问题的本质，恰当回答问题，而不是将这个问题你所记得的全部内容都说出来。
- 读懂他们的要求——哪几点是你要强调回答的。
- 恰当地对问题做出反应。问题是让你扮演一个角色吗？假如是这样的话，扮演这个角色并且在这个角色的背景下回答问题。例如，你可能被要求扮演下面的职位：

“你是耐克英国公司的营销助理”或者“你是一个机械厂的营销经理”或者“作为营销经理向管理合伙人写一份报告”。

这些角色扮演的例子是从以前的考卷中抽取的。

- 用要求的格式做答。假如主考官要求一个备忘录，就提供一个备忘录；同样，假如主考官要求一个报告，就提供一个报告。假如你不能这么做的话，很多时候你就达不到通过考试必需的分数。
- 让你的答案呈现一种商业风格。这会增加你的可信度。无序的工作，凌乱的工作，缺乏结构化，标题和副标题让人不愉快，等等。在工作中这不受欢迎，在考试中也同样如此。
- 确保主考官有赖以评分的基础。呈现给他们在题目范围内你的知识和理解的主旨、相关性、定义、例子和实证。
- 将主考官看成你可能的雇主或者是最终客户。营销的全部目的和文化都是关于满足消费者的需求的。尝试这种方法——它会给你带来奇迹。
- 在你的答案中体现出强烈的积极性和专业性，用相关的最新的例子来支持它，并且在合适的地方运用它们。
- 努力做一些让你的考卷有所不同的事情——让它脱颖而出。

看起来这些方面都很符合逻辑，但是在考试的紧张气氛中它们可能被置之脑后了。因此，提醒我们意识到主考官的重要性是很有好处的。他/她就是最终客户——我们都知道客户不喜欢失望。

随着话题的深入，我们还会遇到其中的某些观点并会进一步完善。

关于考试

所有的考试中，除了证书水平的《营销实践》和文凭水平的《分析和决策》，考卷分成两个部分：

- A 部分——小案例分析占 40%的分数
- B 部分——可选择的问题（七个问题中选择三个）占 60%的分数

我们看看每一部分。

◆A 部分小案例分析

这一部分基于小案例或者特定情节，有一个问题，可能会被分解成 2～4 个要点，但总体上占全部分数的 40%。

本质上你作为参考者，通过一个短情节的媒介处在一个解决问题的角色上。有时，这个情节会摘自于一个著名组织的定期刊物上的一篇文章：例如，过去，国际花神公司（Interflora）和飞利浦（Philips）就被用为小案例的基础。

另外一种情况是，它会建立在一个虚构的公司之上，主考官准备这段材料是为了达到所运用的知识、理解、应用和技能之间的平衡。

◆小案例分析的方法

进行小案例分析的时候，需要考虑的几个关键部分是：

结构/内容

你遇到的小案例在不同的考卷中会有所不同，不同次的考试更是不一样。一般提供的情节大概是 400～500 字，它们会集中于一个组织和它的问题，或者和一个特定的行业相关。

小案例的长度通常意味着只提供了关于环境、组织和营销问题的一个简短的提要，你必须学会在很有限的信息基础上分析和准备答案。

时间管理

在时间管理和如何在考试中管理时间的方法上有很多不同的观点。你必须找到适合你自己的那种办法，但是要记住，无论你做什么，你必须确保你有足够的时间来完成这次考试。没有做完的答卷意味着很低的分数。

管理时间的一个典型例子如下所示：

考卷通过 3 个小时的期限来评价你。将 40%的分数分配给小案例，它意味

着你必须花 75 分钟左右的时间来阅读和写答案。但是，有些学生更偏向于花上将近一半的时间（90 分钟）在小案例上，以详细阅读并且完全消化案例，同时在这个背景下回答问题，这同样是可以的，只要你确保在剩余的时间中，你可以很聪明地完成考试。

不要忘记，虽然小案例中只有一个问题，但它有很多组成部分。你必须回答问题的所有部分，这就需要在时间的管理上取得平衡。

测试的知识/技能

在所有的 CIM 考卷中，你的知识、技能和运用技能的能力都将被测试。然而，小案例主要是来测试运用技能的，也就是你以一种结构化的方式在特定情节中运用知识的能力。主考官会考验你的决策能力、分析能力和沟通能力，以及在此基础上，作为一个经理解决特定营销问题的能力。

当主考官判你的卷子的时候，他/她会看重你是如何来让你自己与众不同的，会注重你的“独特卖点”。主考官同时想知道你是否能够运用这些知识或者你是否只是重复参考书中的材料。

答案的格式

很多情况下，在所有的考试中，你都需要运用一种特定的沟通方式。假如是这样的话，你可以确保你符合主考官的要求。这也是满足客户需求的一部分。

你被期望运用的可能的沟通工具包括：

- 备忘录
- 备忘录/报告
- 报告
- 简要提示
- 陈述
- 新闻稿
- 广告
- 规划

确保你自己对这些特定的沟通工具很熟悉，并且经常使用它们以确保考试的时候你可以自如地回应主考官的沟通需求。重新温习在证书层次的《消费者沟通》一书，以让你自己熟悉这些工具的可能的要求。

出于同样原因，因为沟通的方式很重要，所以满足问题的特定需求也很重要。这意味着，你要理解这些详细指南的意思是什么。仔细注意下面的词汇：

- 识别——选择关键的问题，指出关键的学习要点，确定主考官希望你识别的问题。
- 举例——主考官希望你能够提供例子、情节和关键的概念来验证你的知识。
- 比较和对照——识别两种形势、背景和公司之间的相同点。然后对它们进行比较，也就是确定并列出活动、特征等是如何相匹配或者不匹配的。

对照意味着突出两者的差异。

- 讨论——那些题干中要求讨论的题目给你提供了辩论、说服、证明你在这个问题方面的理解和观点——注意这不是一个闲聊的机会。
- 简要解释——这意味着使答案中的解释变得简洁、结构化和简练。让你的回答要点清晰、透明和与问题相关。
- 陈述——用一个简洁清晰的方式陈述。
- 解释——详细说明、解释并且清楚地阐明你对提供数据的看法和理解。
- 概要——提供给主考官被问到的主要的概念和特征，而避免技术性的细节。这里结构是很关键的，否则你会发现很难组织你的答案。
- 相关——表明这些课程的不同方面是如何相互关联的。
- 评价——回顾并且对课程的某一个领域、一个特定的实践、一篇论文等做出反应。考虑它作为一个工具或者一个模型的整体价值以及在扮演它自己的角色方面的有效性。

资料来源：沃山姆（Worsam）、迈克（Mike），《怎么通过营销考试》，Croner，1989。

◆对待小案例的方法

没有一条确定的道路来解决和处理小案例，实际上它取决于每个人在处理问题的时候发挥的创造性。你的主观能动性和判断力决定了你最好解决小案例的方法。不过，还是有很多基础的步骤你可以采用：

- 在做出任何判断、分析提供的信息和实际书写答案之前，保证你至少阅读了两遍案例材料。
- 第三次阅读小案例的时候，画出那些对内容和背景必要的以及相关的信息。然后把注意力转向问题，这一次放慢速度，仔细地分析你需要做些什么。注意主考官给你的任何提示，然后规划如何来做答。不论答案是什么样，确保答案有一个结构：一个开头、一个结构化的答案中心部分以及一个结论。
- 把这个问题的背景始终放在心上，也就是这个案例的细节和你所扮演的角色。
- 因为提供的信息是有限的，所以你需要做假设。不要害怕做假设，这是你发挥创造性的时候。假设是处理案例分析中最重要的一部分，能帮助你发挥答题的创造性。但是，一定要在答案中解释假设的基础，以使得主考官理解假设的实质，并且明白你是如何得到你的结论的。一定要确保你的假设是现实可行的。
- 现在你到了书写答案、处理问题、做出决定和建议的时候了。像前面提到的那样，你的答案要点最好用报告或者备忘录的形式列出，特别是主

考官没有指定用哪一种沟通方式的时候。

● 确保你的书写简洁，避免废话，并且直接对所问的问题做出反应。

◆B部分

除了案例分析之外，B部分包含6个或者7个传统的问题，每一个都值20%的分数。你需要在这些问题中选择3个，以组成剩下的60%的分数。

实际上，用于案例分析的原则在这里同样适用。沟通格式、通读问题、结构、角色扮演、背景等——所有的东西都是一样的。

B部分会包含课程大纲中的更广泛的内容，可能会选择其中任何一个部分。这个由主考官做出决定，预先没有给学生任何提示。

关于这个部分的时间管理，假如你花了75分钟来做小案例，你还剩下105分钟的时间。这大概可以给你每道题30分钟来进行分析和书写答案，然后每一道题花5分钟来回顾和修改答案。不断地练习——用闹钟或者手机作为定时器，并且努力在规定的时间内做完题目。

样卷和答案

为了帮助你准备和理解这些考试，你可以登录 www. marketingonline. co. uk 或者 www. bh. com/marketing 来获得样卷以及资深主考官对这些问题的建议。学习过程中，参考书的作者会经常让你参考这些试卷并且回答其中的问题。你需要做这些练习并且利用每次机会来锻炼，以达到考试的要求。

样卷的答案是必要的学习工具。它们并不是最完美的答案，这些答案是由考生提供以及资深主考官评点的，但是它们会给你采用何种方式回答问题的参考，主考官的评点会帮助你来改进你的答案，请使用它们。你可以用你的学生注册号码作为登录号码，登录CIM的站点的“虚拟学院”，以获得这种类型的信息。

通过“虚拟学院”，你可以得到另一种类型的信息是“热点话题”。这会给你指出一些范围，以进行和课程学习领域相关的活动，这些内容对你非常有用。

准备的关键要素

一个资深主考官认为考试中的三个主要要素可以这样来总结：

● 知识

● 记忆

● 修正

让我们逐步来看看。

◆知识

同学们经常发现很难正确地学习。你可能是被动地看书本、参考资料，然后能做一些修正之后，在考试中反刍出来。但是，这不是一种理想的学习方式，很没有意思，很浅薄，最终对实践没有任何帮助作用。

为了有效地学习，我们需要积极一些。你必须投入到学习过程之中，通过思考你看到的，运用特定营销知识的经验来对这些知识进行测试，以及运用这些知识提高你在日常工作中的绩效。你应该采用古老的格言"边做边学"。假如你这样做的话，你会发现被动学习在你的学习中没有任何位置了。

下面是为了帮助你更好地通过修正来进行学习的一些建议：

- 总是做出自己的评价，用你理解的语言来表达，同时确保你将其中的信息和活动融合到了一起。
- 努力将你所学的和你自己的组织联系起来。
- 确保你可以准确定义一些关键的词汇。
- 不要试图记下你的思想，但是在理解的基础上进行工作，最重要的是，运用它们。
- 考虑那些相关的问题——用你书中的问题和答案来识别那些未来可能被问到的典型问题。
- 试着回答所有参考书中的问题，因为这些都是你进行有效学习和理解的必要的考试。

◆记忆

假如你要采取一种积极的学习方法，你的知识会提升，理解和对知识的运用会长留在你的"长期记忆"之中，而被动的学习只是存在你的"短期记忆"之中。

不要鹦鹉学舌，这不会有任何作用，重要的是，主考官对于识别这些东西很有经验。说到这里，记住 SWOT、PEST、PESTLE，STEEPLE 这些大写的首位字母或者比如安索夫、GE 矩阵、壳牌定位等模型是很有用的，很多问题要求你用这些模型来分析。

◆复习

最后一个阶段是"复习"，下面我们将谈谈细节。这里提供了一些主要的技巧。

考试前修正应该是一个动态的过程，而不是一种惊慌的表现。你需要在准备过程中不断做笔记，以在复习过程中能够用到它们。因此，确保你的笔记很详细

以便你可以有效地使用它们。

每一个你学习的概念，都应该通过你的阅读和个人的经验，来找到你可以运用的2～3个例子，这会让你扩展视野。这在未来对你很有利，而不仅仅是在考试中。

实质上，你应该在真正集中的修正过程之前，确保你可以做到：

- 让你的学习资料得到很好地整理、更新并且含有报纸和杂志中的材料，这些会帮助你在考试的时候举例子。
- 试图给记忆中的关键词和只取首字母的缩写词下定义。
- 准备题目纲要和答题指南。
- 在集中修正之前，确保它如下面描述的那样得到了规划和结构化。最后，考试前复习你的笔记。

复习计划

你现在正在一条关键的道路上——虽然希望它们这时候并不关键——在离考试还有4～6个星期的时候。下面的提示和技巧将帮助你计划你的修正。

- 像刚才解释的那样，你应该很好地组织。因此，做任何事情之前，将你的文件、例子和阅读材料按照顺序组织起来，以利于你可以在将来运用它们。
- 确保你有一个安静的学习环境。在准备考试的时候，很容易分散注意力。
- 将你的文件和课程大纲放在一起，并且列出你已经学习和需要修正的关键领域。你可以使用本书作为基础来做这件事情，每次看一个单元。
- 仔细规划你的时间。理想的状态是，你至少在考试前六个星期开始修正。所以，要仔细计算你可以分配多少时间给修正过程，并且开始给日常活动分配时间。不要一次同时看两本书。
- 短期内取消你的社交活动。就像谚语说的那样“没有付出就没有收获”。
- 依次看这些标题。看哪些是你的优势，哪些是你的弱势，哪些你已经很好地理解和掌握了，哪些你还有很多困难。将这些内容分成两个部分，每一部分设一个列表。

计划和控制	
优　势	弱　势
审查——PEST，SWOT，模型	比率分析
投资组合分析	市场感觉
	生产力分析
	趋势推断
	预测

● 将你的列表打散，将弱势领域分开，给你最弱的部分分配更高的优先次序，这会帮助你掌握更难的知识。超过60%的你的修正时间应该分配给这些领域，你会发现你需要做一系列附加的阅读，假如你在一个CIM授权的学习中心学习，你还可以寻求教员的帮助。

● 剩余的时间应该花来加强你在强项方面的知识和理解，花时间来测试你真正了解的部分。

● 假如你同时参加了两个或者更多的考试，将时间分解并且进行有效管理很重要。

●一次选择一个主题，检查你的笔记，将它们分成小的知识类别，最后分成关键的知识要点。这些关键的知识要点你可以一次又一次地复习，它们很有意思并且让你真正掌握。你自己会知道对这些关键的知识要点掌握得有多好。很多人用只取首字母的缩写词，或者是流程图或者是矩阵、心灵地图、鱼骨图等，或者一些相互关联的图表来帮助记忆一些模型。你自己也可以发展一些方法帮助你进行记忆。

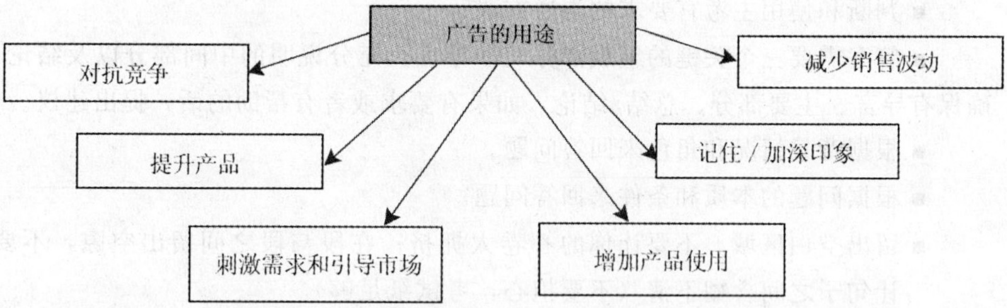

图 A1.1　用图表概括一个概念的关键组成

资料来源：摘自 Dibb、Sim Kin、Prido 和 Ferrell：《营销概念与战略》第4版，Houghton Mifflin，2001。

图 A1.1 只是怎么使用“炸弹爆炸”图表来帮助你记忆知识的关键成分的一个简单例子（在这个例子中，是强调广告的作用的）。

● 最后你需要将你的关键知识总结成为几个关键点。例如，想像你在复习时间管理这个概念——你最后可以将你的关键知识总结为下面几个和“有效的优先次序”相关的知识点：

■ 组织

■ 从容进行

■ 授权

■ 回顾

上面这些关键点会提醒你讨论关键的问题时，你需要讨论的要素。

● 这个阶段避免使用太多的参考书，那样你会发现你很容易弄糊涂

- 看上一次考卷的问题，了解那些他们希望你扮演的角色和完成的任务，重要的是了解他们为你设定的背景。
- 用样卷和答案来做测试，看你可以怎么提高。
- 找出你在学习和复习领域的相关的考试题，并且回答（如果必要的话，多做几次）。
- 不要参考笔记或者书本，尽力用回答问题所需要的主要的概念、知识、模型和信息，来构思答案的草稿。然后与样卷的答案对比，看你的答案和提供的参考答案的接近程度。规划好你的答案，确保答案包含关键的成分，并且有一个很好的结构。
- 写出答案，要全部写出来，在规定时间内并且用手写出来，而不是用电脑（在这个阶段，需要抄写答案并且提供手写的答案。当我们花越来越多的时间用电脑来写东西的时候，我们发现手写越来越难了。尽量书写得优雅，乱七八糟的答卷会让主考官不快）。
- 当写下答案后，同样需要实践以下的考试技巧：

■ 判断和使用主考官要求的沟通方法。

■ 答案需要三个关键的组成部分——导言、充分说明的中间部分以及结论。确保有导言、主要部分、总结/结论，如果有要求或者有帮助的话，提出建议。

■ 根据背景情况和角色来回答问题。

■ 根据问题的本质和条件来回答问题。

■ 留出空白区域。不要让你的答卷太拥挤；在段与段之间留出空隙，不要让句子之间含糊不清（不要担心，考试纸足够）。

■ 计算这个问题要求你采取的行动步骤，在末尾检查你是否回答了所有问题。

■ 用例子来例证你的知识和对特定课程领域的理解。这可以源于杂志、网络、新闻，或者你自己的实践。

■ 表现你在营销方面的热情和活力。记住把主考官当做你的客户或者未来的雇主，尽力提供满足他们需求的东西。让他们印象深刻。

■ 把上面的要点放在心上，用批评性的眼光检查你的答案。

实际行动

随着考试的临近，关键的路径更加关键了。下面是一些必要的要点：

■ 你在 CIM 注册了吗？

■ 你知道在哪里考试吗？CIM 应该提前一个月通知你。

■ 你知道你的考试中心在哪里吗？假如还不知道，坐车去一趟，计算一

下时间——无论如何不能迟到！

■ 确信你准备好了考试所要用的所有工具。词典、计算器、钢笔、铅笔、尺子等。尽量避免使用有重影的钢笔，同时让你的答卷看起来很专业。避免使用红色或者绿色的笔，这些颜色的笔都是考官用来判卷的。

总结

首先你应该记住你在这个课程上面注入了大量的时间、努力和金钱，因此，你有必要考虑这些建议，它们可以帮助你让你的投资收入最大化。

这里提供的技巧都可以普遍使用，大部分的 CIM 课程都可以运用到。我们努力选择那些最能够帮助你在学习和复习过程中做出明智的判断的技巧。

你成功的关键在于，准备好投入必要的时间和努力，计划好你的复习，同样重要的是计划并回答你的问题，以确保你在当天可以通过考试。

这里提供的建议目的是从实践的角度给你一些帮助。当你学习这本书的时候，你会发现这些指南越来越清晰。每一本书的作者都会根据课程给你提供一些特别的建议，以帮助你准备考试并且帮助你达到要面对的问题的要求。这些需要考虑的事项不仅仅是我们在这个附录中所讨论到的结构性的问题。

每一个作者和资深主考官都会按照他们偏好的问题和答案来指导你。因此，在学习单元中间或者末尾，遇到一些活动或者做一些考试练习的时候，抓住这些机会，这不仅仅是帮助你准备考试，还能在很多方面帮助你学习。

这里，最后提醒一下：

- 确保你最大限度地利用了你的学习过程。
- 保持结构化和良好排序的笔记，从笔记开始复习。
- 计划你的复习——不要让它突然发生。
- 提供例子来说明你的答案。
- 练习书写技巧，以帮助你很好地写出你的答案，让别人可以看懂你的答案。
- 尽量抓住那些可以测试你的知识和衡量你的进步的机会。
- 计划和构造你的答案。
- 回答考试要求你做的，特别是要考虑到背景和沟通的方法。
- 不到最后一分钟不要放弃！

笔者愿意借这个机会祝每个努力学习、复习的考生都能成功通过考试。

卡人·比密斯（Karen Beamish）

学术发展顾问

附录二　心灵地图

介绍

本教材的计划大部分利用心灵地图来帮助摘录和组织需要包含的内容。

这个创新的工具对于工作规划、做笔记、刺激创造性的思想和进行头脑风暴很有价值。它能够鼓励横向的和创造性的思维。这个结果是独特的，也是与众不同的。它们可以被形象地记住，对很多人来说，这比那些看起来都一样的文字更加有用。

花时间发展心灵地图的技能是值得的。这是一个重要的个人技能，精通它之后的益处远远超过在这上面花的时间。

使用心灵地图的原则有：

- 决定地图的中心。在纸的中心把焦点写在小圆圈内或者方框内
- 每一个新思路出现，在中心添加一个分支，或者在一个已经存在的分支上添加分支
- 不要拒绝任何思路。把每一个思路和概念都记下来
- 从中心出发，沿着相关联的支流思考，直到出现新的思路
- 期望同样的思路在不同的地方出现。这表明这个观点对你的重要性——最后你可以进行整理
- 让外形不断地发展。不要将逻辑强加在过程当中
- 使用关键词并且清晰地写出来。这强调纪律性并且给予新思想以发展的空间
- 按照情绪，加上颜色、卡通和信手涂鸦之物

这个结果将是一个比从直线型的技术发展过来的更加复杂的列表——也是能够更快和更容易产生的列表。

心灵地图需要花一点时间来学习，再花一点时间在使用中获得信心。但是，这个投资是你能够做出的重要投资之一。

营销经理应该特别地努力发展他们的创造性工具箱，心灵地图对于他们的必要性，就像“锯之于木匠、刀之于多面体”一样。有趣，因而容易记忆。

要了解更多的心灵地图的知识，参考：

- 托尼·布赞（Tony Buzan）：《动脑思考》，BBC 出版公司。这本书包括对思路地图的详细的指南，也有包含学习、记忆和快速阅读的指南

●贺顿（Hatton）、罗伯特（Roberts）和沃山姆（Worsam）：《管理案例答案》，CIM/Butterworth-Heinemann 专业系列。这里面有一个心灵地图的例子，并且也包含其他的创造性思维的方法。

下面是一个“经理”的心灵地图的例子。这是一个年轻的学生在大约 10 分钟内描绘出来的（见图 A2.1）。

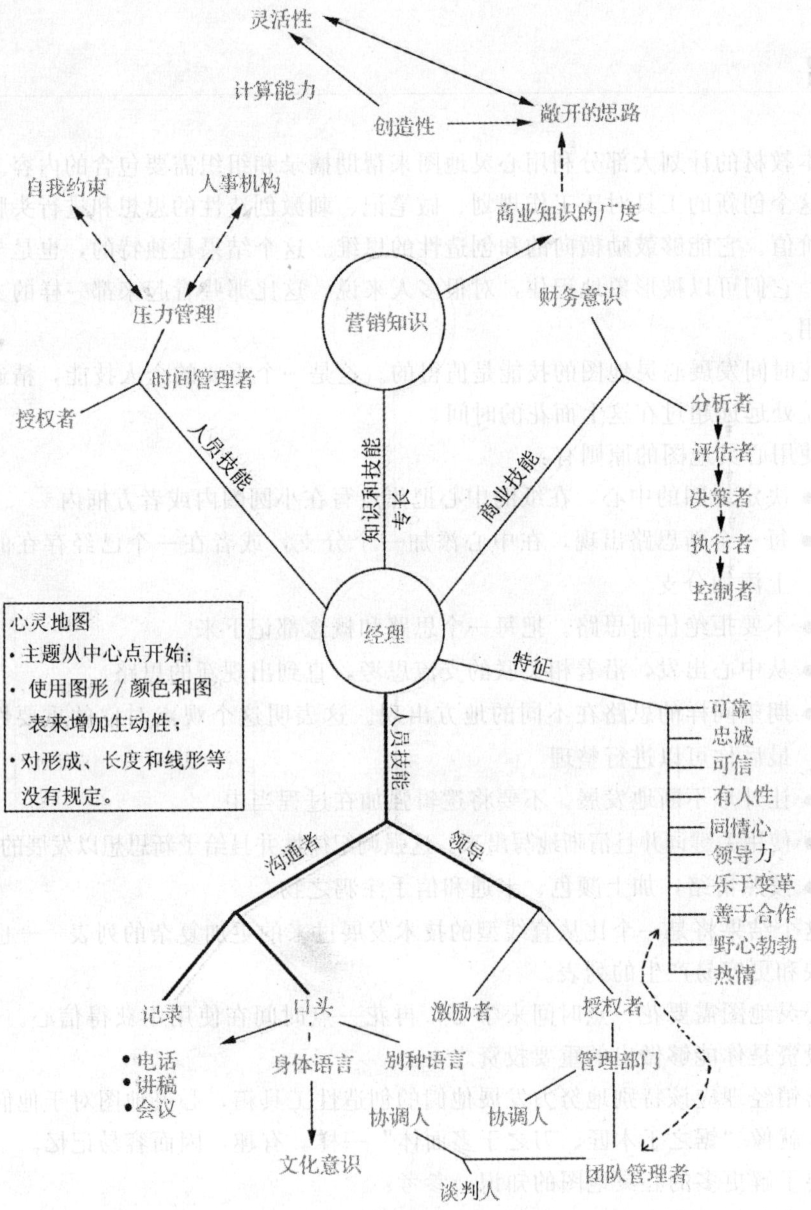

图 A2.1 一位经理的心灵地图

附录三 答案

这里提供的答案是启发性的，而不追求完整。有些活动的答案就在教材、关键文章或网站上，或就在读者的头脑中。

第一单元

◆活动 1.1

当然，公司是作为一个法律实体而存在的。它们不同于经营它们的人，然而，有一点不能忘记，当我们在和组织打交道时，实际上我们是在和当时经营组织的人交往。不论组织有着怎样的理念和目的，它们只是提供一个外壳，而人在里面经营。组织里的人改变了，就好像在改变组织一样。

◆活动 1.2

你可能已经发现组织对使命这个词有着不同的理解和运用。有些组织的使命是简短的，而有的则是冗长的。这可能是因为管理人员对使命和公司目标的理解不同。比较长的使命可能包括了应该属于公司目标的内容。

这应该不会给你带来麻烦。关键问题在于管理人员要为明确定义的使命而努力。毫无疑问，你会发现你们公司有着独特的术语和程序——随着你职业的发展，到了不同的组织和部门的时候，你必须对此做出调整。

◆活动 1.3

这个问题至少隐含这样三个假设：打电话是进行面对面交谈的前提；很高的通话数量是一件应该追求的好事情；增加通话数量不会降低通话的质量。

1. 打电话可以理解为任何与潜在顾客接触的方式。因此，除非打电话这种方式取得了确切、具体的结果，否则它就没有什么价值。比方说，一个销售员打了 25 个电话，取得了 10 万英镑的销售额；另一个销售员进行了 15 次登门拜访，取得了 6000 英镑的销售额。这两者之间能够做比较吗？当然不能。前者只有短期利益而长期看来没有什么潜力，而后者获取了比前者多得多的信息，并且培育

了长期的关系。

2. 匆忙地打许多电话本身并不会有任何好处。你能确信这是有利可图的吗？或在长期看来是公司所需的吗？

3. 高质量的通话可以建立长期的关系，持续不断产生利润。问题是定义“质量”和“通话”。

因此，顾问应该建议客户回到基本的问题，即从利润的角度来确定销售人员需要做什么。然后比较目前的成绩以确定差距。然后决定缩小差距、实现目标的战略和策略。

◆活动 1.4

你需要寻找许多技能和特征。大体上它们可以根据本单元给出的标题进行分类：计划、组织、协调、激励和控制，例如，有效运用资源。

各个方面的权重取决于在特定时间，特定管理者所扮演的具体角色。因此，每个大的方面必须根据任务进行分解，然后排出优先顺序，给出权重。

最后得到的任职资格必须和人员的资格条件一致。换句话说，如果要评价一个人的资格条件，决定是否适合这个职位，必须详细了解职位的要求。

这是人力资源管理的一个领域，所有管理人员都要参与，而所有应聘者都要面对。我们将在“组建团队的工具”单元中详细学习。

第二单元

◆活动 2.1

类 型	例 子
公司文件	年度报告，时事通讯
公共关系	新闻发布与反应
促销文件	小册子，传单，价格表 广告和促销
包装	标识，使用说明，简介和效果说明
电子设备	传真，电话，电子邮件和数据库链接
纸质材料	商业信函，直接销售邮件，发票和收据
个人	销售团队，运输人员，服务工程师 演讲和会议 工厂参观

◆活动 2.2

情景 1

信息必须传给正确的听众（接收者）。营销部门或销售经理可能需要产品培训方面的信息。相反，把这些资料给客户部简直就是浪费纸张，而月度报告应该给客户部。首先确定好沟通的目标受众将防止这个问题。但同时也需要一个良好的反馈系统——给关键客户打个电话确认他们对培训是否有兴趣，这有助于及早发现问题。

情景 2

看起来好像是信用部经理没有收到便条。这有可能是他的疏忽没有看到他桌子上的便条，或者也可能是便条放的位置不对，已经混到其他文件中去了。商务中的沟通经常受到“噪音”的干扰。在沟通中建立积极的关系是非常重要的。现在要做的是弥补这件事对个人关系的损害，并看看会议的内容是什么。

情景 3

这是选择错误的方法进行编码的一个例子。使用备忘录的通常方式是鼓励个人将严重的和事关个人的信息解码，这可能会影响他们的就职。选择合适的方法和手段传递信息是沟通决策的一个重要方面。

情景 4

这里的问题可能是对演讲缺少准备和计划。看起来好像是没有清楚的定义目标听众，或者没有弄清楚演讲的目的。显然，演讲者当时没有注意听众的反馈，因为听众的身体语言和普遍失去兴趣应该清楚地暗示演讲做得不好，应该可以据此改进演讲的方法和内容。

◆活动 2.3

毫无疑问，你会发现这个任务很难。要用一个词传递信息是不容易的，但正如你所发现的，那能够做到。

你会明显地注意到，为了传达想和他们联系的内心感情，你已经把整个身体都用上了。你用了面部肌肉，你的眼睛传递了你的感情，你的身体不由自主地做出某些动作，一些非常细小的行为帮助你传递想要沟通的信息。

许多辅助性活动是受控制的，而且许多可以通过训练和练习进行控制。但是，大部分人都学会了理解人们的信息，判断他们的动作，并把这些非语言信息等同于实际表达的意思。因此，人们是根据过去的经验和当前的态度，从所见到的和听到的所有事情理解信息。

顺便问一下——你和婴儿说“你好”有困难吗？大部分都有困难——他们诉诸儿语。这告诉了我们在处理特定情形时的本能行为。

◆活动 2.4

你是怎么做的？是不是瞥了一眼就开始对这个人进行描述（99%的人都是这样做的）？或者像一个管理人员做的一样——分析问题？

这个购物清单实际上是一个受控测试的一半，这个测试在过去几年取得了非常一致的结果。这个测试帮助人们意识到他们存在多少偏见，以及这些偏见如何影响他们对事情的处理方法。

如果银行那条"更改抵押委托书"变为"会议室—支付房租"，你对这个人的想法会有多大改变？在过去几年，年轻的英国人相当一致地认为银行清单属于那些支持保守党的人，而另外一个则支持工党。大家一致认为这是一个妇女的购物单。这就是偏见和刻板印象的力量。

很少有人提出疑问，认为没有什么证据可以推出结论。甚至这个购物单是一个人的还是全家的都不清楚。为什么这不能是一个购物者的清单，只是他要帮朋友买些东西呢？

◆活动 2.5

1. 在处理问题时停顿一下经常会得出不同的看法——你也可能没有仔细考虑就匆忙写了信，特别是当你发脾气的时候，或者你的头脑被要处理的事情搅乱的时候。

- 不同意总是不可容忍的。如果经理没有看你的报告就否决了怎么办？如果必须采取行动，惟一的选择就是去另外找一个有相应权限的经理，要么发挥你的主动性，要么失去机会。
- 传真是公开的信息沟通——如果碰巧，任何人都可以看。
- 密封的投标必须是匿名的。坦白地说，如果是署名的，投标就不能受到公正的对待。

2. 对内容做出确认以防止误解。造成烦恼的因素很多，如"你不信任我"，"我现在不想解释，以便将来可以根据我的需要解释"。

3. 沟通中的接收者也是至关重要的。除非激励他们听，否则你的时间就浪费了。

◆活动 2.6

优　势	劣　势
电话	
速度快	有时会打搅别人
即时反馈	不能自动记录
双向沟通的特性可以对信息进行及时的澄清和检查，保证信息被接收和理解	在没有记录的情况下，可能会忘记一些信息
更加人性化，可以在组织内部和团队建设中建立社交网络	需要马上做出反应，可以思考和回顾的时间少
可以直接得知接听者对特定问题和活动的感受	口头交流比起书面交流，可能发生更多的误解和含糊不清
备忘录	
有一个书面记录	可能被认为是正式的和不友好的
可以包括详细信息，并进行清楚的解释	不利于建立组织内部的交流网络
让接收者有机会考虑问题，然后做出反应	没有机会对内容做出澄清
比信件和报告更加快和非正式化	内容可能有限而不充分
	可能被认为是例行公事、不重要，缺少其他交流方式的地位
电子邮件	
迅速，可以是即时的	量太大，可能造成邮箱堵塞
可以快速回应	倾向于在没有充分考虑的情况下做出回应
在全球进行沟通都是同样的速度和同样的成本	仍然会形成公共的处理程序
可以很容易地把同样的内容发给很多人	会收到一些不想要的信件
只要有电话，在任何地方都可以收到	可能带来病毒
成本低	许多情况下只有电子记录
不正式	
可以书面记录下来	

◆活动 2.8

活动中的三个辅助图形的效果如下：

- A 不像书本，而更像纸张。它包括了太多的细节，难以阅读并且是用打字机打出来的
- B 比 A 好点——使用了三个清楚的点和一些视觉表现
- C 更好——主要观点可以在演讲的时候阐述

检查清单：

- 不要使用打字机打印或不好的手写体
- 保持要点简单扼要。它们的目的是强调你的主要观点
- 创造性地进行演讲和页面布置。运用小方框、点或更多的颜色帮助你把辅助图形变得更有价值
- 在可能的情况下，运用图形、卡通、表格和图画使演讲更容易记忆。

记住，辅助图形的质量和专业程度反应了你以及你们公司的专业水准。

◆活动 2.9

1. 对的。有许多相似的说法和观念支持这个观点。长期以来，会议被看做是只能使问题混淆不清和达成愚蠢的妥协。

2. 对的。人们好像对自己参与做出的决策更加负责，并受到更大的激励，尽管它们可能不同意最后的决策结果。

3. 很不幸，是错的。实际上不同的观点是能够产生协同的，但是如果团队不能团结，结果就会是相反的。

4. 既对也错！与个人单独决策相比，共同决策好像使个人愿意承担比单独决策更大的风险。很清楚，这对于那些回避风险的组织来说是一把“双刃剑”。集体决策可以挑战回避风险的行为模式，但过度的风险对组织并不是一件好事。

5. 一般来说是对的。会议通常延迟了决策的做出，因为它必须把人召集起来，同时结果经常不是结论性的。然而，由于会议把有着不同知识和背景的人集中到一起，它可以对某个具体的需要共同决策的问题进行更快的处理。

6. 经常是正确的。有太多的会议只是发挥了一个交流思想和信息的有价值的功能，而没有什么其他作用。组织和管理良好的会议可以产生重要的作用。

7. 可能是正确的。电子邮件、电视会议和其他先进的通信技术正在减少面对面会议的次数。然而，许多技术还没有得到充分运用。在许多情况下，还是需要面对面的会议。

8. 可能是正确的。这种情况也许是不正确的，但是人类的本性使这种情况

成为正确的。如果星期五下午一个短会是有效的，那为什么其他时候会议会长些呢？根据短会的假设来计划星期五下午的会议只能说明会议失控了。也会有其他原因使周末成为一个不佳的开会时间——疲劳以及想尽快收拾桌子。

9. 对的。参加会议的人员经常是由于他们的职能专长、他们代表的领域或仅仅因为他们有空才被挑选出来。要使团队高效，必要考虑团队成员扮演的角色、他们的特点以及他们能为特定团体做出的贡献。个性和风格也应该加以考虑。目标是要组成一个团结的、能够一起有效工作的团队。

10. 对的。一致同意的决定是一件好事——但这并不经常发生。会议的目标并不是要让每个人都同意决策的结果，而是保证所有的意见都得到考虑，并据此做出最好的决策。主席可能是想利用会议来听听别人的意见和想法，然后对他的想法做补充。实质上，这与会议管理的风格没有关系。

◆活动 2. 11

- 你应该拟一个结构化的有逻辑的计划，列出要点。
- 这些重要的笔记应该能够转化成卡片或标有页码的 A5 纸张。
- 要详细写出你的导语和结论。
- 你应该估计每个阶段花的时间。
- 你应该写下你所需要的设备。
- 辅助图形必须富有想像力——它们必须能够清楚地传递信息，而不产生“噪音”。因此，所有的图形必须是一个整体。
- 你应该有一些很好的说明和图解。
- 记下可能提出的问题——并写出回答。

第三单元

◆活动 3. 3

你应该得出了如下表所示的基本的东西。在接下来的几天里，略加思索，你会发现你所属的其他文化团体或亚文化团体。这些文化对行为有着巨大的影响——像我们所看到的——促使我们重新思考什么是国际市场营销。

文 化	原 因
英国	在一个英国城市出生和长大
印度裔	祖父母都是印度人，1968 年移居英国
印度教	家庭的宗教信仰

续表

文 化	原 因
社区	当前居住的社区——大部分是来自印度的移民
家庭	我们有着对自己社区的认同
工作场所	员工有着一个共同的文化
	在公司内部，我们的部门有自己的亚文化
大学	大学、教员和班级的文化和亚文化
年龄	我在家庭外的社交圈子基本上是年龄差不多的人
业余爱好	一个伯明翰市的支持者与其他支持者共享同种文化
	戏剧爱好者也会有自己的团体
	一起长大的朋友——与长大后交的朋友——在文化上不是非常重合

注意：这只是一个基本的列表。继续研究会发现你还属于一些不同的文化团体和亚文化团体，并根据这些文化调整自己的行为。例如，你可能在工作的时候和上学的时候穿不同的衣服，这两种文化是不同的，你为了和文化相适应自动调整自己的行为。所有行为都会受到这种方式的影响，如你说话的方式和喝的饮料。

◆活动 3.4

你画出的将是类似图 A3.1 的一个图。

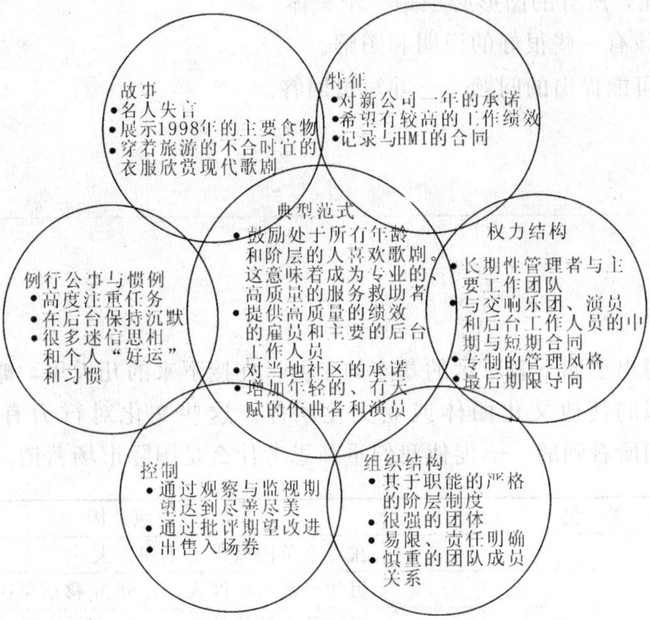

图 A3.1　新城歌剧院，一个地区性的歌剧公司

◆活动 3.6

所有国家都是不同的，同一个国家内部不同地区之间也存在差别。一个阿拉伯商人可能会被告知英国人喜欢如下的交往方式。

- 接触　非常礼貌地握手，但在谈判时保持距离。约会应该准时。在到达时接受喝茶或咖啡的邀请，但不是必须的。
- 小费　给接车的侍者小费，等等。小费大约是 10%。不要在电影院或剧院给女引座员小费。
- 付款　到期付账是正确的，但一般的做法都会推迟。对推迟付款没有惩罚。要支付认为正确的数额或有争议的款项。

盖伊（Guy）和马托克（Mattock）在《新国际管理者》（*The New International Manager*）一书中提供了一种进行文化比较的有用的方法。他们建议你画一条钟形曲线表示本地市场，中间表示正常情况，左边和右边的区域表示“不如你”和“高于你”的情况。然后画出你的目标市场的曲线。在图 A3.2 的例子中，德国人比英国人在准时方面要求更高。

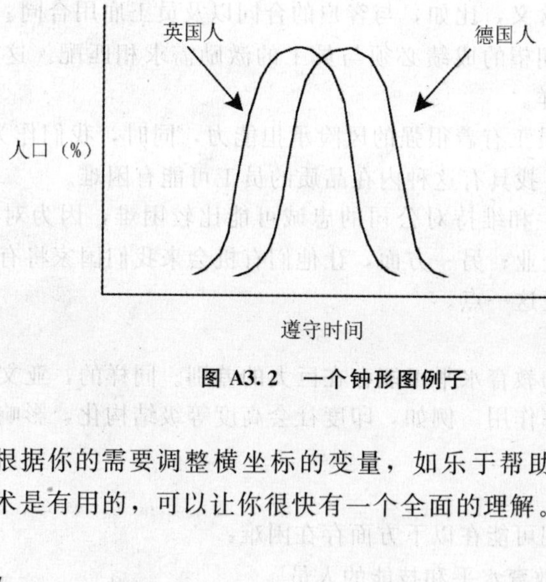

图 A3.2　一个钟形图例子

你可以根据你的需要调整横坐标的变量，如乐于帮助的、忠诚的、全面的等。这项技术是有用的，可以让你很快有一个全面的理解。

◆活动 3.7

报告给：管理总监

发自：营销经理

主体：海外人员安排

日期：××.××.20××

1. 背景

我们为海外经营招聘的员工当然不同于在本地市场工作的员工，他们来自不同的文化。我们应该小心，不要存有偏见，因为民族文化是毫无疑问存在的，我们还必须考虑亚文化对人员的影响。

2. 文化

文化对人有着全面的影响，包括人的各种态度、价值观和信念。这些包括在对权力、人员安排、时间、信息获取、诚实、礼貌等方面的态度。一个组织在工作时间、正式程度、责任、主动性、风险承担程度、伦理标准和奖励等方面都有自己的文化。

有必要检查我们的总体战略，以及我们的人事政策以处理不可避免的文化混合。

我们需要检查下列问题：

- 权力和等级制度。有可能需要调整我们现在的体系和结构，或者对新员工进行耐心的培训，让他们逐步了解我们的做事方式。无论采取哪种方法，都需要检查现在的制度，并对国内和国外的员工进行培训。
- 商业管理。一方面我们必须适应国外市场的文化（目前这都由代理商处理），同时还需要适应国内的文化要求。我们需要考虑这种状况对于我们的法律和政治含义，比如，与客户的合同以及员工雇用合同。
- 成绩和激励。期望的成绩必须与员工的激励需求相匹配。这方面最有可能与国内不一样。
- 风险。我们的员工有着很强的风险承担能力，同时，我们作为一个组织，非常具有创业精神。寻找具有这种内在品质的员工可能有困难。
- 忠诚度。要产生和维持对公司的忠诚可能比较困难，因为对于新员工来说，我们是一家海外企业；另一方面，让他们有机会来我们国家将有很大的激励作用。我们必须弄清楚这一点。

3. 标准和级别

各个亚文化群体的教育水平可能存在巨大的差别。同样的，亚文化能够也可能不能够在为我们发挥作用。例如，印度社会高度等级结构化，影响了人们所申请的工作类型。

4. 招聘

以上内容表现我们可能在以下方面存在困难：

- 获得具有适当教育水平和技能的人员
- 激励我们雇用的人员
- 确定薪资水平
- 个人、他们的销售办事处以及母公司之间的认同感
- 出勤率和准时上班问题
- 来自各种不同亚文化的人存在潜在冲突

- 员工和来自不同亚文化的顾客的接触
- 由于语言上的不同而引起的沟通问题
- 职业生涯和员工关怀程度方面的期望

5. 管理特点

我们的管理团队首先必须是良好的人事管理者。我们公司内部有着各种文化，我们可以从本地市场的经验中学习。

然后，经理们必须愿意花时间和精力去理解海外的各种文化。这种理解不能是表面的，因此，需要给负责海外市场的管理人员一定的适应时间，并且任期的长度应合理。

在把经理人员派往海外以前，必须对他们进行培训，培训要尽可能是互动的。他们在那里的活动应该得到支持，并在回来的时候做详细汇报。

耐心和容忍可能是最重要的人事技能。新的员工可能因为他们的背景而以特定的方式行事，那总是有原因的。只要做出解释并被理解，许多做法都是可以接受的。应只考虑对那些不能接受的做法采取行动。

6. 研究

我们建议，在最终做出建立自己的海外办事处的决定以前，对相关的文化价值观、态度等做全面的研究。研究应该在一位具有海外经历的高级经理的领导下进行，目的不是要得到量化的结果，而是要为管理规划提供可靠的定性感觉。

签名：____________

第四单元

◆活动 4.1

支持依据	反对依据
经理们可能受到激励，对组织更加忠诚。业务经验、知识和技能得到保留，成为有价值的资源	可能导致自负——组织自己培养所需的管理人员。这会产生一种不健康的内向的倾向。而新进人员所带来的新鲜思想和方法对公司有着巨大的价值
组织是进取的，为将来做出规划，保证经理们为将来可能的变化做好准备	当经理人员离开公司，到其他公司工作时，会带走一些技能，从而浪费相当多的培训投资
开发和鼓励人员的信心，愿意接受变革	保证公司从现有资源中取得最大的收益
开发和培训会提高期望，如果得不到满足，就会导致沮丧和不满	培训的重点并不在于提高能够改进工作业绩的能力，因此，对业绩的提高作用有限

◆活动 4.2

很多问题都是封闭性的，同时，很多问题可以视同挑战。没有对“创造性”的含义做出澄清——许多人认为只有艺术家和音乐家是创造性的，然而，即使是“最卑微的工作”也可能是创造性的，如一个普通员工可以设计一种裁减官样文章的简单系统。

问　题	等　级	评　论
你认为什么是创造性	6	不封闭的，但是“什么”具有挑战性。
你认为自己是一个创造性的思考者吗	4	以个人为中心，这点很好；但是问题是封闭的。只能回答是或不是
你知道哪些创造性地解决问题的技巧	2	挑战性很大。如果他一个也不知道怎么办？特别是当他非常具有创造性，而没有意识到
你认为哪个创造性地解决问题的技巧最有用	8	“哪个”比“什么”要温和一点，但是问题问得太多了。创造性的技巧是一个问题。它们在解决问题中的运用又是一个问题
请讲述一个你创造性地解决问题的例子	9	“请讲述……”是一个很好的开头。如果我们能够确定大家对创造性有共同的理解，那么这个问题能得 10 分
总体说来，你认为自己是一个发散性的思考者吗	1	我们能给这个问题 0 分吗？“总体说来”没有任何意义。我们可以对“总体说来”做任何理解！什么是发散性的思考，回答问题的人知道吗
你钦佩什么样的创造性的例子	6	又是可恶的“什么”。这么问：“你能让我知道为什么你钦佩创造性吗？”怎么样
你喜欢哪个创造性的人物	8	封闭式的，但用一个补充性问题的开头“为什么”就更好了
为什么	10	最好的补充性问题

表 A3.1　　喜爱的学习风格

你所选的机会在很大程度上取决于你喜欢的学习风格。认识到什么可能“促进你学习”和“阻碍你学习”——可以帮助你确保你充分利用机会	
“促进因素” 可以让你学得最多的活动的类型和特点	“阻碍因素” 你不喜欢的活动（以及会阻碍你学习的活动）

续表

积极主动者（随时准备行动）	
新的经验和问题 “马上的和眼下的”活动 戏剧、危机、变革、变化 领导角色，让你有很多表现机会 自由地产生新主意（没有限制） 陷入完成有挑战性任务的困境 与团队成员密切交往 达到目标	被动的角色（例如，听演讲、观察、阅读等） 被要求站到后面 必须接受和处理大量的数据 必须独立工作 对学习进行计划——并复习 重复的活动 “理论”——或者你认为理论的东西 精确的指令，变动的余地少 太多的关注细节
沉思者（全力以赴和思考）	
观察、思考和回味活动的机会 能够在后面观察和倾听 在行动之前有时间思考 研究、调查和探索 能够对所学的东西进行复习 写出分析和报告 在一个风险小、特定的情况下交换意见 在没有时间压力的情况下做出决策	被迫扮演一个引人注目的角色 必须在没有充分计划的情况下行动 被迫马上做出决策 必须在没有充分数据的情况下做出决策 呆板的指令 时间压力 必须做捷径和做表面的工作
理论主义者（理性和分析）	
提供系统的模型、制度、概念和理论 探索想法之间的方法论关系 质疑和证明基本的假设和方法 和高智力的人一起工作以提高智力 有着明确目标的结构化环境 阅读或倾听结构化的、有逻辑的想法 能够分析，然后总结成功或失败的原因 有趣的想法 必须理解和参与复杂的局面	在没有清楚的目的的情况下行动 强调感情和感觉的状况 没有结构的、不明确的情况 必须在没有基本原则、概念和理论的情况下行动和决策 面临矛盾的方法 在方法上不合逻辑的问题 肤浅的、巧妙的、主观的事情 和其他的参与者感觉不对
实用主义者（告诉我和让我试试）	
和工作有着清晰的部分的联系：在实践上具有优势的技术 可能试验/试用技术并取得反馈/得到一个能够成功做这件事情的专家的指导 你能够仿效的“模范”（成功的实践者） 有机会运用所学的知识 能够运用技术 模仿处理仿真的实际问题 实际的活动（活动计划等）	表面上不相关，和实际工作没有清楚的联系 好像是脱离实际的东西 没有实践或清楚的行动指南 政策、管理或人事上阻碍运用所学的知识，不能看到学习的好处

◆活动 4.5

人们有着不同的学习动机。对于有些人，最好的方法是提供适当的环境、宽松的管理，然后指出和说明学习要点。而其他人则更喜欢在采取行动之前，被告之行动的步骤和可能的结果。

两种学习方式都没有问题——只是大家的学习方式不同而已。

当团体成员有着不同的学习风格，就会对教师和学生造成问题。

把你的考虑结果和下表的结果做比较，表中列出了一些情况下的促进因素和阻碍因素，以及各种情况下可能的评价。注意有些情况下的促进因素，在其他情况下，却成了阻碍因素。

	促进因素	阻碍因素
积极主义者	在监督考试的情况下试试："让我们看看如果船沉了会发生什么，为什么？"	讨论可能的结果"让我们看看将发生什么情况"
沉思者	结构化的研究"我们必须找出所有可能的情况"	对事情的理解不能支持行动"我们是在匆忙中取得信息的"。
理论主义者	结构化的研究"我们需要知道为什么这样能行"	尽管使用，而不试图理解原理"如果还能用，就不需要修理"
实用主义者	行动，但做最少的准备——在做的时候学习"我知道这样能行，让我们看看是怎么实现的"	在已经进行计划和识别可能结果的时候进行延迟"在大家开始做之前，我们要试验一下"

第五单元

◆活动 5.1

主要兴趣可能是：

在乡村俱乐部打球的人：

- 要求在和其他俱乐部打球的时候使用最好的球场
- 要求休息厅有娱乐设施
- 不想和关心社交的人打球以降低自己的水平
- 认为俱乐部不应该让初学者参加

关心社交的成员：

- 认为所有成员都有义务和其他成员一起打球
- 希望和技术高的对手打球以提高技术
- 希望留出特定的时间用于社交活动
- 希望在场地空的时候，把场地优先提供给俱乐部锦标赛

初学者：

- 希望成员之间保持平等
- 希望能和技术比较高的成员打球以提高自己的技术
- 希望自己是受欢迎的

网球队作为一个整体希望：

- 优先把资金用于改善球场
- 把场地保护好
- 在他们打完球进行社交活动时，板球爱好者以及他们的对手离开酒吧去大会议室

很明显——哪怕是从表面上看——俱乐部中存在许多团体，各自有着不同的目标。俱乐部内部会有很多冲突，因此，俱乐部官员和委员会在协调不同的目标时会有很多问题。当然，在产生共同目标（例如，通过扩大休息室的计划）的情况下，俱乐部也能很快团结起来。

报告表：

首先问问团体是否还有整体的目标？是否应该在团体最成功的时候，解散这个团体？许多团体形成、建立，然后就顺理成章地成了一种惯例，这种事情发生太多了。它们失去了目标，它们就像一个处于产品生命周期的成熟阶段末期的产品——走向衰亡。

如果团体还有未完成的任务和未实现的目标，那么管理人就还有许多事情可以做。

问　题	行　动
挑战成功的激励作用逐渐消失	挑战是一种有力的激励——经常在团体的形成和震荡阶段影响最大。需要做的事情是，承认成功（具有激励作用的）和引入新的挑战——扩展目标，调整参照系
产生自满情绪	一旦自满情绪在团体中根深蒂固，就太晚了！需要采取的行动是，在可能的情况下，采用间接的手段对团体造成震荡。一张所有团体的成就比较表可能会告诉最好的团体它们正在下滑。召集所有领导人开会分享一些有用的想法，还可以激励个人
形成例行公事	需要的行动是打破固定的模式。这个问题可能和熟悉或友谊等问题有很大关系

续表

问　题	行　动
熟悉/友谊阻碍了挑战	一个活跃团体的成员想要公正的意见。当友谊增长时，团体内部可能形成一种相互自我保护的氛围——“如果你不挑战我，我也不会挑战你”。这时需要改变团队的组成，甚至还要按照一个新的实际上是相同的参照系来重新构建团体。重构需要让老成员以比较高的地位退出。这对提高士气很有用，因为新的团体将形成，而老成员也很高兴接受这种重新安排。

◆活动 5.4

你的观察表应该指出关键的问题，然后提供某种形式的打分和评论。下面是一张典型的用于评价一个演说者的观察表。

	评分						评论
	1	2	3	4	5	6	（1，差–6，很好）
形象							
动作							
姿势							
声音							
清析/音高							
语调/重点							
手势							
习惯							
嗓音							
肢体							
总体印象							

总体评价：____

____

____

◆活动 5.5

工作说明书有不同的风格——这并不重要。而内容是关键的，至少应该包括下面内容：

- 工作岗位的名称
- 岗位的主要目标

- 岗位隶属的部门或团队
- 岗位担当者为谁工作，即向谁负责
- 岗位担当者必须做什么事情
- 职责——岗位担当者必须负责的人员的岗位名称和设备
- 权限——例如，预算权限、谈判权力
- 沟通关系——当和外部客户或下属部门一起工作时特别重要

工作说明书还可以扩展到以包括如何衡量业绩的。职位申请人、担当者及其上司和人力资源管理部门当然需要这些信息。在写工作说明书时，根据情况起草一份要比根据现有的工作说明书修改好。

大多数工作说明书，最后都有一条“上司要求完成的其他工作”。管理人员认为这一条很有价值，而员工对其却是抵制的。管理层认为要准确确定工作的所有任务是不可能的。员工们认为他们需要知道他们需要完成的确切任务，管理层不能在没有协商（或给予报酬）的情况下增加他们的任务。

就像法律和原则等一样，问题在于要准确执行每个条款的真正意思。根据规则行事长期以来已经成为工会的一个策略，因为在员工严格根据每个条款行事的情况下，没有组织能够运行。

组织的有效运行依赖于一系列的条件，根据条款，合同双方都有得有失。因此，工作说明书是 Y 型组织中极端重要的工具。在 X 型组织中，它们成为激烈冲突的根源，并导致士气低落。

◆活动 5.6

下面是一些概括性的，甚至是陈旧的因素。运用你的工作说明书，决定哪个因素可以明确地把某个申请者排除。

职　位	否定性因素
高空作业人员	恐高症
运输司机	不良的驾驶记录
潜水员	幽闭恐怖症
小组成员	内向、不合群的
经理	优柔寡断的

第六单元

◆活动 6.1

因为实践活动的需要，你可能已经运用了团队领导和成员的原理。通常情况

下，这些需要包括：

- 使用个人品格、基于工作和团队的技能和经验来巩固团队。
- 全面支持领导。但是在重要问题上有不一致的时候，也不能退缩。
- 要接受这一观点：通过目标的普及能够最好地达到团队目标，通过不一样的领导风格可以达到同样好的结果。
- 思想开放，向领导者学习领导能力。

◆活动 6.2

态度特别重要，因此，识别了主要的反应（见下表），管理者需要导入修正措施。当然，在执行这些措施之前，就认识到对特定行为的可能反应将更好。

赫兹伯格识别了激励和卫生要素。注意力首先要集中于常规的卫生条件——但是在工作之中，我们需要进行个人激励和提供给他们生活中需要的报酬。

工作中的客观条件	导致的主观态度
缺乏对工作条件的权力和影响	感觉无力，失去对个人生活的控制
不了解所从事的工作的目的	感觉工作没有意义
将人们相互分离开的环境，比如，噪音、坐位设置	感觉孤立，在一个敌视的环境中很孤独
对全面发挥个人天才和能力的限制	感觉离做真正的自己还很遥远。需要采取行动
没有融入社会或者工作群体	孤独和孤立感
不清晰的、分解的、异化的行为规范	迷惑——对如何行动没有一个清晰的思路
对价值和信念存在混淆	很难区分对与错

例如，在首次接触之中，电话接听员的表现至关重要。那么为什么通常将他们置于一个小的封闭的房间内，让他们不能得到视觉的刺激呢？先进的组织意识到了他们的重要性，开始提高他们的士气、个人对组织的重要感。他们将电话接听员置于可以看见别人也可以被别人看见的环境之中。有时候，他们的工作还因增加接待职能而丰富。管理层已经特别注意到了他们和他们的贡献。

这些并不困难或者昂贵。它只需要思考——并且行动。

◆活动 6.3

建议这样排序：

- 提高目前的绩效 1
- 提供反馈 1
- 增强激励 1
- 专注于职业发展 2
- 识别培训需求 2
- 识别潜能 2
- 告知个人对他的期望 3
- 设立工作目标 4
- 增加报酬 4
- 给人力资源管理提供信息 5
- 评价选择程序的有效性 5
- 奖励或者惩罚 5

评估需要围绕帮助职员进行自我发展展开。假如面对惩罚的威胁和需要对工资进行争论，那么职员就不可能专注于这些个人化的问题。

◆活动 6.4

你可能已经认识了至少涉及每一方的三个因素——所有人都受益很重要，否则这个机制不可能成功。

- 职员

1. 从管理层得到反馈
2. 在绩效提升计划上达成一致的合理的基础
3. 了解管理者的观点、目标和偏好
4. 管理者抽出时间来倾听，可以相互沟通关于工作的观点
5. 能够讨论职业选择
6. 能够识别培训需求，并就此达成一致
7. 能够得到成功的认同

- 管理者

1. 了解个人的希望、担心、预期、焦虑和关心
2. 能够阐明并且强调重要的目标和优先次序
3. 能够专注于那些职员可以从变革中得到好处的领域，专注于那些他们可以加固目前的优势的领域
4. 识别重叠的或者省略的领域，使得必要的时候工作描述可以进行修改
5. 保证一个考虑调职、晋升的基础
6. 得到特别的激励雇员的机会
7. 能够认同职员的发展行动计划

● 组织

1. 得到持续的规划决策的支持
2. 识别人力资源实际的或者可能的优势和弱势的领域
3. 确保职员、团队、部门、分区和公司的目标能够得到相互的支持
4. 鼓励内部沟通
5. 更新人事记录
6. 提升人际关系、进行特定的培训和发展，以对整体绩效做出贡献

◆活动 6.5

你的评估目标可以看起来像这样：

● 每个职员每年都要进行一次正式的评估。评估应该在每年 9 月份完成。

● 在每年 10 月份评估的表格要返回给每个职员。

● 评估项目的基本目标是：

1. 提高雇员当前的和未来的绩效。
2. 识别职员的培训和发展需求，并就这些方面达成一致。

● 评估项目的第二重要的目标是：

1. 回顾自从上一次评估来的绩效作为对未来的指南。
2. 证实上一次评估达成共识的行动计划的有效性。
3. 在评估机制中识别出可以提升的领域。
4. 加强组织内部的沟通。

注意：大部分组织一年中只能进行一次全面的评估。因此，选择那些对于他们而言最宽松的时间。

在一个新职员加入 3～6 个月之内，让他们了解评估的表格——但这不能影响他们进行年度常规的评估，除非这两件事情恰好重合。

第七单元

◆活动 7.1

作为培训经理，你需要特别关注领导这个团队的管理者。因此，首要的就是帮助他/她获得缺乏的或者没有使用的技能。看看是哪些技能！

这是一个 NPD 团队，问题 9 和问题 10（创造性和交流）上面的低分应该引起关注。标准：问题 5 和问题 6 不能采取问题 7 和问题 8 那样表面上的价值。这个团队看起来相处得很愉快，但是关键问题的评估并不好。所以有一个问题是：他们的标准是不是太低了？

目标的清晰性得分很低，才3.5分，所以毫不奇怪，接受性同样很低。最好看看这两个数据是否非常接近——它显示了所有数据之间的可信度。

团队合作和一致性的分数只有2.9分和3.0分，这也是管理者所关注的。可能需要立刻发展管理者的领导能力，然后花时间将团队发展成一个工作的整体。管理者是最重要的因素。我们需要赢得他/她的信心并从那里开始发展。

◆活动7.2

麦得蓝运动俱乐部——帐篷扩展营

要求：在俱乐部成立20周年的纪念日之前（也就是15个月之内）将扩展营开张并且全面运营。

目标：

1. 4个星期之内招聘那些拥有必须的技能和经验的人组成5人的团队，将项目从概念变成竣工。

2. 8个星期内建立团队，让团队像一个整体一样运作。

3. 通过项目的执行过程将团队凝聚在一起，以满足要求。

需要的技能和经验：

1. 和俱乐部委员会和承包人讨论预算的财务技能

2. 通过实践发展的谈判技能

3. 建设、调查和建筑技能

4. 当地政府工作经验，特别是规划和建设规则的经验

5. 俱乐部经验和交流

6. 营销技能

注意：这些综合是技能——而不是人。5个招聘来的人需要拥有所有的技能，并不一定是一个人拥有所有的技能。

可以使用的激励要素包括：

1. 地位：

1）作为团队中的一员，让俱乐部成为可能

2）作为开放性公开群体中的一员

2. 成就：

1）对成功感到自豪

2）增加作为雇员的价值

3）公共关系专家

3. 责任——承担责任，进行管理的机会。

4. 自治——独立行动的机会。

5. 好奇心——探测、发展新主意和扩展技能的机会。

6. 感谢——用好意来回报团队成员的机会。

7. 俱乐部精神——扩展俱乐部的愿望。

◆活动 7.4

你可以已经考虑过了下表中的要素。显然每一个风格都有它的位置，职员可以从拥有选择技能和使用合适风格满足当前需求的教练处获益。

积极作用	风　格	消极作用
当遇到障碍可以克服它	强硬型	会产生反抗。可能导致不好的感觉
当人们在弱势的时候可以帮助他	保护型	过于保护会限制他的发展
帮助职员发现解决方案并帮助其付诸实施	计算型	被看做没有人情味的、冷漠的。只有大脑没有心肠
通过活力和热情实施激励	欢闹型	可能被看做是妄动的。最好避免严肃的话题
能激发和影响	操纵型	会产生愤怒和背叛感

◆活动 7.5

用这些例子来扩展你的思路。

好　处	坏　处
激励产生不同的解决方案	分解相互信任的关系
鼓励创造性和头脑风暴	将群体分为不同的阵营
强调职员的观点和贡献	导致人们制造障碍和变得具有防御性
允许蒸发水蒸气——开放的沟通	导致非赢即输的谈判
会挑战接受的方式和现状，从而鼓励思考	将群体从主要目标中分散注意力

像我们所看到的那样，冲突并不总是否定性的。很多好处可以从有效管理的冲突中得到。

◆活动 7.6

关键的特性有：

- 多样化的背景和技能。这个团队可能包括很多不同类型的专家。背景的多元化也会成为“文化”冲突问题的基础。

- 团队直接和客户接触。在事情变得困难的时候，他们需要支持和更多的激励。
- 职员相互之间有一定的距离。特别是销售人员，远离团队，需要特殊的努力确保团队团结在一起并且得到激励。
- 外来的成员可能在团队之中，但不在组织之中。假如要想达到乐观的效果，营销团队经常包括公关、广告和调研的外来专家。

◆考试练习

对总体看法和详细看法的指南。

叙述者只是简单地提供了背景。很多事实和被问的问题并不相关。这样，主考官测试你对管理问题的现有理解，并提供给了你可以运用的一个松散的框架。这为你根据你公司的规模和风格发挥创造性打开了方便之门，同时需要做出关于这个问题的假设（要被你的主考官所接受）。

总体看法：

- 角色：营销经理——中等规模电脑公司。
- 假设：零售。没有符合这个类型的中等规则的生产厂家。
- 售卖：硬件、技术支持、建议。
- 思路：一个邮购公司，从那个角度更加容易回答。

提供给主考官的假设则是“我的公司是一个成功的、中等规模的、邮件订货的、电脑销售商和拥有这个领域的技术支持的服务提供商”。

详细看法——问题。

要求：报告——可能是呈现给营销主管。

内容：

1. 新的工作实践。

- 这些类似的问题
- 对于管理者和雇员

对业务的主要意义：

- 运营
- 建立电话工作方式

2. 电话销售员的管理。

管理变革：

推荐：

- 沟通
- 动机
- 对雇员适合性的评价

- 对客户和客户服务的影响

这样就建立了你答案的提纲。你怎么组织这些内容，使用一些什么标题取决于你自己的决定。

详细看法——案例

相关的主要事实：

- 电话工作方式包括在家工作和在办公室工作
- 从1999年起新的欧洲联盟规则（需要分析确定了的英国规则，当前的和计划中的）
- 趋势是美国和欧洲范围（这样概念对工人并不新鲜）
- 离家工作可能有百万公里——可能招聘会是个问题
- 技术的飞速进步——提供了快速的变革机会
- 政府对电话工作方式的支持
- 问题

1. 健康和安全。
2. 分离。
3. 动机。

第八单元

◆活动 8.1

你可能凭借你的经验在表中列有其他的因素。但是下面的内容揭示了好处和可能的成本。

对于供应商

好处：

- 降低风险和有利于长期规划的长期合同
- 增加在整个过程当中的投入。增加更多的兴趣，并且促使市场信息的流动，从而使供应商离他们的最终用户更近
- 买方对供应问题更加敏感，倾向于寻求共同的解决方案
- 关系是共生的——作为结果，双方都获得了成长

坏处：

- 会导致对部分客户的过分依赖
- 越来越像组织中的一个部门，失去了独立性和不能参与维护自己利益的战略决策。也就是着重于解决问题，而不是投资于最好的机会
- 由于购买者将问题推给供应者，所以关系变成寄生性的

对于购买者

好处：

- 在年度合同的重新谈判中，花费更少的成本
- 对供应商和他们的需求更为了解，使得购买者对他们的可靠性和质量更有信心
- 供应商积极地帮助解决问题和开发新的机会
- 新的利益比如目标的交付可以被提供——降低运营成本，增加灵活性

坏处：

- 供应商会变得自满。没有进行年度谈判会导致更高的价格，降低前瞻性变化的动机
- 长期投入意味着和职员保持长久的关系，可能会降低他们的客观性

对于最终用户

好处：

- 可能会提升总体的质量
- 产品生产中的弹性可能会增加客户的选择
- 产品的可获得性可以提升
- 选择的范围会提升

坏处：

- 不需要经过谈判的供应商的更高的成本会导致更高的价格

◆活动 8.2

1. 不，不是这样的。所有的人都很重要，不仅仅因为他们目前的业务，而且还因为他们未来的潜力。考虑到这些，需要努力满足所有客户的需求，但是很多——经常指的是关键客户——代表业务的更大比重，所以对于业务的稳定性和盈利性更加重要。

2. 不一定，今天的低价值客户可能成为未来的大客户。现有的大客户可能自己会衰落——或者因为一个已经建立好的关系会更加灵活，或者仅仅要求很少的努力来维护。同时，虽然注意所有的客户是很重要的，管理的技能在帮助培育小客户的时候更有价值，会为未来增加机会。一个小的客户不应该被故意冷落或者感觉受到二流的待遇。

3. 假如业务强调质量，从已有的客户获得额外的销售将更加容易，因为他们对组织更为了解和信任。从竞争对手那里赢得新客户或者将非使用者转为使用者的成本将非常高。

4. 每一种选择都有优点和缺点。服务大客户的成本很高。小客户的边际利润比大客户的要低，假如公司的业务和一个特定的客户相连，风险更大。大客户

有更大的权力，比小客户有更大的讨价还价能力——这个情况可以在FMCG生产商和大的零售商之间持续的斗争中观察到。

5. 这个排列原则，或者说80：20的法则，意味着你80%的业务可能来自于20%的客户。识别这80%低价值客户中的前面10%很有用。

◆活动8.3

1.

I. 不是目前的使用者——可能在市场上，但是可能使用着竞争者的产品。他们可能意识到了我们，可能和我们已经有了接触，但是还没有向我们下订单。销售员会将这种接触描述为“有价值的引导”。

II. 一个新的使用者——第一次或者第二次试用该组织的服务。没有品牌忠诚度，没有建立起关系——这时候很容易转向其他的供应商。

III. 你的增长的客户，可能能够提供更多的业务。你拥有一个良好的关系，可以积极地工作以帮助发展这种潜力。

IV. 一个关键的客户——成熟的客户。你已经为此工作了很长时间，关系得到了很好的建立。你已经从这个客户中获得了最大的销售额，他们的业务来自于一系列的频繁购买。

V. 一个以前成熟的客户，和你已经建立了很长时间的业务关系。但是因为某些原因，业务在下滑。

2. 对于客户B，目标可能是订单或者订单规模的增长率。你需要和他们建立关系，以确保你成为他们偏好的供应商，并且保持在他们业务中相当大的份额。对于客户D，短期内保持业务，但是努力工作以延长成熟的阶段也是一个重要的目标。你可以通过发展新市场或者新产品不断地获得扩展的业务。

3. 客户E仍然能够产生大量的业务，因此是重要的业务来源。业务的下滑可能是短期的，因为他们销售的下滑或者他们到竞争者那里寻求业务。调查下滑的原因。

4. 有些销售员非常擅长于赢得新业务，但是在发展和维持它时并不有效。需要的技能是不一样的。招聘拥有合适技能的销售员很重要，以使得特定的订单不会因为销售团队没有足够重视从现有客户中开发业务而失去。

◆活动8.4

评价这些想法，并且为心灵地图进行补充。

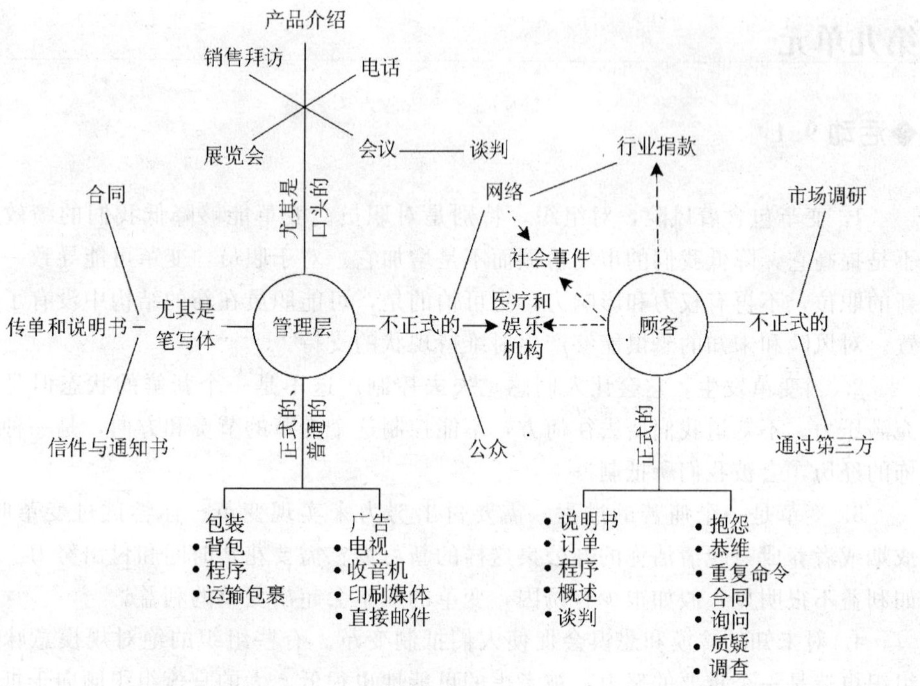

图 A3.3

◆活动 8.6

1. 需要决定怎么样分配可获得的存货，也就是定量供应。先来的先给，或者给关键客户优先分配。分配的标准需要清晰阐明。

2. 首先要和所有的客户沟通，告诉他们你仍然有能力提供一些服务，这次问题的时间跨度以及你处理这场危机的策略。

3. 和关键客户讨论，知道他们在下 3 个月中可以接受的最低限度的交货量。

4. 销售团队需要积极寻求可能的替代来源，为此谈判并且供应替代的产品。这可以减低你的客户和你的竞争者之间的接触。

5. 火灾后，客户需要随时了解进展的信息。

6. 管理层需要考虑给那些帮助渡过难关的客户提供忠诚奖金以作为报酬和补偿。

第九单元

◆活动 9.1

1. 变革包含着风险，对组织，特别是对职员。变革能够降低我们的绩效而不是提高它，降低我们的市场份额而不是增加它。对于职员，变革可能导致一个新的职位，不再有权力和影响力，更可怕的是，可能职员在新的结构中没有了位置。对风险和未知的恐惧能够产生对维持现状的支持。

2. 当变革发生，它会让人们感觉失去控制。这不是一个新鲜的状态但是却充满压力。不知道我们要去往何方，不能控制这个变革的节奏和方向，是一种恐怖的经历，会被我们所抵制。

3. 变革是一个痛苦的过程。需要付出努力来实现变革。你尝试过变革吗？戒烟或者养成每晚清洁你的办公桌这样的新习惯？需要花费时间和付出努力。假如利益不很明显，假如很少有诱因，变革的成本会超出变革的利益。

4. 对未知的冷漠和恐惧会促使人们抵制变革。有些组织的绝对规模意味着组织再造是一个重要的努力，被考虑的可能性也很低。大的官僚组织倾向于抵制变革。

◆活动 9.3

1. 如果要想成功，这个系统需要认真规划。这意味着定量的目标——平均每个职员在 y 时间内要提供 x 个主意。需要提供充足的资源来对待产生的思想和给职员以报酬。

2. 需要建立鉴别主意的系统，以为选择的主意提供进一步调查的标准。目标是在一个时间限度内检查所有的主意。

3. 需要建立与职员有效沟通的机制。职员应被通知，而且这个系统必须很容易进入。

4. 反馈必须准时。感谢所有提供的主意的人（可能的话提供报酬）。

◆活动 9.4

1. BS5750 是一个清晰的目标，但是没有建立时间框架和为了获得这个认证需要进行的变革的优先次序。

2. 客户投诉已被认为是一个有问题的领域，这里我们有一个清晰的定量目标，并且有时间限定。

3. 这里我们限定时间是在6个月之内，但是没有新系统效率和效果的鉴别标准。可能拥有这个系统，可能在职员的办公桌上拥有一个终端，但是有效的使用并不是一个目标。

4. 特别模糊。没有定量的目标，只有一个大概的时间框架（一年），没有显示这意味着什么。

5. 这是一个要达到的非常清晰定量化的目标。指出了在招聘、选择和管理者、组织中其他职员的态度变化。然而，可以在一两年内不做什么变动，所有的目标都在第三年内完成。

6. 一个有时间限度的定量化的目标。同时也是一个新系统现实性的目标。

7. 定量化是有时间限度的，同时也是一个合理的目标，这能用来作为变革执行的基础。

8. 存在一个时间框架，但是没有指明什么是销售团队和营销团队的整合。这可以只意味着办公室空间的整合，而不是一个团队在一起进行有效的工作。

◆活动 9.6

1. 搬家的成本，上班可能需要花费更多的坐车时间。对于家庭来说也不方便——可能是新的学校、父母双方中某人丧失工作、结交新朋友的需求。

2. 丧失同事的感觉和工作的社会层面。整天在家导致更多的供暖费用和电费——减少家庭空间以及被家庭生活干扰工作带来了一定的成本。

3. 拿到更少的钱的风险，导致不确定性和压力。对绩效公共审查的焦虑。

4. 双方隐私的减少。管理者地位优势的减少。

5. 不确定性和风险——降低了安全性。假如你忽视了晋升可能会导致愤恨，会导致学习新方法和风格的争论。

6. 压力、批评的成本（可能是痛苦的）。需要变得更负责任，同时需要和改进绩效花费的成本相连。

7. 内部竞争可能会影响组织的融洽。担心大家不能达到，需要为此改变行为，会抵消努力的效果。

8. 给职员带来不确定性。可能包含对过度工作的期望，会导致影响家庭和社会生活的成本。可能导致“自愿”的接受，仅仅因为没有可供选择的工作。

提供价值：

1. 愉快的工作环境，更广阔的空间，更少的坐车时间，更多的闲暇时间，更少的坐车费用。

2. 每天节省 x 个小时的旅行。更少的旅行费用，更灵活的工作方式，对个人时间和工作的更好的控制。

3. 增加的可能的收入，更多的努力带来更多的回报——对成就的认同。

4. 更少的公司内部压力，更多的合作，提高交流的机会。

5. 新鲜的思想，新的开始，更多的目标、开心和挑战！

6. 提供更多的进行反馈的交流机会和决定个人发展的机会。能够提高职员的自信和安全。

7. 增加兴趣、挑战，赢得奖金的机会，达到地位和认同的机会。

8. 工作时间更多的灵活性，超时工作收入的获得，业务的扩展会导致扩展的晋升机会。

第十单元

◆活动 10.1

下面列表中的活动代表你在一个普通的星期内完成的活动。

工 作	其 他
会议	旅行
面谈	吃饭
培训	睡觉
陈述	和家人在一起
访问客户	看电视
访问供应商	电影院/剧院
处理职员质询	阅读或者其他的闲暇追求
处理职员问题	晚班和学习
检查	运动
监督	购物
工作规划	
处理客户抱怨	
处理个人信件	
招聘新职员	
准备报告	
接电话	
积攒由客户拥有的资本	
参观运营或者生产设备	
分析管理信息	

◆活动 10.4

什么时候授权	什么时候不授权
下属拥有完成任务的必备的能力	在能够胜任承担这件任务的责任前，职员要求培训
职员为晋升或者更广泛的责任而发展	有一个不完善的控制和沟通系统
授权的权力范围很清晰	任务要求保密或者老练，可能包含安全或者纪律问题
团队中其他人拥有与该任务更相关的知识和技能	活动重要，高风险、政治敏感性
管理者相信个人并且相信他/她能够而且适应手头上的工作	资源不充足

◆活动 10.5

1. 这和第 3 条和第 7 条相联系。营销主管和北区销售经理邀请你和他们共进午餐。假设你在战略回顾上的任务，如果你已经开始的话，没有完成，则这看起来是合理的！两天的时间期限显然不能够让你准备完成这么重要的活动。

营销主管可能觉得和重要的新客户接触应该放在首位（紧急不一定重要）。假设你和营销主管的办公室接触，首先要：

- 要求这次午餐的邀请延期，试图在明天的早些时候安排会面来讨论战略回顾。你也可以建议团队中增加 1～2 个能够对该项工作做出贡献的成员。
- 重新安排你的陈述时间，把它放到这个周末或者下周，以让完成这项任务的时间更加充足。这项活动虽然重要，但是并不紧急。时间的灵活性对你自己和整个组织都有利。这项工作全面并且优质完成比赶时间和没有恰当完成更好。
- 你的助理答应你参加主管的午餐。可能他/她不知道相互冲突的邀请，但是他们能够在某些情况下答应一件事情吗？你对此的反应取决于你的管理风格，你的私人助理和你在一起的时间，以及你对他/她经验水平和培训需求的判断。

2. 建议将此授权给销售经理——你得到最终结果的汇报。

3. 这很重要而且很紧急。来自这个公司可能的业务比其他所有的事情都重要，因此需要和客户见面。假如吃午饭太浪费时间了，或者营销主管不允许你延期与他共进午餐的要求，打一个电话试试假如你只是和他们短暂会面，会不会导致什么问题。短暂会面，指的是下午或者当天你已经处理好了其他问题的晚些

时候。

4. 这看起来紧急而且重要。我们丢失了业务当然需要迅速反应。授权团队中的人完成必需的背景工作和搜集相关信息。今天下午召集关键的战略决策人员和变革执行人员开一个紧急会议。

5. 同样和业务相关，同样紧急。我们不想丢失一个长期的老客户，同时，我们也不想因为第一次没有满足他们的需求而丧失赢得新业务的机会。与生产经理进行一次个人会面，可以得到快速的决定和替代的选择方案，以确保两个职能部门没有误解。我们建议 9：15 去他的办公室讨论可能的灵活性问题。也许派一些职员来处理这个紧急的订单——判断这个大订单是否需要延迟。假如必要，让相关的销售经理去其他的工厂看看能不能帮助实现交付。但是你需要意识到，作为营销主管，在获得必要的信息之后，你需要做出决定。

6. 很显然这个手册应提前在需要的前几个星期印出来。将检查的工作授权给团队中拥有相关技能和经验的人。

7. 我们在第 1 项中已经解决了问题。

8. 这个重要的信件要求紧急回复。首先要发现这个部门中发生了什么事情。授权团队的成员来进行背景调查，并且要求上午的晚些时候得到反馈的报告。你需要在当天就给客户正面的答复。

9. 显然纪律问题需要直接处理和谨慎从事。上午晚些时候和布莱恩会面，讨论这个问题，找出原因，就采取的行动和他达成共识，记住下午的时候要感谢并且将事情反馈给人事主管。

◆活动 10.6

看下面的例子。

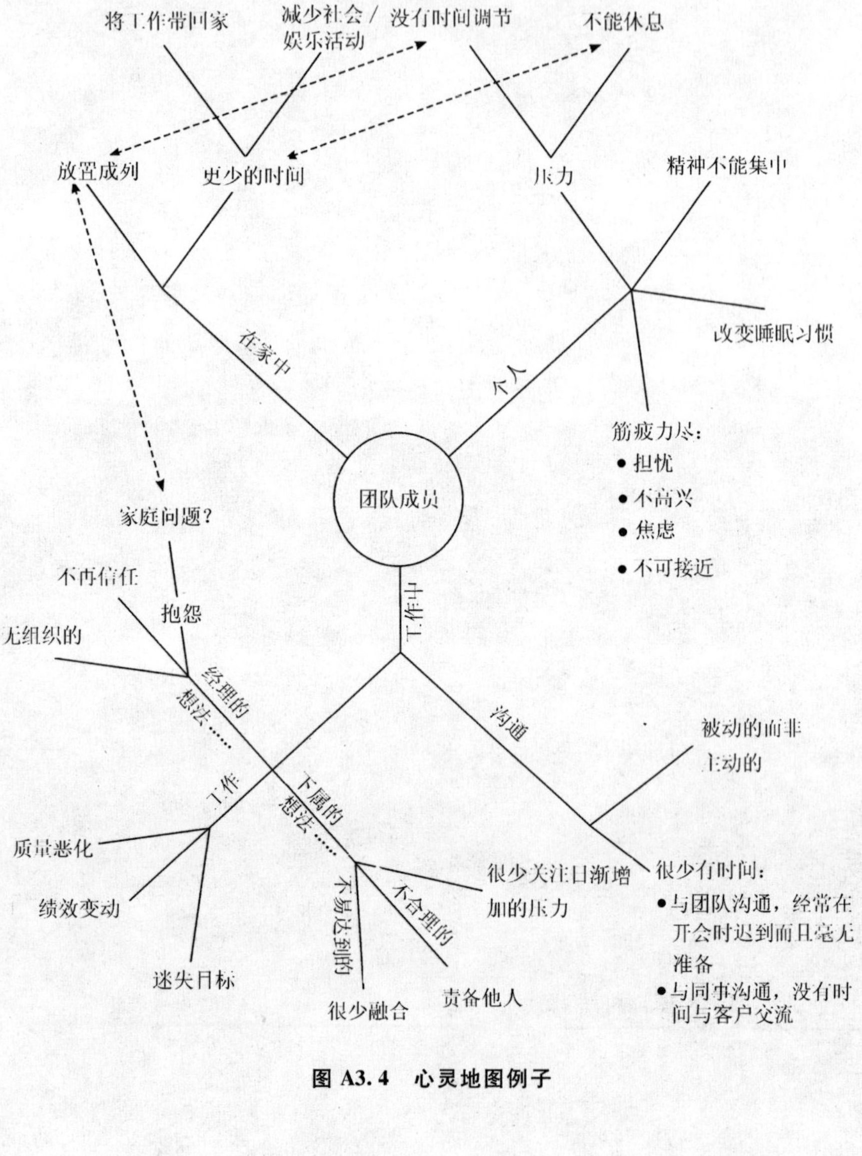

图 A3.4　心灵地图例子

附录四 课程信息和阅读列表

课程提纲

◆目标

- 检测组织理论以及它对营销管理实践的影响。
- 引入管理理论，检测它们在实践中的有效性。
- 将管理理论、实践和营销的角色、营销活动的提升联系起来。
- 在管理变革当中引入变革管理的概念、效果和营销的角色。
- 介绍对目前管理实践的国际影响。
- 发展和提高营销管理背景下要求的个人有效性和关键技能。

◆学习结果

学生将能够：

- 描述组织文化和它们对营销管理的积极与消极影响
- 解释在管理自身、他人、资源和客户关系当中蕴涵的理论
- 描述管理变革的原则，以抵制最小化，使成功的结果最大化。描述营销在管理变革和实现营销导向的地位
- 确定管理者经常要面对的沟通问题并且描述提高和解决这些问题的战略
- 在“双赢”思路的指引下，解释与内部同事、外部客户、供应商、分销商等进行谈判的原则和技术
- 进行个人技能评估，使用本课程中介绍的方法，识别个人的优点和缺点，并且规划和采取提高行动。学生们被鼓励识别持续的专业发展机会
- 描述人力资源管理的角色以及它对于确保营销人员和营销技能有效水平的贡献
- 设计培训和发展计划以帮助营销人员提升个人和团队绩效
- 设计激励营销人员提高个人和团队有效性的方法

- 解释建立和管理有效团队的概念和领导力的角色
- 描述对于管理实践的国际影响

◆提示内容和权重

4.1 管理和组织问题的本质（15%）

4.1.1 业务的变革本质。

4.1.2 组织文化和它们对营销管理实践的影响。

4.1.3 管理者的角色和职能。

4.2 个人有效性

4.2.1 营销经理和领导方式的职责和任务。

4.2.2 个人技能审查和提升管理绩效。

4.2.3 提升时间管理、授权、管理会议、问题解决和决策制定的技能。

4.2.4 人际沟通的有效性（语言、非语言、倾听技能、谈判、内部营销、处理训诫和不平）。

4.2.5 对于营销职位、任务和营销人事的人力资源管理规划。

4.3 人的管理

4.3.1 管理和提升职员的效率。

4.3.2 管理和构建有效的团队。

4.3.3 激励和提升营销工作满意度。

4.3.4 营销人员评估的角色。

4.3.5 提升营销人事的绩效——培训和发展。

4.3.6 管理客户关系、客户服务和进行谈判。

4.3.7 通过职员和团队有效地管理变革。

4.3.8 知识管理。

4.4 国际管理（15%）

4.4.1 不同的管理视角和它们的价值。

4.4.2 全球性组织遇到的问题。

4.4.3 跨边界管理。

北京市版权局著作权合同登记：图字：01—2005—0382号

This edition of CIM Coursebook 02/03 Effective Management for Marketing by Mike Worsam is published by arrangement with Elsevier Science Ltd. , Linacre House, Jordan Hill, Oxford OX28DP, England.

Copyright © 2002, Elsevier science Ltd.

Chinese (Simplified Characters only) Trade Paperback Copyright © 2005 by Economy & Management Publishing House.

All rights reserved.

图书在版编目（CIP）数据

有效营销管理/(英)沃森著；陈永倬等译. —北京：经济管理出版社，2011.4

ISBN 978-7-5096-1369-6

Ⅰ. ①有… Ⅱ. ①沃… ②陈… Ⅲ. ①市场营销学 Ⅳ. ①F713.50

中国版本图书馆CIP数据核字(2011)第061159号

出版发行：**经济管理出版社**

北京市海淀区北蜂窝8号中雅大厦11层

电话：(010)51915602　邮编：100038

印刷：三河市海波印务有限公司　　经销：新华书店

责任编辑：骆　珊　　技术编辑：杨　玲

责任校对：叶　子

787mm × 1092mm/16　　22.25印张　461千字

2011年8月第2版　　2011年8月第1次印刷

定价：48.00元

书号：ISBN 978-7-5096-1369-6

·版权所有　翻印必究·

凡购本社图书，如有印装错误，由本社读者服务部

负责调换。联系地址：北京阜外月坛北小街2号

电话：(010)68022974　邮编：100836

U0608530

汉·译·管·理·学·世·界·名·

第二辑

Effective Management for Marketing

Mike Worsam

有效营销管理

[英] 迈克·沃森 著
陈永倬 张景耀 译

经济管理出版社
ECONOMY & MANAGEMENT PUBLISHING HOUSE